もの狂いの人々

古典文学に見る異形のヒロイン

小林とし子

花鳥社

『もの狂いの人々——古典文学に見る異形のヒロイン』目次

序　もの思いからもの狂い、そしてさすらいへ　7

I　『源氏物語』六条御息所論——もの狂いの原点として

はじめに——もの思う女からもの狂いの女へ　18

1　もののけ現象　その1　25

六条御息所の謎——存在の不可思議さ　25
六条御息所の非正統性——葵上に対抗する精神　33
葵上に憑りついたもののけの現象　36
光源氏的世界　47

2　もののけ現象　その2　52
もののけ発動の兆し　52
もの思う女――紫上　53
もののけ発動に至るまで　61
女の哀しみとしてのもののけ　65
もののけの出現――紫上に　70
もののけの出現――女三宮に　79
3　源氏物語におけるもののけ現象――物語に投げられた謎　85
夕顔巻の怪奇現象と〈もの〉が発した言葉の謎　88
六条御息所の実行犯的役割とその構築　95
Ⅱ　『源氏物語』末摘花論――異形の女神
はじめに――光源氏の世界［六条院・二条院・二条東院］　102
末摘花の姫君性――末摘花巻から　107
末摘花の姫君性――蓬生巻から　122

滅びの精神　127
末摘花の変貌——女神生成　134
常陸宮邸の復活　142
二条東院における末摘花　147
おわりに——皇孫の鬼　151

Ⅲ　『源氏物語』花散里論——乙姫の宿世を生きる

はじめに　164
物語理論による考察　166
花散里がオトヒメであること　168
神話世界のオトヒメ　170
紫上との対《つい》の関係　173
紫上のオトヒメ性、あるいはヒメ性　180
オトヒメ理論を踏まえての花散里考察　185

光源氏をめぐる女君の一人として　185
須磨退去の折に　190
光源氏帰京後　199
宿世を生きる　205
六条院世界を生きる　212
認識者として　215
光源氏との夫婦関係　220
その後の花散里　223

Ⅳ　『とはずがたり』後深草院二条論――さすらいの母

後深草院二条のさすらいの根拠――子どもの事　228
〈母と子〉の物語――大念仏供養の世界から　235
謎の子―X　239
〈有明の月〉と二条の物語――「源氏取り」から
その1　241
その2　248

出雲路での再会　252
巻三の展開　255
〈雪の曙〉との間に生まれた女子の問題　261
〈雪の曙〉との恋――「源氏取り」「伊勢物語取り」　266
秘密の子の出産　272
二条の娘は亀山院后昭訓門院瑛子か　278
〈源氏取り〉の世界から――夕顔の娘、玉鬘　283
おわりに　287

V　もの狂い考――能の〈もの狂いの女〉

はじめに――世阿弥の〈神がかりによるもの狂い〉排除の思想　290
憑依を演じる　293
もの狂いとは　296
もの狂いの標識　302
もの狂いの母――能「三井寺」　309
恋心・やむにやまれぬもの狂い　320

能「班女」　322
能「花筐」　327
子を探し求める女芸能者——能「百万」　338
おわりに——男のもの狂い　343

Ⅵ　世阿弥レポート　1〜6　348〜372

Ⅶ　その後の世阿弥——もの狂いの果てにあるもの

世阿弥の時代——立ち顕れる死者たち　374
能「砧」　380
能「隅田川」　392

あとがき——古代的なるものを探して　402

序　もの思いからもの狂い、そしてさすらいへ

あの時私はもの狂いだった、というようなことが、思い起こせば一度や二度はあるものかもしれない。あれこれと悩んだ末に自分を制御できないような、とても理性的ではいられないようなときが人にはしばしばあるのではないか。もの思いのあまりに、怒りや悲しみのあまりに、あとから思い出すのも恥ずかしいようなことをしでかしてしまうことすらある。そのようなもの狂いに陥ってしまったときの人間のありさまはあわれでもあり、また愚かでもある。

その人間のもの思いやもの狂いを、そして愚かさを描いているのが物語なのだ、と言えるかもしれない。物語はそのような人間の心を語っている。

「物語の出で来始めの祖」とされる『竹取物語』は月の世界から地上へと降りてきたかぐや姫の物語である。竹の中から生まれ出たとき、彼女は天人の世界から人間の世界へと転生したのだと言える。そうして人間になったかぐや姫は、成長の後、ひとを思う心と悲しみを知った時、もの思いの心を知った。

五人の貴公子からの求婚を拒否し続けるかぐや姫にはもの思いの様子はないのだが、五人目の中納言石上《いそのかみの》麻呂足《まろたり》の悲劇に対しては「少しあはれと思ひけり」とある。少し人の心が分かってきたのかもしれない。

そのかぐや姫も、この世の至上の男である帝からの求愛は拒否し通すわけにはいかなかった。帝はただひたすらかぐや姫だけを想い続け、妃たちのもとにお渡りすることもなく、かぐや姫に手紙を書く。かぐや姫も「御返り、さすがに憎からず聞こえ交はし」というように手紙の返事は「憎からず」(情愛をこめて)するようになった。その文通は「御心を互ひに慰め給ふほどに」三年に及んだ。帝との間にはこころの通い合いがあったのである。その間にかぐや姫は「ひとを思う心」を知るようになった。

やがてある年の春の頃より、彼女は月を見てはもの思いをするようになった。その後の彼女はただひたすらもの思いの人である。

やがて八月十五日の満月が近づいてきたころ、かぐや姫は翁と嫗《おうな》に次のように語る。

月の都の人にて父母あり。片時の間とてかの国よりまうで来《こ》しかども、かくこの国にはあまたの年を経ぬるになむありける。かの国の父母のことも覚えず、ここには久しく遊びきこえて慣らひたてまつれり。いみじからむ心地《ここち》もせず。悲しくのみある。されどおのが心ならず、まかりなむとする。

私は月の都の人であって、父母がそちらにいる。ほんのしばらくの間ということでかの国からやって参ったのだけれども、このようにこちらの国で多くの年月をすごすことになってしまった。かの国の父母のことは覚えていない。こちらで久しく遊びくらして慣れ親しみ申し上げている。帰ることはそれほどとは思えぬ、ただ悲しいばかり。しかし自分の思う通りにはならず、お暇いたそうとする。

かぐや姫には人間としての心が生まれていた。その心があるからこそもの思いの心も生まれてくる、だからこそこの世の人との別れが悲しいし、月の世界には帰りたくないのだった。そして最後は、この世でただ一人こころが通い合った男、帝との別れだった。

やがて八月の十五夜、天から使いの者たちがやってきてかぐや姫は月の世界に戻ることになった。その際、かぐや姫は帝に別れの手紙を書く。彼女が帝に送った歌は次のようなものである。

今はとて天《あま》の羽衣着るをりぞ君をあはれと思ひいでける

——今はもうこれでお別れということで天の羽衣を着るこの今、あなたのことを慕わしい、いとおしいと思っている、そのことに気づいたのだった。

別れの文は、帝を愛していたことに気づいた、というものだった。人を愛する心に気づいたその時がこの世とのお別れであり、愛した人との別れの時だったのである。天の羽衣を着るともの思いの心がなくなるという。かぐや姫がその羽衣を着ると「翁を『いとほし、かなし』と思しつることも失せぬ。」というように「いとほし、かなし」のこころがなくなってしまった。これは人間としてのこころが、つまりは〈もの思い〉のこころがなくなってしまったことである。

この衣着つる人は、もの思ひなくなりにければ、車に乗りて、百人ばかり天人具《ぐ》して、昇りぬ。

もの思いの果てにあるものが月の世界への転生であったとすれば、これは死を意味していると言えるかもしれない。少なくともこの世の人からすれば、かぐや姫はこの世を去ってあちらの世界に行ってしまったのである。この世ならぬ異界とは、死の世界と同じであろう。

かぐや姫はもの思いからもの狂いへと至ることはなく、もの思いの果てである月の世界への転生、つまりもの思いの果てにある死の世界へ行った。これは仏教で言えば往生に当たると思える。このようなことを〈物語の祖〉である『竹取物語』は描いているように思う。

『竹取物語』以来、物語はもの思いのこころを、そしてもの狂いに至る人のさまざまを描き、さらにはもの狂いのあまりにさすらっていく人々を描いてきた。もの狂いとなった人の魂は、この世の体制の中にはおさまらない、だからこそこの世ならぬ世界を求めてふらふらとさ迷い出していく。つまり、さすらいとは、この世の規範から外れた世界を生きることであり、その姿はこの世ならぬもの、つまり異形《いぎょう》のものだった。『源氏物語』の六条御息所はもの思いのあまりにもの狂いとなり、そのはてにもののけ・怨霊という異形のものとなってさすらわざるをえなかった。さらには、鎌倉時代の『とはずがたり』の後深草院二条は、体制外の出家者である尼姿となって諸国行脚の旅をした。これももの思いのあまりのもの狂いの旅であったろう。能の世界の「女もの狂い」も異形の姿のさまよう女たちだった。物語の主人公たちはいわば〈異形のヒロイン〉とも言える。彼女たちは〈もの思い〉のない世界を求めてこの世ならぬものの姿となってさすらったのだった。

そのような物語を究極のかたちで継承したのが室町時代の世阿弥の能の世界だったと思う。世阿弥、及びその息子の元雅の能の作品には、もの思いともの狂いのさまが究極的に完成された形でありありと描かれている。

さらにはもの狂いの果てにあるものは何なのか、そこまで私たちに見せてくれる。

『竹取物語』に始まる物語の世界は、能の世界のなかで究極のかたちを遂げた、と思えるのだが、その後も物語というものは繰り返し再生される。その反復と再生の中でまたあらたな物語が生まれ続けている。その時代ごとの矛盾や問題を孕み、そしてその時代ごとのもの思いやもの狂いの人間のさまが描かれていく。物語は新たな意味付けのもとで再生され続ける。

その物語の反復・再生の新たな姿として、たとえば明治の樋口一葉の諸作品が挙げられると思う。たとえば、『たけくらべ』は、構造の上では『竹取物語』と全くと言っていいほど似ているのである。しかし、似ているとは言え、『たけくらべ』には古来の物語を打ち壊すものがある。その打ち壊しているところに新しい近代小説の誕生があったのだと言えようか。

『たけくらべ』のヒロインの美登里《みどり》は、十四歳。可愛くておきゃんで生き生きとした美登里は、なんのもの思いもない子どもとして登場する。しかし美登里はいずれ吉原遊郭の遊女になることが決定している子どもだった。いつかは遊郭へと入る、それまでの猶予期間としての子ども時代だった。この点は、いずれ月の世界に戻ることが決定しているかぐや姫と同じだった。

その子ども時代、美登里を取り巻く子どもたちの世界に彼女は女王様のように君臨し、そして美登里のことが好きらしい男の子がいても彼女は意にも介しなかった。そのもの思いのない子ども時代が『たけくらべ』では郷愁を誘うような魅力で描かれている。そのもの思いのない美登里にもやがて恋心が生まれた。それは学校の上級生で優等生、寺の息子の信如《しんにょ》という少年への思いである。それは恋とも言えない幼い憧れかもしれないし、美登里には恋という自覚もなかったかもしれないのだが、季節の移ろいの中で人を思う切ない心が生まれていったのだった。

その美登里に、子どもの世界から大人の世界へと移っていかなければならないという転機が訪れる。それは通説では初潮の訪れ、あるいはかつて佐田稲子が論じたように初店《はつみせ》であったのかもしれないが（初店とは遊郭において初めて客を取ることをいう）、美登里はそれを契機として、子どもたちと遊ばなくなり、大人しくなって家に引きこもるようになった。彼女はもの思いの人になってしまったのだ。ちょうど月を見てもの思いをするかぐや姫のように。月の世界に行かなければならないかぐや姫と同じように、美登里も大人の世界へと行く日が近づいてきたのだ。それは月の世界ならぬ吉原遊郭という世界への転生だったのだが。

信如への思いにようやく気づくようになったそのとき、彼女は大人の世界へ去っていく。しかし『たけくらべ』では恋の相手である信如の方が先に大人の世界へと転生する。それは家を継ぐため僧侶になる学校への入学という形なのだが、これはあたかも物語における〈仏の世界への往生〉であるかのようだ。美登里よりも信如のほうがかぐや姫であったのかもしれない。それに対して美登里の転生の先は吉原遊郭という地獄である。

その美登里の十年後の姿が『にごりえ』のヒロイン、お力《りき》であったと考えられる。吉原遊郭は苦界ではあったがともかくも格の高い高級な遊郭ではあった。しかし、お力の住む世界は明治二十年代、最低ランクだと言われた銘酒屋、淫売窟の世界だった。ここでのお力は、もの思いを通り越してもはやもの狂いの女である。

ある時お力は、客の結城朝之助を相手に自分の子ども時代を語る。

お力は極貧の家に生まれた。家には食べるものもろくにないのだが、「七つの年の冬」、なけなしの小銭を持たされて彼女は米を買いに行く。しかしその帰り道、ようやく買えた僅かな米を、足を滑らせた拍子にどぶの溝の中にざらざらとこぼしてしまったのだ。どぶ川に流れ落ちた米はもはや何ともしようがない。彼女は「私は其頃から気が狂ったのでござんす」と言う。まずしさという現実の過酷さの中で、子どものお力はもの狂いの女になってしまったのだった。

お力の古くからのなじみの客であった源七は、お力に溺れた揚句に今は落ちぶれて長屋暮らし、そして妻にも苦労を掛けている、それなのに彼はまだお力が諦めきれない。ここにもう一人のもの狂いがいたことになる。そのもの狂いの男に、お力は殺されてしまう。というのが結末なのだが、これは情死なのか無理心中なのかはっきりしない。

もの狂いの女であったお力は、いったいどこへ転生するというのだろうか。能の世界では、たとえば世阿弥の名作とされる『砧《きぬた》』では、地獄の鬼となっていたヒロインは、法華経読誦の力によって仏の世界へと掬い取られていったが、お力の行き先は分からない。そもそもお力のいる新開地の銘酒屋の世界、そこが地獄だった。本文にも「誰れ白鬼《しろおに》とは名をつけし、無間《むけん》地獄のそこはかとなく景色づくり」とあるようにそこは無間地獄、そこにいる淫売の女お力は白鬼だったのだ。物語の世界に、そして能の世界にも必ずあった救済、そして死者供養の祈りの声が『にごりえ』からは全く聞こえてこないのである。そこには救済などない現実が描かれている。

『竹取物語』では、かぐや姫は月の世界へ戻るというかたちで転生したが、そこはもの思いのない世界だった。しかし、『たけくらべ』の美登里の行き先は吉原遊郭という地獄。そこはもの狂いの世界でしかない。また『にごりえ』のお力は生きる場が銘酒屋という無間地獄であった。

『たけくらべ』も『にごりえ』も物語を踏まえているようでありながら、本質的に物語の枠を壊している。

物語の世界にあった浪漫性、ファンタジー、救済を願う心、そのようなものをすべて切り捨てたのが一葉の『たけくらべ』であり『にごりえ』だった。そこにあるのはもの狂いの果てにある過酷な現実を描くリアリズムの世界である。

物語を踏まえているようでありながら物語を壊してしまっている。そこに物語の終焉があり、同時に近代の始まりがある、と言えよう。

一葉は、幼いころ江戸時代の黄表紙や読本などを読みふけっていたという。また和歌を詠み続け、そして『源氏物語』など古典文学を耽読した。そのような古典の素養がある一葉だからこそ、明治時代の過酷な現実を身をもって知った時、そして西洋の新しい文学と出会った時、古代の物語を近代の小説へと繋ぐことが出来たのではあるまいか。一葉は物語の浪漫性を切り落として、それをリアリズム文学として再生させることが出来たのだ。ちなみに『にごりえ』の草稿（未定稿）に仮の題としてつけられていたのは「ものぐるひ」であったという。一葉は、自らの描いた世界がもの狂いであることを充分に知っていた。その上で題名を『にごりえ』にした。「ものぐるひ」から「にごりえ」への転換、それはもの思い、もの狂いの物語の終焉を表しているように思う。とは言うものの、物語はたえず反復・再生され続ける。現代の文学に、演劇の世界に、さらにはアニメの世界に物語は生き続けている。

もの狂いの人々——古典文学に見る異形のヒロイン

I

『源氏物語』六条御息所論——もの狂いの原点として

はじめに——もの思う女からもの狂いの女へ

『源氏物語』において六条御息所はもののけになった女と言われる。彼女の魂が本当にもののけとなって左大臣邸の葵上に憑依したかどうか、それは検証して見なければいけないことなのだが、少なくとも作者紫式部はそこのところは非常に近代的に考えていたようで、もののけとして憑依したのだとは断定できないように書いている。作者はおそらくはこの物語をそのような神秘的、あるいは迷信的な現象として描きたくはなかったのではないか、むしろこの時代に数多く発生したもののけや怨霊に関わる現象を前提としながら、その形態を借りて人間の狂おしい精神状態を描こうとしたのだと思える。ここで作者が描こうとしたのは、〈もののけ現象〉ではなく、人間の不可思議で、かつ追い詰められた精神状態であり心理であった。要は心の問題だった。

重要なことはは、六条御息所自身が「わたしの魂はもののけ・生霊《いきりょう》となってしまったのではないか」と思い込んだことであり、さらに光源氏が妻である葵上の表情・しぐさに六条御息所のけはいを感じ取って、これは彼女のもののけなのか、と思ってしまったことなのである。彼女がそのように思うに至るまでの懊悩には並々ならぬものがあった。また彼女は大変不遇でもあった。大臣家の姫君として生まれ、時の皇太子の妃になったもののその皇太子は早逝してしまう。やがて光源氏が通ってくるようになったものの、彼女はまだ正統な妻としての処遇が得られないでいる。光源氏は何とも曖昧な態度を取り続けており、二人の関係は安定したものではない。左大臣邸との確執も起る。六条御息所の悩みは尽きることなく、彼女はもの思う女になっていった。

さらにそのもの思いのあまりに鬱々とすることも多くなっていったという。こういう状態に至った時生じてしまったのが、葵上へ憑依するという〈事件〉であった。

六条御息所は本来ならば決して理性を失うことなどない、高貴な姫君としての誇り・プライドを持った女であったはずなのだが、――彼女がいかに優雅で知的でたしなみのある女性であったかが『源氏物語』ではくりかえし描かれている――しかし、その優れて立派な女がどうしようもないもの思いに捉われていく。彼女の心の中にはやむにやまれぬ闇のようなものが巣食ってしまったのだ。魂が揺らいでやまない、そのような状態に陥ってしまったのだと言える。

和泉式部に次のような和歌がある。

　男にわすられて侍るころ、貴船にまゐりてみたらし川に蛍のとび侍りけるを見て詠める。

　　もの思へば沢の蛍もわが身よりあくがれ出づる魂かとぞ見る

　　　御かへし

　　おく山にたぎりておつるたぎつ瀬の魂ちるばかり物な思ひそ

『後拾遺和集』二十　神祇

もの思いのあまりに鬱々となったあげくに、ふわふわと浮遊するような感覚に陥るありさまが詠まれている。魂がさすらい出るような、いわば放心状態のようなもので、このような感覚は苦しい恋の心、あるいはそこから生まれる執着心や怨みによるもの思いとして当時の人たちも感じていたのは確かで、ここに挙げた和泉式部の歌はそれをよく表している。

魂とはあくがれるものであり、その原因はこの和歌にもあるようにもの思いであった。この「あくがれ」とは現在の「あこがれ」に繋がる言葉なのだが、心や身体がなにかに惹きつけられてふらふらとさまよい出ることで、古代の人々は、身体とは魂の容器であり、いわば入れ物に過ぎない、だから魂は何かに惹きつけられると身体から離れてさまよい出ると考えたものらしい。この和歌の「沢の蛍」が浮遊する有様を見て、和泉式部はあれはもしかするとわたしの魂ではないか、と思う。

「あくがれる」心は、漂泊・さすらいの心を生み出していくものであろう。それが魂が身体から分離せずに身体ごとあくがれ出るということになると、それがさすらいとなっていく。中世の漂泊とは、このあくがれる魂を抱える人が身体ごと動き出した現象とは言えないだろうか。つまり行動として現われるのである。六条御息所で言えば、彼女はまだ動けなかったのだ。動くに動けないから魂が代わりに動き出した。

ところで、この和泉式部の歌に対して貴船の神が次のような返歌をしている。

おく山にたぎりておつるたぎつ瀬の魂ちるばかり物な思ひそ

——山から水が勢いよくたぎり落ちてきて、川の瀬で水が飛び散るかのように、魂が飛び散る、そのような物思いはしないでおくれ。

和泉式部の和歌では、ふわふわとさまよい出た蛍が魂の比喩であったのだが、貴船の神は魂を飛び散る水しぶきのように捉えた。もの思いの余りさまよい出た魂が弾け散るような映像である。この「魂ちるばかり」にはもの狂おしさが表れていて、これはもの思いからもの狂いへの転化として捉えられる。つまりもの思うことはそのままもの狂いに繋がるのである。

このもの思いからもの狂おしい思いへと魂が揺らぎだしたとき、夢という現象が起こる。夢を見るとは魂のゆらぎ・発動が起ることであった。六条御息所のもののけ現象もこの夢を見るところから始まっている。六条御息所が鬱々と思い悩むことが重なるうちに魂が揺らぎだすきっかけとなった事件は〈車争い〉と称されるもので、彼女はこのことがきっかけとなって衝撃的なまで心が動き出したのだった。賀茂の御禊《ごけい》の日、そのパレードに供奉《ぐぶ》する光源氏の姿を見るために六条御息所は見物へとやってきたその折、同じく見物に来ていた葵上の一行と鉢合わせをすることになる。そこで車を置く場所の争いが起こり、権力をかさにきた左大臣家の人々のために彼女の車は無惨な有様に痛めつけられて後ろの方へと追いやられてしまったのである。これは彼女のプライドが叩きのめされるようなものであった。その結果「年ごろはいとかくしもあらざりし御いどみ心をはかなかりし車の所あらそひに、人の御心の動きにけるを」というように彼女の心は屈辱のあまりに動き出したのだった。

その頃、葵上は出産の時期を迎え、そしてもののけが憑いている有様となっている。その情報を耳にした彼女は次のように思う（ちなみに左大臣邸の葵上の様子は逐一彼女の耳に入っているのだが、六条御息所邸の配下の者が絶えず情報を聞き出して報告しているものと思える）。

おぼし続くれば、身ひとつの憂き嘆きよりほかに、人を悪しかれなど思ふ心もなけれど、もの思ひにあくがるなる魂は、さもやあらむとおぼし知らるることもあり。

彼女自身は葵上に対して嫉妬・怒りなどを思うことはとくには無かった、と彼女は考える。しかし、自分のもの思うこころは自分でもよく分かっていて、「もの思ひにあくがるなる魂」はそういうこともありうるのではないか、というように葵上に憑いているというもののけはもしや私の魂なのかと疑う。あの車争いの後、「はかなきことのをりに人の思ひ消ち、なきものにもてなすさまなりし御禊ののち、ひとふしにおぼし浮かれにし心、しづまりがたうおぼさるるけにや」というように彼女の心は「しづまりがたう」なっていたのだった。そして彼女は夢を見るのだという。その夢の内容は次のように語られる。

かの姫君とおぼしき人の、いときよらにてある所に行きて、とかく引きまさぐりうつつにも似ず、たけくいかきひたぶる心出できて、うちかなぐるなど見えたまふこと、度重なりけり。

——かの葵上かと思われる姫君が、たいそう美しい有様で居る所に行って、あちこち引っ張り回し、荒々しく猛々しい心が出てきてその姫君を叩いているなどしている、その様を夢に見ることが多くなっていた。

彼女の魂は夢という回路を経て左大臣邸の葵上の所に行き、そして夢のなかで彼女は葵上を打擲する。この夢と思い合わせて彼女は〈私はもしやもののけになっているのではないか〉と思うに至るのだが、これは本当に彼女がもののけになったものかどうか断定はできない。左大臣邸の情報は彼女の耳に絶えず入っていて、加持・祈禱などしているあちらの様子は手に取るように分かるはずであろうし、夢の内容も単に彼女の深層心理の表れに過ぎないかもしれない。しかし「もの思いをすると魂は身体からさまよいでるもの」という認知の力によって彼女はもしやと思ってしまったのだ。

ところで、古来、もの思う人は夢のなかで恋しい人に会いに行くものだと考えられていた。会いに行くのは魂であり、そして恋しい人の夢のなかに魂が入り込むのである。

かぎりなきおもひのままに夜も来む夢路をさへに人はとがめじ　　小野小町『古今和歌集』恋三 657

夢路には足もやすめず通へども現《うつつ》に一目見しごとはあらず　　小野小町『古今和歌集』恋三 658

このような歌をよむと、恋しさのあまりに、生身では行けないけれども代わりに魂が会いに行くという夢の現象は、言い換えれば憑依に他ならないのではないかと思える。ただ恋しさで会いに行くのと、怨み・復讐で会いに行くとの違いであって、何かに惹きつけられて魂がそちらへと遊離していくという原理は同じであろう。恋しさのあまりに、というのは、恋の心のために鬱々とまどろむような放心状態であったかもしれないのだが、そのまどろみの中で彼女の魂は身体から遊離して〈夢の通い路〉を経て、恋しい人の夢の世界へと入っていく。したがって相手の夢のなかに自分が現われることになる。古代の夢の原理としては、恋しいからその恋人を夢に見るというのではなく、逆に夢に出てくる人は向うから会いに来たのだとしたものらしい。夢のなかの世界とはいわば脳内現象である。相手の脳内に自分の魂が憑依した、と解釈できるのではないか。

六条御息所は鬱々としたまどろみの中で夢を見る。その夢のなかで、彼女は左大臣邸へと魂が惹きつけられてゆく。もの思いからもの狂いへと魂が揺らぎ始めたのだった。

中世の能の世界のもの狂い女たちは、揺らいで動き始めた魂を抱えて、恋しい人を探し求めてさすらったのだが、六条御息所の魂の対象は怨みの相手であった。そこには、左大臣家に対する屈辱の思い、光源氏の正妻として大切にされている葵上への怨み、そして光源氏への怨みと恋しさ、そのようなものが綯い交ぜになった彼女のもの狂おしさが魂の揺らぎとして発動したのだった。

もの思う女からもの狂いの女へとなっていった六条御息所、彼女をもの狂いの原点として捉えてみたいと思う。

1　もののけ現象　その1

六条御息所の謎――存在の不可思議さ

六条御息所という女性は本当に存在したのかどうか、ふとそのような不思議な感覚に襲われてしまうことがある。もちろん物語は虚構なのであるから六条御息所は物語内の虚構の存在に過ぎないのは当然なのだが、物語の内部での実態が具体的ではなくなにやら抽象的なのである。そもそも『源氏物語』に彼女が初めて登場する夕顔巻では〈六条の女〉という抽象的な呼び名で現れて、その女は高貴な女であるらしいのは分かるのだがどこの誰とも分からない実体のないイメージのような存在である。高貴で立派な女、しかし夕顔巻ではかの夕顔を憑り殺してしまった可能性のある不可思議で恐ろしささえ感じてしまう、そのような女として現われる。その〈六条の女〉が葵巻において〈六条御息所〉という具体を得て姿を現わしたとき、彼女はすでに〈もの思う女〉であった。彼女は、つまりは〈もの思う女〉として登場する。

まことや、かの六条の御息所の御腹の前坊の姫宮、斎宮にゐたまひにしかば、大将の御心もばへもいとたのもしげなきを、幼き御ありさまのうしろめたさにことづけて下りやしなましと、かねてよりおぼしけり。

そうそう、かの六条の女である御息所のお生みなさった前皇太子の姫宮がおなりなさったので、大将（光源氏）の御心もまことに当てにならないということもあり、まだ幼い姫宮のことが気になるという理由でともに伊勢へと下ってしまおうかしら、と以前からお思いになっていた。

このような書き出しで姿を現わした六条の御息所は先の皇太子の妃であったこと、そして姫宮がひとりいること、さらに御代替わりに応じてその姫宮が斎宮になったことが分かる。さらに続けて、光源氏との関係が上手くいっていない、斎宮に選ばれた姫宮に付き添って娘と共に伊勢へ下ってしまおうかどうか、つまり光源氏と別れてしまおうか、と悩んでいる女であることが語られる。このような悩みに関わる書き出しで六条御息所の物語が始まる。このことから、彼女はこの登場の始めからもの思いに悩む女として、さらにはもの狂いとなっていく女として『源氏物語』の世界に姿を現わしたのだと言える。

この引用文に続いて、光源氏の六条御息所に対する曖昧さ、いわば不誠実さを父桐壺帝が案じて、あれこれと非難・叱責するところがあるのだが、その折り、桐壺帝は「女の怨みな負ひそ」と光源氏に注意する。二人の関係悪化は天皇までが心配するレベルになっていた、となるとこの問題はもはや二人だけの問題では済まされず、いささか社会的スキャンダルと化し始めていた。このことが、光源氏にも六条御息所にも相当の抑圧をかけることとなるのは必然であろう。光源氏にもこの問題は心理的にも大きくのしかかってくるものであった。

この天皇の言葉〈女の怨み〉に注目すれば、〈もの思う女〉というテーマに導かれるようにして登場したうえに、さらには〈怨みの女〉というテーマまで帯びて彼女は出現したと言えそうである。さらに彼女は「前坊」の妃であったという事実が語られる中でもう一つのテーマ、皇統に関わるテーマも出てくることとなった。

彼女は葵巻においてこのように大きな問題を抱えた女として登場する。物語の冒頭に提示された問題――もの思い、女の怨み、皇統の三つは、物語の最後まで六条御息所の擁するテーマとして一貫している。そのテーマがいかに展開していくかを見ていくべきなのだと思う。

彼女をヒロインとして登場させることは始めの構想の中に入っていなかったのではないかという気がするのだが、夕顔巻から葵巻への展開の中で〈六条の女〉のテーマが見えて来たとき、突如構想の中に組み込まれたのかもしれない。というのも、葵巻の次の賢木巻でようやく彼女の具体的来歴が語られるのだが、語られている来歴にかなりの矛盾があるのである。その結果、物語の構想に奇妙なひずみが生じることとなっている。

やがて斎宮の伊勢下向の時期が迫り、発遣《はっけん》の儀式が大極殿で行われることになった。発遣の儀とは、天皇と斎宮の別れの儀式というべきもので、大極殿において天皇が斎宮の前髪に櫛を挿して別れを惜しむというものである。この折、斎宮に付き添って宮中に参内した御息所は、自分がかつて皇太子妃として宮中に暮らしていた折のことが思われてならない。

……内裏《うち》に参り給ふ。御息所、御輿に乗りたまへるにつけても、父大臣《おとど》の限りなき筋におぼして、いつきたてまつりたまひしありさま変りて、末の世に内裏を見たまふにも、もののみ尽きせずあはれにおぼさる。

御息所は内裏に参上なさる。御輿にお乗りなさるにつけても、かつて自分が皇太子妃であった頃が思い出されて、父の大臣が将来は中宮にも、と大いに期待をかけておられて、私を大切になさっていたその有様が今はすっかり変わ

――ってしまって、その果ての今、再び内裏を御覧になる、あれこれ思うともの思いは尽きず、しみじみとなさる。

父大臣が将来は天皇の后にと期待をかけて皇太子妃として入内させたはれやかな過去が彼女にはあったのである。順調に行けば彼女は堂々たる晴れやかな皇妃として宮廷にその権威と権力を発揮しているはずであった。しかし、何かが違ってしまった。それが彼女の夫たる皇太子の早逝であった。そのために光りある晴れやかな世界、つまり皇統の表の世界からその裏の世界へと彼女の世界は暗転したのである。さらに生まれたのは皇統を継ぐことのない女宮である。六条御息所は皇統から排除された女と言えるのではあるまいか。

十六にて故宮に参りたまひて二十にて後れたてまつりたまふ。

十六歳で亡き皇太子のところに参りなさって二十歳の時に死別なさった。

入内して四年後に皇太子が亡くなった。そして現在十四歳になる姫宮＝現在の斎宮が遺児である。ところで、問題はこの皇太子の存在である。この人は桐壺帝の弟なのだが、この弟が皇太子であったという時期が桐壺巻の記述には出てこない、さらにこの皇太子の存在は桐壺巻の記事とは完全に矛盾する。この皇太子は、六条御息所の登場に応じて突如物語内に現われた不可解な謎めいた皇太子なのである。

十六歳で皇太子妃となったというならば、御息所はこの時点で三十歳なので、十四年昔のこととなるはずなのだが、その十四年前のことを語る桐壺巻では、その時桐壺帝の第一皇子（光源氏の兄で、後の朱雀帝）がすでに皇太子となっていて、しかもその立坊はその五年前のことであった。御息所の夫である前坊はいったいいつ皇太子であったのか、まったく不可解なこととなっている。

この矛盾は研究史上、古来からの謎となっていて、研究史の方ではそこに皇位継承争いに関わる何らかの政治問題があったのではないかと捉えていることが多い。御息所の父の大臣が、葵上に憑いた物の怪ではないかという噂があったことも語られているので、政治的な恨みを残して亡くなった人物であったことも推測される。皇太子の死、さらには父大臣の死、というのもいろいろと想像させるものがあるが、物語ではなにも語られていないのでこれは想像するしかない。

準拠論では、この皇太子は歴史上の保明親王を想定しているのが一般的である。保明親王は醍醐天皇の第二皇子で、延喜四年（九〇四年）二歳のときに立坊して皇太子となった人物だが、延喜二十三年、二十一歳にして薨去した。皇太子の死により、その子どもである慶頼《よしより》王を皇太子に立てたが、慶頼王も五歳にして死去。結果的に保明親王の同母弟の寛明親王（後の朱雀天皇）が次に皇太子となった。

六条御息所は、この保明親王の妃であった貴子（藤原忠平女）、もしくはその姪にあたる徽子《きし》女王（村上天皇女御）がモデルであろうと論じられることが多く、特に徽子女王は、娘の規子内親王が伊勢斎宮になったのに付き添ってともに伊勢に下った、という史実からその関連性が問われることが多い。

物語における六条御息所という人物造形には、このような歴史上の人物・事件の複合的な関連が見られるのであり、独特の物語世界を作り上げていると言えよう。過去の政治史のなかからふっと浮かびあがる、しかし誰とも特定できないもののそれぞれのイメージが錯綜するような、そういう人間像が一つの観念として作り上げられたように思える。

皇太子妃であったにもかかわらず、皇太子の早逝によって皇統の中枢から外れていった女、あるいは娘の伊勢斎宮とともに都を離れて伊勢へと下っていた女、そのような歴史上の女たちを想起させる存在であることによって、六条御息所は虚構の存在でありながら妙にリアリティがある存在になり得たと言えようか。しかしその代わりに、六条御息所は『源氏物語』構想の枠組みから外れてしまったとも言えるのであって、経歴と年齢の矛盾に関しては、そのような矛盾を侵してまでもやはりそのように語らねばならない必然性があったのではないか。そこに、「源氏物語年立」から外れてしまった、どこやら宙に浮いたような抽象性が見えてくるように思う。彼女は本当に存在したのか。

彼女は〈もの思う女〉として現われた。そして彼女のまわりには誰も居ない。たったひとりでもの思いにくれているという映像だけが見えてくる。さらに彼女は皇統の闇の世界を背負っている。つまり彼女のテーマを皇統の闇として捉えてみると、その闇の中にただ一人もの思いにくれている女として現われたように思える。

さらに彼女の存在の稀薄さは、『源氏物語』のなかで彼女の身の回りに普通ならば存在するはずの、そして物語に登場してもいいはずの人物たち――身内や乳母や乳母子たち、さらに女房たちが出てこないことにも表れている。彼女も大勢の配下の女房たちを率いて、文化的にも優雅でみやびな生活をしていたであろうに、彼女の具体的生活に関わる情報が稀薄なのである。中将の君という素敵な若き女房がひとりだけ出てくるが、他には誰も現れないし、その上この中将の君も夕顔巻に出て来るだけでそれ以後は出てこない。もっともずっと後の澪標巻（彼女が伊勢から帰還した後）では、「よき女房などはもとより多かる宮なれば」という記述や「女別当、内侍などいふ人々、あるいは離れたてまつらぬわかんどほりなどにて、心ばせある人多かるべし」という紹介もあって、彼女のもとには優れた女房たちがいることは語られているのだが、それは彼女が亡くなる直前の記述である。

つまり物語の始めの時点では、彼女は娘ひとりを擁しながらもこの物語の中でたったひとりで存在して、そしてただもの思いにくれている存在として登場する。ちなみにこのようなヒロインは『源氏物語』では大変珍しく、光源氏に関わった女たちはいずれも母や祖母や乳母たちや大勢の女たち、そういう集団を擁した女主人として登場することが多く、中には花散里や空蟬など身めぐりの女たちがいささか稀薄で語られることが少ない女君もいるのだが、総じて〈たったひとり〉という女君はめずらしい。かのさすらいの女君夕顔でさえも頼もしい乳母子である右近がいるし、また乳母一家が彼女を支えている。また末摘花も孤独な生活ながら配下の乳母子や古女房たちが共に苦労している様が描かれている。彼女たちはみな自分の〈家〉――この〈家〉というのは後の家観念とは違って、女系を中心とした血縁非血縁を含めた家族集団というべきもの――を背負っているのである。そういう者がひとりも現れてこない六条御息所とはどういう存在だったのか。

考えられることは、『源氏物語』における六条御息所の役割が他の女君とは違っていることであろうか。彼女はテーマに要請されて造り上げられ、そして現れ出たヒロインであったと考えられるのではないか。いわばテーマを体現する存在であったろうか。皇統の闇に追いやられた不遇の女にしてもの思う女、そしてもの狂いに至る女というテーマに導かれてこの物語内に登場した人物であり、いわば〈観念〉であったと捉えてみたい。その観念は、物語内の世界に亀裂を惹き起こすものであった。いわば彼女の存在そのものが物語に中に巣食う怨霊のようなものではなかったかと思える。

また、六条という土地が醸し出す威力のようなものも考えるべきことで、今まで研究者たちによってさまざまに論じられてきたように怨霊・悪霊・もののけが顕われても不思議ではない六条というトポスの問題がある。この六条という空間には何が沸き起こっても不思議ではない怪しげな気配があり、六条御息所はその怪しげな空間から現われ出たと言えよう。夕顔が死んでしまった「なにがしの院」は源融の「河原院」がモデルかと想定されているのだが、その六条に位置する河原院をめぐる、怨霊に関わる史実・伝説が夕顔の物語のミステリー性を作り上げている、さらにこの六条のミステリー性を身に帯びて六条御息所は現れ出た。〈六条の女〉という存在には、美しく高貴な女の魔力、さらには土地が醸し出す不可思議さ、怨霊やもののけが生成される土地の威力が籠められている。その六条において生成された六条御息所という女人のありようには、始めから怨霊としての要素が用意されていたのだと言える。そしてこの怨霊は、物語内に混乱・亀裂を呼び起こすひとつの観念——あるいは理念、イデアとして作り上げられたように思える。怨霊とは、一つの観念、それはマイナスの要素を帯びた観念と言えるのだが、それを具体的に形象化したものとして捉えられるのではあるまいか。

この観念は物語の要請に応じて、光源氏の世界に対抗する威力として闇の世界からしばしば顕われ出て、そして亀裂を起こそうとする。そういう〈もの〉として六条御息所を捉えてみたい。

始めに彼女の非正統性について考えてみたい。本来ならば堂々たる正統な皇妃であり、皇統の中枢に君臨するはずであった女が、その正統性を失ってしまった。さらに光源氏の正統な妻にもなってしかるべき女が、理由も曖昧な光源氏の心のせいでいつまで経っても〈御忍び通い〉の女であり続けるという屈辱に苛《さいな》まれる。彼女の魂は、自分の非正統性に対抗する〈正統なる女、葵上〉にまず発動していくのである。

六条御息所の非正統性——葵上に対抗する精神

六条御息所がもののけ、あるいは怨霊として現れ出たと解釈できるのは、葵上へ憑りついたとされる葵巻におけるもののけ現象事件、そしてその二十五年後の若菜下巻において紫上に憑りついたとされる事件、さらに柏木巻での女三宮への憑依現象、この三つである（夕顔巻に顕われた得体の知れぬものが〈六条の女〉であったのかどうかについては、またあとで検証したい）。葵巻では、彼女はまだ生きているから生霊となって憑りついたとされるものだが、若菜下巻、柏木巻では彼女の死後のことであるからこの場合は死霊である。

始めに葵上と六条御息所の二人を比較検証してみたい。

葵上の系譜は完璧なものである。母は桐壺帝の妹である内親王、父は時の権力者である左大臣。そして光源

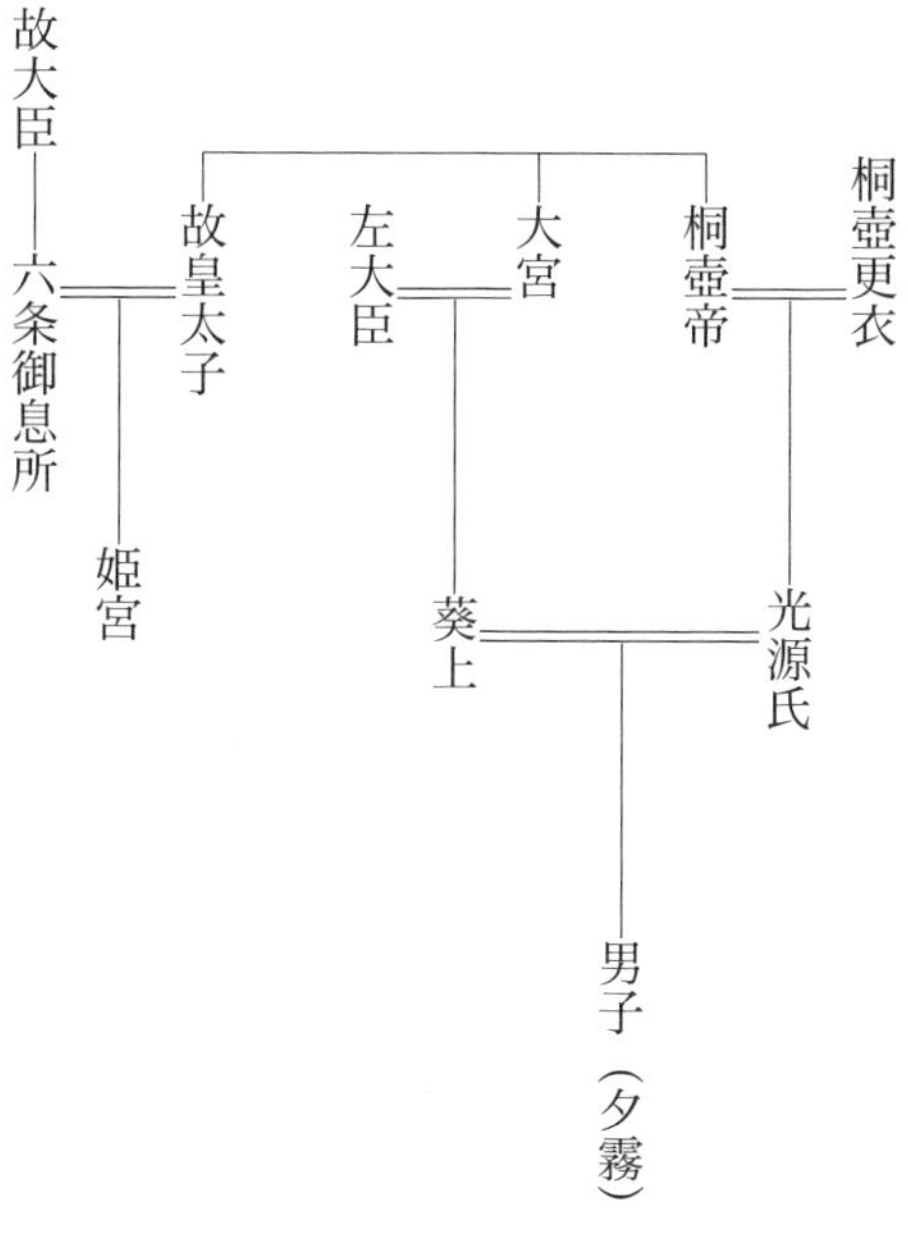

氏という高貴にして未来は権力の中枢となるはずの貴公子を婿に迎えた。そして、少し後の事になるが、男子、のちの夕霧を出産する。母方が高貴である上に、父・夫・息子という男系がすべて揃っていて、いわば完璧である。葵上には、光源氏の兄である東宮に入内を、という要請がかつて東宮方の右大臣家からあったようなのだが、父の左大臣は桐壺帝との連帯・結束を重視してあえて光源氏を婿に迎えたといういきさつがあった。葵上には皇太子妃になるという可能性があったことになる

のだが、そうなると六条御息所に対して葵上はどのような思いを持っていたかはいささか気になるところである。二人の年齢はあまり変わらない上に、物語には何も書かれていないのだが、おそらくは六条御息所とは同じ一族だったのではないかと思われる。いわば条件的にはまったく同格であった二人の女はもともとライバル的存在だったのかもしれない。しかし、葵巻の時点では、六条御息所は敗北者の位置にあった。

葵上の身の上を六条御息所と比較すれば、この二人はまったくすべての点において相反する存在だったと言わざるを得ない。葵上を表だとすれば、それを一つ一つひっくり返したところにいるのが六条御息所であった。この二人の相反する身の上をまとめると次のようになる。

六条御息所の現在	葵上の現在
父大臣の死	父左大臣―時の権力者
夫皇太子の死	婿君が光源氏
光源氏との曖昧な関係	光源氏の正妻
皇子生まず、皇女ひとり	男子を生む

ここにはすべてを失った女とすべてがある女とがいる。これほど対照的な女はいないのではないか。葵上は、父・夫・息子という男系に関して完璧であった。それに対して六条御息所はその父・夫・息子に関して恵まれなかったのである。この点に関しては夕顔も同じであって、夕顔も父の三位中将に死に別れ、通ってくる頭中将からも正統な妻としてはなかなか遇されず、そして生まれた子も女児であった。夕顔は頭中将の正妻方の右大臣家からの嫌がらせもあって、余儀なく居場所のないさすらいの生活を送っていたのだったが、居場所のないさすらいの生活は、あるいは六条御息所も同

じではなかったろうか。夕顔と同じように六条御息所も、光源氏の正妻方である左大臣家からの屈辱を受けていた。夕顔はもう一人の六条御息所だったと言える。六条御息所も居場所のないような状態に追いやられていたのである。具体的に住むところがないという意味ではなく、精神的に居場所を失っていたのだと思える。元皇太子妃とは言え皇統に関わることのない彼女はその世界にいる場所があっただろうか。光源氏の妻としても遇されない彼女には恥と屈辱と怨みが起るのももっともで、彼女は都を捨てて娘斎宮とともに伊勢に下ろうと思うに至る。彼女はいわばこの世の制度の中にいるにいられない状況にあった。夕顔はこの世から排除されたあげくに怨霊のごときものに取り殺されたが、六条御息所は同じような目に遭いながらも取り殺す側にいってしまった、つまり彼女は怨霊になってしまったのかもしれない。制度外へと追いやられた人間は、社会的弱者であるがゆえに、憑りつかれるか、あるいは憑りつくか、であった。六条御息所の魂が、社会的強者である葵上にまず向かうのは当然だったと言えよう。

もっとも始めのうちは六条御息所には葵上に対する嫉妬や対抗心はなかったのだと彼女自身は言っているのだが、その思いのなかには、自分がかつては皇統に関わる高貴な身の上であり皇太子の遺児の姫宮もいる、彼女自身も元皇太子妃という皇統の高貴さの中にいたという自尊心があったと思える。確かに、葵上にはすべてがあるとは言え、そして母が内親王であるとは言っても、葵上は臣下の身の上に過ぎない。夫が光源氏であるとは言っても光源氏も臣籍降下の身の上で、もと皇族とは言っても現在は臣下である。皇太子が早逝さえしなければ六条御息所は光源氏のような臣下と恋愛関係になることもなかったであろうに、その臣下の光源氏から〈御忍び通いの女〉としてしか扱われないというのは屈辱ではなかろうか。

六条御息所の心の中では、自分は決して葵上に劣るものではないという思いがあったとしても不思議ではない。その自負心が、現在は不遇であろうとも彼女を支えるものとなっていたのではないかと思うのだが、この精神を覆してしまうような出来事、つまり車争いが起ったことから事態が変わってしまうのである。

葵上に憑りついたもののけの現象

葵上の出産がいよいよ近づいてきた。もののけが憑りついた葵上はたいそう苦しみつづけている。左大臣邸では加持祈禱が行なわれており、もののけ退散の対策として験者《げんざ》、憑坐《よりまし》（霊媒）も葵上の傍にいるという状況である。この折の加持祈禱は山折哲雄の『日本人の霊魂観』（河出書房新社、一九七六年刊）によれば、『御修《み》法《ず》』は五壇法、もしくは少なくとも不動王法を中心とする加持祈禱と解される」というもので、「不動王法《ほう》」とは「不動明王に祈願して病鬼を退散させる」という行法の事だという。そこでは護摩作法がなされる。「主体となる乳木（白膠）とともに、白檀、竜脳、丁子、鬱金、沉《ちん》などの五香が用意され、また芥子を火中に投ずることになっていて、それらが混ざり合って発する強烈な匂いは、邪気を調伏する加持空間にエクスタティックな感応を呼びおこすとされている」というもので、葵上の病床の空間は、加持祈禱の声々、憑坐に憑いた物の怪の叫ぶ声、そして強烈なお香の匂いが立ちこめているというものだった。

「にはかに御けしきありて」というように葵上がついに産気づいた。苦しみが続くので祈禱がますます盛大になされるのだが、一つのもののけが憑りついたままどうしても動かない。

病人に憑りついたもののけを退散させるもののけ治療では、験者の霊験力によって病人に憑いているもののけを病人の身体から追い出して傍らにいる憑坐に移すことがまず第一なのだが、多くのもののけたちが憑坐に駆り移された後になっても、ただ一つ残ったもののけがいる。それが験者の努力によっても一向に動かなかったのである。その時、葵上はもはや瀕死の状況にあった。周りの人々も、もう駄目なのか、と思うに至るような状況である。それで彼女が「すこしゆるべたまへや。大将に聞こゆべきことあり」（すこし御祈禱をゆるめて下され。大将（光源氏）に申しあげたいことがある）と言った時、人々は、もう最期かもしれないので光源氏に言いたいことがあるのだろうと思ったという。加持の僧たちは少し声を鎮めて法華経を読みはじめる（前記の山折氏の著書によれば、「加持が物の怪を苦しめ、念仏がそれを解除する」とあるのだが、法華経は念仏そのものではないもののそれに相当するものとして捉えられるだろう）。

光源氏が葵上の傍らに行くとそれまで傍についていた父の大臣や母が、二人きりにしてあげようと思ったのか、遠慮して少し退いた、そうすると几帳の中は葵上と光源氏の二人だけの空間となる。光源氏が葵上を見るとそのさまはたいそう美しいもので、いつもの打ち解けない様とは違って「らうたげになまめきたるかた添ひてをかしかりけれ」というものだったが、葵上はいつもとは違っていた。これがもののけのせいであるのか、死を前にした葵上の思いのせいであるのか判然としないものの、光源氏の心理に何らかの影響を与えたのだと見なすことも出来よう。いつもの「いとわづらはしうはづかしげなるまみ」（こちらが気を遣って気遅れしてしまうようなまなざし）とは違っていて「らうたげ」、つまり労わりたくなるようないじらしい美しさがあった。いつもの葵上は光源氏に対してどこか冷やかであったのにその葵上がなにやら懐かしげに慕い寄ってくるような雰囲気だったのである。さらに彼女は涙をこぼしている。光源氏は、葵上はもう死ぬのだと思っているので、「かならず逢ふ瀬あなれば対面はありなむ」（必ず三途の川で逢えるのだと言うからまた対面はきっとあるよ）と語りかけるのだが、それに対して彼女は次のように答える。

いで、あらずや。身の上のいと苦しきを、しばしやすめたまへと聞こえむとてなむ。かく参り来むともさらに思はぬを、もの思ふ人の魂は、げにあくがるるものになむありける」となつかしげに言ひて、

――いいえ、そうではないのよ。私の身がたいそう苦しいので御祈禱をお緩めなされと申し上げたくて。このようにこちらへ参ることになるとはゆめゆめ思ってもいなかったのに、物思いをする人の魂は、本当にさまようものだったのね」と慕わしげに言って

「私はこちらに来てしまった、もの思いの魂は本当にさすらうものなのね」という言葉は葵上に憑依した〈もの〉の言葉である。確かにこの言葉はもののけのものであったと思えるのだが、この〈もの〉が六条御息所であるのかどうかまでは分からない。しかし、光源氏はその〈もの〉を六条御息所だと判断する。その判断の根拠は次のようにもののけの「声、けはひ」であった。

嘆きわび空に乱るるわが魂を結びとどめよしたがひのつま

とのたまふ声、けはひ、その人にもあらず、かはりたまへり。いとあやしとおぼしめぐらすに、かの御息所なりけり。

――悲しみに堪えかねて空に乱れ飛ぶ私の魂を結びとどめてください。着物の下前の褄を結んで。と葵上が仰るその声、その気配は葵上ではない、変っていらっしゃる。おかしい、ふしぎだとあれこれと光源氏が

―思いをめぐらすと、それは御息所であったのだ。

もののけは歌を詠む、その声も気配も日頃の葵上らしくもない、何か違う、と混乱して思いめぐらすうちにこれは六条御息所だと光源氏は思う。「かくのたまへど誰とこそ知らね。たしかにのたまへ」（そのように言っても誰だか分らぬ、はっきりと名のり給え）と光源氏は問いかけるが、葵上のあり様は「ただそれなるありさま」（六条御息所そのまま）であるとしか光源氏には見えない。以上の経過から、もののけを御息所であると判断したのは光源氏であると言えるのだが、また光源氏だけだったとも言える。ここのところは作者は非常に用意周到に描いているところで、本当に六条御息所がもののけとなって現われたのだと解釈してもいいし、あるいは光源氏の思い込みに過ぎないのではないかとも言えるような描かれ方をしている。

光源氏は、六条御息所がもの思いのあまり鬱々としていることも知っている、彼女に恨まれていることも当然彼の心に重くのしかかっている、葵上に憑依しているものは六条の女ではないか、という恐れの感覚もあっただろうと思える。ただ大事なことは光源氏が「六条御息所はもののけとなったのではないか」と思ってしまったことなのである。彼女がもののけとなる条件は充分に用意されていた。

その直後、葵上は出産する。思いの外に安産であったらしく、無事に後産も済み、死ぬかもしれないと思われていた葵上は危機を脱した。

場面は、六条御息所邸へと変わる。左大臣邸の出産の喜びと葵上の回復の様子は彼女にも伝わっていて、心は穏やかではない。その上、彼女の身に大変な現象が起こっていた。それは身体に浸みついた匂いである。それがまた彼女の煩悶をさらに強めてゆく。

あやしう、われにもあらぬ御ここちをおぼし続くるに、御衣なども、ただ芥子の香にしみ返りたるあやしさに、御ゆする参り、御衣着かへなどしたまひて、こころみたまへど、なほ同じやうにのみあれば、わが身ながらだにうとましうおぼさるるに、まして、人の言ひ思はむことなど、人にのたまふべきことならねば、心ひとつにおぼし嘆くに、いとど御心がはりもまさりゆく。

ただもう奇怪で、自分が自分とも思えぬ精神状態でいらっしゃるうちに、着ている衣にもただもう芥子の匂いが染みついているという不思議さ、髪を洗ったり、衣も着替えたり、いろいろなさってみてもやはり匂いはついたままなので、（私はもののけとなって左大臣邸に行ったのかと）わが身ながらあさましくぞっとするような思いでいらっしゃる、ましてそれを知った人たちがどのよう思うか、どう噂するか、人に相談も出来るはずもないことなので自分の心ひとつに閉じ込めて嘆いていらっしゃるうちにますます御心の煩悶も募っていく。

身体に浸みついた芥子の匂い、それは左大臣邸で行われているであろう加持・祈禱の護摩作法の匂いだった、となると、それが彼女がもののけとなって左大臣邸へとさまよったのだという何よりの証しとなる。魂に浸みついた匂いは本体の身体に戻ってもそのままだったというのである。この匂いに関しては、本当にそのような現象があったのかどうか、あるいは彼女の精神の懊悩のなせるものではなかったかという疑問も当然起こってくる問題で、これについては精神医学の研究においても注目されている。これまでにも様々な論考があるのだが、むしろ精神医学の領域ではこの六条御息所の憑依と匂いの現象はなかなか面白い研究対象であるらしい。

匂いというのは、実際には何も匂わなくても心理的なことが原因で起こることがあるのだというのだが、作者紫式部がそのことを知っていてこの話を書いたとすれば、作者がいかに人間の心理についての洞察が鋭かったかが窺われる。六条御息所の憑依現象は心理学的にあるいは科学的に読み解くことが可能であるように書かれている。もののけ現象を書いているようでありながら一方では人間の心の不可思議さも描いているのである。

六条御息所には自分がもののけとなって葵上のもとへ通っているのではないか、という思いがあった。それが単なる思い込みなのか、真実であるのかは分からないが、彼女の脳内現象としては左大臣邸の様子は、加持祈禱の僧たち、憑坐や、験者たち、そしてそこにたちこめる芥子の匂いも含めて、まざまざと見えていたのだと思える。その匂いが、私はもののけとなってかの左大臣邸に行ったのだという彼女の思いをますます高めることになるのは必然である。

彼女の魂の浮遊感覚はなおも続いていた。この六条御息所のあり様を語る場面に続いて、次のように光源氏の思いが語られるのだが、あきらかに六条御息所と光源氏の心理は対比させられている。

大将殿はここちすこしのどめたまひて、あさましかりしほどの問はず語りも心憂くおぼしいでられつつ、いとほど経にけるも心苦しう、また気近う見たてまつらむには、いかにぞや、うたておぼゆべきを、人の御ためいとほしう、よろづにおぼして、御文ばかりぞありける。

大将殿は葵上の安産にすこしほっとなさって――あの呆れるようなもののけの語りもああ嫌だと思いかえされていたが、六条御息所へのご訪問もたいそう途絶えているのも心苦しくは思うものの、そうかと言ってまた間近くお会いになるのも、どうだろうか、会うに堪えないだろうし、そうなるとあの方にとってもお気の毒で、あれこれ思い悩ん

――で御手紙だけお送りになる。

光源氏と六条御息所の二人の間に決定的と言えるような心の乖離が起ってしまったのだった。光源氏の脳裏にはまざまざとものの
けのあり様が――六条御息所の面影と重なって焼きついてしまった。「あさましかりし」「こころ憂く」「うたておぼゆべき」と繰り返されるもののけへの嫌悪感はそのまま六条御息所に対する嫌悪感となっている。一方、六条御息所の方も「わが身ながらだにうとましうおぼさるるに」と自分がもののけとなってしまったかもしれないという嫌悪感に憑りつかれているうえに、もし人がこのことを知れば――という畏怖の思いもあった、その「人」のなかには当然のことながら光源氏がいる。

二人の間にある心の中の闇のようなもの、それがこのもののけ現象となって現われたのだと言えようか。もののけ現象は、二人の心の問題を明らかな形で暴き出したようなものだった。

葵上の死は突然であった。若君出産も無事に済み、その若君（後の夕霧）のゆゆしきまでの美しさに光源氏も左大臣邸の人々も大いに喜び、大切にお世話をする様子が描かれ、さらに葵上はまだまだ弱ってはいるもののもう大丈夫という状態になっている。

ところで前述の六条御息所のもの狂いは「いとど御心がはりもまさりゆく」というように葵上の出産の情報を聞いたのちも収まることなく募っていく状態だった。このもの狂いの魂がなおも左大臣邸に向い続けているのは確かである。

次の場面は葵上の死の直前のさまなのだが、葵上にもののけがまだ憑りついているのかどうかは明確ではない。しかし、御息所の魂はなおも発動し続けている、というところからもののけはやはり憑りついているのではないか、と読者に読ませてしまうようなものがあって、そのような、どちらにでも読める、という手法、揺らぎのある描き方がなされている。読者に、あるいは、もしや、と思わせてしまうのである。

左大臣邸では、葵上がもう大丈夫という状態になったので、父の左大臣、その子息たち、そして光源氏も久々に内裏に参内することになった。光源氏が出かける前に葵上の様子を見ると次のような有様であった。

いとをかしげなる人の、いたう弱りそこなはれて、あるかなきかのけしきにて臥したまへるさま、いとらうたげに心苦しげなり。御髪の乱れたる節もなく、はらはらとかかれる枕のほど、ありがたきまで見ゆれば、年ごろ何ごと飽かぬことありて思ひつらむとあやしきまでうちまもられたまふ。

たいそう美しい人が非常に弱ってやつれて、あるかなきかの様に臥しておられるのは、たいそうあわれに痛々しげである。髪は乱れもなくはらはらと枕のあたりに散りかかっている様、ありそうもない程美しく見えるので、どうして長い年月この人に不満があるように思っていたのだろうと思われて、自分でも不思議なほど葵上を見つめずにはおられないでいらっしゃる。

葵上が「らうたげに」見えたというその有様は、先のもののけ出現の折のさまと似通っているようである。葵上は本来は「らうたげに」見える人ではなかったはずなのだが、また、そのやつれて弱ってしまった彼女がありがたきまで、つまり神々しい程の美しさに見えたのだという。その彼女に惹きつけられて光源氏は見つめずにはおられない。さらに光源氏が参内のために「いときよげにうち装束きて出でたまふ」（たいそう美しく装束を着てお出かけになる）さまを葵上は「常よりは目とどめて見いだして臥したまへり」というように、じっと光源氏を見つめている。それは「常よりは」とあるように、いつもならそれほどじっと見送ることも彼女はしなかったということなのだろうが、今はじっと見つめている。このところに、もののけが憑りついているのではないかと読むことができるのである。このもののけが六条御息所かどうかは不明であるものの、先に出現したもののけは光源氏に対して「らうたげ」でかつ「なつかしげ」であったのだから、この葵上の雰囲気はそのもののけの気配と同じである。

このところを、もののけが憑りついていないと読む解釈ももちろん可能なのだが、もし憑りついていないとすれば、ここに死を予感する葵上が、日頃の打ち解けぬ隔てを捨ててようやく本来の思いを発露したのだと解釈することも出来るのではないか。彼女にもなかなか打ち解けられない夫である光源氏に対して屈折した複雑な思いがあったであろうし、その思いが溶解してゆき、夫に対して心が開かれていったのかもしれない。葵上はさまざまな事態に対して何をどのように感じていたか、そしてどのような女君であったのかはその心理描写がほとんどないのでよく分からないことが多いのだが、思うに、心の中に思い屈することがたとえあったとしてもそれを外に出すことのない女君であったろうか。

鎌倉時代初期に執筆された『無名草子』では『源氏物語』の女人たちについての人物批評がなされているが、そのなかで葵上は「めでたき女」として評価されている。「めでたし」とは「褒め称えるべき立派な」という意味だが、葵上はどこが「めでたし」であったのか。

『無名草子』ではその「めでたし」の根拠を記してはいないのだが、他の用例から推測すれば、おそらくは、心の中のさまざまなもの思いを外に出すことなく悠然たる態度で身を律するというのが「めでたし」と評価される高貴な女君のあり方であったろうと思えるのである。葵上にも当然ながらもの思いがあったであろうに、――光源氏が正統な婿とは言え、通いは間遠でそれほど熱心でもなく、光源氏の私邸である二条院には愛する女（若紫のこと）が据えられており、さらに六条の御息所のもとにも通っている、このような状況がずっと続いていればもの思いに至るのは当然であろうと思われるのだが、葵上がそのもの思いの心を表面に表すことはなかった。

この最後の場面は、そのもの思いをしない（かのように見える）葵上がようやく夫婦としての情愛を光源氏に発露したのだ、葵上がその「めでたき女」としての誇りを捨ててしまった時の本来が「らうたげ」で「なつかしげ」なのだ、彼女は本当の姿を現わしたのだと読むことができるのだが、そうなるとこの場面は大変情感の籠った、あはれとも言うべきところなのだが、その感慨に覆いかぶさるようにして、これはもののけではないか、というもう一つの解釈が起ってしまう。この物語は、この二つの読みを内包させたまま実際はどうであったのかという謎を残したままである。

父左大臣やその子息たち、そして光源氏も宮中に出かけてしまい、邸内は女たちばかりで人も少なくなったその折、葵上は突如死に至った。父や兄弟、夫という男たち、それも社会的権力の担い手たちが葵上のまわりからいなくなったその時をもののけは狙っていたのだと言えないだろうか。もののけが六条御息所であると仮定して見れば、男系が非在であった女の思いがそこに込められていると考えるのも可能かもしれない。その思いが発動して威力を発揮し、彼女を死に至らしめたのだと言えまいか。

以上が、六条御息所の生霊が葵上を取り殺したのではないかと想像される事件のいきさつなのだが、この後はこの二人の男女がいかにして別れるかが物語で語られていくことになる。

葵上の服喪のおり、二人の間で手紙のやりとりがなされるがそれによって二人の関係の終焉は決定的になった。光源氏は、あなたはもののけになったのだ、という〈事実〉を彼女に突き付けたのだった。そして、それ以来光源氏は彼女のもとへ行こうとはしなかった。二人の物語はそのまま終わってもよかったのかもしれないが、賢木巻で六条御息所がいよいよ伊勢へ下向するという直前、光源氏が、おそらくは渋々ながらに屈折しながら、であろうが、会いに行くことになる。

この別れの場面は大変美しいものだが、複雑に屈折した翳が織り込まれたがゆえの美しさと言えるもので、これほど複雑な心理状態の〈もと恋人たち〉の世界はないのではないか。嫌だ、別れたい、とは思ってもかつては激しい恋情を持った相手であるし、いざ逢ってみると昔の恋心やそれを失ったところから来る愛執の思いも湧き上がってくる。嫌々逢いに行ったのだとしても逢ってみれば甦るものがあるということになるので、この別れに関しては、あるいは二人の愛は復活するのではないかと思わせてしまうものがある。二人の間の愛情もしくは愛執や執着のようなものが完全に断ち切れていればその後の問題は起らなかったのかもしれないのだが、問題は二人の間になおも愛執のようなものが残っているということだった。光源氏は六条御息所への愛執をまだ断ち切れずにいたのではないかと思えるが、その反面、どうしても最後まで愛しきれなかった。『源氏物語』の中で光源氏が最後まで愛し通せなかったただ一人の女性がこの六条御息所だった。この愛しきれなかったという思いは光源氏の心の中に鬼として巣食うものではなかったろうか。

六条御息所は京の都の世界から存在を消して伊勢へと下る。その後、彼女の呼称は「六条御息所」から「伊勢の御息所」へと変わるのだが、その結果、この伊勢という土地が醸し出す神話的要素がその後の彼女に加わることになったと思われる。〈六条〉の語はその後はもはや現れることはなく、伊勢が意味を持つ。伊勢の持つ海の世界の神話的思考を彼女は帯びることになるが、その出現は次のもののけ現象の起った時のことである。

光源氏的世界

次に六条御息所の怨霊が現われるのは、葵上の死から二十五年が経過した頃のこと。それは朱雀院の姫宮である女三宮が六条院へと降嫁したことがきっかけであった。葵上の死後は、光源氏には確実に正妻と言える女性は存在しなかったのだが、ここに堂々たる正妻・女三宮が出現したのだった。この正妻問題が出現した時、もののけは発動する。もののけを〈光源氏の世界の正統性を壊しにかかる存在としての観念〉として捉えてみると、この女三宮の正妻としての正統性は重要であり、また光源氏の世界の理念としては矛盾でもあった。この正統であるがゆえの矛盾は光源氏の世界にはあってはならないものとして光源氏の心の中の闇でもあったのだ。

葵上の死後、誰が彼の正妻になるのか、という問題は物語の一つの課題でもあったのだが、正妻として確実に把握できる女性はいない。むしろ正統なる正妻はいてはならないというのが光源氏的世界の理念であったのではないか。

光源氏の作り上げた六条院、そして二条東院の世界は、正統なる婚姻ではなかったけれども光源氏が個人的に愛した女性たちを一同に集めた空間である。そこには制度を超越した、あるいは逸脱した愛情によって光源氏と結ばれた女たちの世界があった。

　この女性たちは、例外もあるが、まず社会的権力のある父や確たる保護者がいないという点でいわば孤児《みなしご》のようなものたちであったし、六条院は「孤児の館」だったといわれることもある。制度に則った正統な婚姻には、皇族・貴族たちの担う政治性が絡むことがあるのが一般なのだが、六条院の世界はその制度を乗り超えるものがあったのである。それが六条院に象徴される光源氏的世界の理念であったとすれば、父朱雀院の意向によって六条院へと降嫁してきた女三宮はその理念に反する存在であったと言える。

　正統なる婚姻とはどのようなものであるのか、それについては諸研究があって明確に捉えることは出来ないのだが、大よその原則として父親が娘の結婚相手――婿君を決定し、家に迎える、という点、つまり婿取り婚であることが挙げられる。そして儀式としての婿取りを行い、その後は婿君は妻の家に通う。そのように妻は自邸にいて婿を迎えるというのが大よその原則であったと言える。言い換えれば、当時正統な結婚が出来た女性とは、しかるべき父がいて、自邸があり、そして婿を通わせることができるという恵まれた女性に限られていた。しかし、六条院に引き取られた女君達はその条件には誰も当てはまらない。それは逆に言えば、光源氏は誰の、そしてどの家の婿君にもならなかったということである。光源氏は、誰の婿君ともならず自らが主となって〈王のような家〉を築き上げ、そこへ愛する女たちを迎え入れたのだ。それは絶対的な王権の表れでもあった。もっともその王権とは制度を超えたもの、あるいは逸脱したものであって、いわば非正統なる王のごとき存在だと言えるものなのだが。その結果彼は遠慮することなく個人的に愛する女たちを自邸に迎え入れる〈王〉のごとき婚姻を遂行していったのだった。

　しかし、その王権に対抗する、正統なる権威ある男、制度としては最高権威者である朱雀院が弟の光源氏を婿として選んだのだということになる。

六条院においては婿取り婚という形の婚姻をした唯一の女君は明石君だけであるが、その出自の身分の低さのために正統な妻としては扱われず、むしろ六条院の女君としては低い立場に追いやられている。また姫君を生んでいるにも拘らず彼女は正統な母としての立場にもいられず、卑母としての扱いである。しかし彼女と光源氏の婚姻は正当なものであった。二人の結婚が語られる明石巻の記述を見る限り、父の明石入道が万事取り計らって正式な婿取り婚の形にしてしまったのだと解釈できる。さらに明石君には傍らに付き添う母もおり（その母の系譜は天皇に繋がる高貴なものであった）、明石からは父入道の経済的援助もあるらしくその存在感は大きい。また彼女は品格も高く、知性的で怜悧な美しい人でもあった。彼女は正統な正妻としては遇されてはいないが、〈影の正妻〉であったと言うべきであろうか。

それに対して紫上は正妻として遇されている。しかし、彼女との婚姻は破格のものであって、父の兵部卿宮に秘密にして拉致するかのようにして光源氏が二条院へと引き取った女君であった。また、紫上には兵部卿宮という確実な父がいるにはいるのだがその父には同居の北の方や子どもたちもいて、父とはいささか縁の薄いものがあった。六条院においては彼女は正妻として遇されているのだが、それは光源氏の絶対的な愛によってのみ保証されるものであって、あたかも〈正妻であるかのように〉遇されているというレベルに過ぎなかったと言える。

六条院のもう一人の女君、花散里についてはその系譜は明確ではない。姉が桐壺帝在位時代の麗景殿の女御であったことが分かるくらいで、二人の関係を描く花散里巻から推測すれば、その姉が女御であった頃に宮中で知り合い、恋愛関係になったものらしい。麗景殿女御には特に後見と言えるような有力政治家がいないので光源氏がその後見役としてあれこれとお世話している、とあるので、この女御および花散里の父親は皇族、それも親王であったろうか。高貴な出自であることは確かなものの彼女の父はあらわれないし、そこには婿取り婚があったという形跡はない。

このように六条院の女たちは、明石君を例外とすれば、正当な婿取り婚によって光源氏と結ばれた女たちはいないのだった。その明石君も〈影の正妻〉であり、紫上は〈正妻であるかのような妻〉であり、花散里は系譜も父も母も明らかではなく正妻としては存在していない。いわば六条院の世界とは、当時の正統とされる婚姻制度、つまり婿取り婚に則らないものであり、二条東院の末摘花や空蟬も含めると、光源氏の妻となった女たちは父がいない、たとえ父がいたとしてもあまりあてにならない父だったり、というように、生い立ちが恵まれていない、いわば孤児たちの集まりだった。この制度に則らない婚姻によって成り立っていた世界、それが六条院に象徴される光源氏的世界だと捉えれば、この婚姻のあり方は六条院の掟と言うべきかもしれない。光源氏が、そして物語が実現しようとしている男女のあり方は、この世の制度としての正統な結婚制度に対立するもの、もしくは逸脱したものであった。

このような反制度というべき六条院の掟に背くかのようにしてその世界に入ってきたのが正統な制度そのものと言うべき女三宮であった。もっとも婿取り婚ではなく女三宮を自邸の六条院に迎え入れるという形になったのだが、女三宮が正統なる権威を背負っていることに変わりはなかった。女三宮は正統な正妻であるにもかかわらず、というよりも正統であるがゆえにこの六条院世界に矛盾と亀裂を起こす存在として捉えられる。この矛盾と亀裂は光源氏の心の闇を惹き起こすものであったと言えるのではないか、その闇の中から六条御息所の死霊が甦ってくるのである。、もっともこの時にはすでに〈六条〉という言葉は用いられていない。彼女には〈六条御息所〉という属性はなく、〈御もののけ〉として顕われ出てくるのだ。さらにこの怨霊はもののけと言うよりは鬼そのものだと言えるかもしれない。

2　もののけ現象　その2

もののけ発動の兆し

女三宮が六条院に降嫁したとは言ってももののけがすぐに発動するわけではなかった。降嫁という亀裂を起こす事態がおこったとしても、そこから起こる振動のようなものが周囲へと派生し、結果をひき起こしていくまでには時間がかかる。いろいろな問題が醸成されていく時間がそこにあった。その時間の間に六条院では化学変化が起きるかのように何かが醸し出される事態、つまりもののけが発動して甦って来ざるを得ない、いわば機が熟したというべき事態に至ったのだった。

始めの間は、表面的には特に何も起こらなかった。しかし、その間に紫上が〈もの思う女〉になって行ったのだ。女三宮降嫁の派生効果が紫上のもの思いとしてまず現われるというのは、それまで正妻であるかのように安定していた彼女の立場が揺らぎだしたのだから、必然であったろうか。

また、その間に起った出来事として、六条院における蹴鞠の会のおりに女三宮の姿を柏木が垣間見てしまうという事件があった。その結果、柏木にはやむにやまれぬ恋心という情動が起ってしまったのだが、始めのうちは何も起こらない。しかし、柏木の恋心が動きだし、それは数年後には具体的行動として密通という結果に至るのだが、始めのうちの〈何もない〉時間とは機が熟すのを待っていた時間だった。それはもののけ出現のための準備期間であり、さらにその後、空白の四年間というものが物語に設定された。その四年の後、冷泉帝が譲位し、新帝が即位するという御代替わりがあったのだが、その御代替わりが契機となって事態が動き出したのだった。

もの思う女――紫上

朱雀院は女三宮降嫁に当たっては、紫の上に対しては大変な心遣いをしている。無理やりに娘を押し付けたというものではない。紫の上が、光源氏が誰よりも尊重する〈正妻のごとき女〉であることは重々承知の上で、それでも母も亡くしている上に確たる後見人のいない娘のことを案じて光源氏と紫上の二人に娘を託したのだった。この二人はあたかも親代わりであるかのようである。

女三宮の母、藤壺女御はもともとは皇女で、かの藤壺中宮（桐壺帝中宮）の同母妹にあたる人である。また紫上の父、式部卿（もとの兵部卿）の妹でもある。高貴な出自であるから本来ならば中宮になってもしかるべき人であったのだが、当時の右大臣一派の勢力に押されて立后が叶わなかったという事情もあり、朱雀院は亡き女御に対して申し訳ないという贖罪のような思いを抱いていた。その忘れ形見である女三宮がまだ幼くて頼りないということもあって何とか安寧に幸せに、と願う父親の思いの結実が女三宮降嫁のいきさつであった。また、紫上と女三宮とは従姉妹の関係にも当たるのでその縁によって、朱雀院は紫上に対して「我が子をよろしく頼む」と丁寧に頼んでくるのだった。

そのような事情での降嫁であるから紫上は怒ったり怨んだりする筋合いではない。もっとも、光源氏がこの降嫁を引き受けたその心の底に光源氏の宿命の恋人、藤壺への想いが潜んでいるのも微妙な問題で、藤壺への忘れられない想いが彼女の姪である女三宮降嫁によって甦ってくるし、また同じく藤壺の姪である紫上と初めて巡りあったころのあの幼くても生き生きとした利発な面影も甦ってくる。女三宮によって光源氏には、あの想い——心の奥底にある根源的なの恋の心——が再び甦るのだ。「夢よ、もう一度」であったのだろうか。

紫上は極めて冷静にこの事態を受け止めているし、そこに煩雑な問題が起らないようにしようとする彼女の賢さがある、とはいうものの、どのようにしてももの思いに捉われていってしまうのが現実だった。

紫上のもの思いの原因は、光源氏との愛の揺らぎというようなものではない。光源氏の彼女に対する愛情はますます募るばかりであって、彼女はその愛に包まれている、というのは十分に理解していることではあるのだが、しかし絶対的な愛とは言ってもそれは儚いものではなかろうか。紫上はわが身の頼りなさ、儚さに突き当たってしまうのである。

光源氏からこの件を聞いた彼女は次のように思う。

おいらかなる人の御心といへど、いかでかはかばかりの隈はなからむ。今はさりともとのみ、わが身を思ひあがり、うらなくて過ぐしける世の、人笑へならむことを下には思ひ続けたまへど、いとおいらかにのみもてなしたまへり。

——おっとりしたお人柄とは言うけれども、心の奥底に翳りのようなものがどうしてもおありなさろう、今はもう大丈夫とばかり光源氏に誰よりも寵愛されていると慢心し、無邪気に過ごしてきた私が、このことで世間の物笑いになる

――のではないかと心の中で思い続けておられるが、それでもただおっとりとばかり、何の悩みもなさそうに振る舞っていらっしゃる。

光源氏の愛を疑っているわけではないのだが、問題はそう簡単なことではなく、プライドに関わるのだと言えよう。自分が六条院の女君の誰よりも立場が高いのだという「思ひあがり」は紫上の生きる支えでもあった。それが正統なる女の出現で、自分が正統な正妻ではないのだという事実があからさまに暴露されてしまったということだろうか。初めてその事実に突き当たってしまったのである。

さらに「私は世間の物笑いの種になるだろう」という思いもある。彼女のもの思いの理由は、愛情という私的なものではなく社会的なものである。

しかし紫上は、もの思いがあってもそれを外には出さず「いとおいらかに」過ごしている。何の悩みもなさそうに、というのが高貴な女のこれも誇りある態度であった。しかし、彼女を追い詰めていく現象はやはり起ってくるのだった。その第一は、寝殿に女三宮が住むということであった。春の御殿の中枢である寝殿に住むというのがいわば正妻の証しであるとすると、同じ春の御殿とは言え東の対に住む紫上は「私は第一の妻ではないのだ」という事実を思い知らされる出来事である。

もっとも六条院の春の町が紫上の住まいであるとは言っても、その中心が紫の上であったかどうかは断定はできない。もともと寝殿に姫君として住んでいたのは明石姫君であった。若菜巻ではすでに入内しているのだが、里帰りの折には寝殿の西面に住んでいる。

六条院移転直後の玉鬘巻冒頭では、紫の上の呼称は「対の上の御方」となっているので彼女の居場所はそもその始めから東の対であったと捉えるのが妥当だと思える。ただ、野分巻では寝殿の東面に坐っている紫の上を夕霧が垣間見をするという場面があるので彼女は寝殿にいることもあったのであろう。彼女の拠点が寝殿なのか東の対であるのかはいささか曖昧なのだが、このような点に紫の上の妻としての曖昧さが表れているのかもしれない。だからこそ彼女は「我が家とおぼす二条院」とあるように、二条院の方が「私の家」だと思わざるを得ない状況が曖昧なものとしてあったのではないか。

＊――寝殿作りにおける居住の形態の参考として『うつほ物語』の例を参考としてみたい。「藤原の君」の章では、源正頼の家族は次のように住んでいる。寝殿には姫君のあて宮とその同母妹たち。および女御（あて宮の姉）腹の女宮たち。西の対には女御（あて宮の姉）、東の対には女御腹の男宮たち。父の正頼と北の方は北の対に住んでいる。

また「吹上上」の章では、紀伊の国吹上げの浜に住む長者、神南備種松の豪勢な暮らしぶりと家族の居住形態が詳細に描かれているのだが、それによれば寝殿に住むのは「北の方」、主人の種松は西の対に住んでいる。

このような居住形態が当時の標準であったかどうか断定はできないのだが、一応の判断基準にはなるだろうか。寝殿に住むのは姫君、もしくは北の方、というのが原則であったのではないかと思える。

『源氏物語』の六条院においても、春の町の寝殿に住むのは姫君ということになるだろうか。女三宮は降嫁ののちも〈姫宮〉の呼称で呼ばれている、その上に光源氏の正統な北の方であったと言えるので、降嫁の後は寝殿に住むのが原則通りということになる。

どこに住むかという問題も含めて、降嫁による具体的現象はやはり次々と彼女を心理的に追い詰めていくのである。

しかし紫上の態度は相変わらずゆうゆうたるものであった。

なまはしたなくおぼさるれど、つれなくのみもてなして、御わたりのほどももろ心にはかなきこともし出でたまひて、いとらうたげなる御ありさま……

（女三宮の降嫁によって）紫上はなにやらいたたまれないような思いがなさるが、気にも留めないようにさり気なく振る舞って、女三宮の御降嫁に際しても光源氏と心を合わせてちょっとしたこともあれこれとなさって、たいそういじらしいような有様で……

紫上は「いとらうたげなる御ありさま」であった。「らうたし」とは、いじらしいような、いたわってやりたいような、痛々しくも可愛らしい様子を表わす言葉である。心の中にもの思いの種があってもそれを表には出すことなく、ただあどけなく無邪気に、いかにももの思いもなさそうに振る舞っている、紫上の形容にはしばしばこの「らうたし」の語が用いられることが多いのだが、「らうたし」は紫上の特徴でもある。しかし、問題はもの思いがあるのに、あたかも「ないかのように」振る舞っているという点である。

このような身の処し方は、高貴な女君として褒め称えるべき理想的なものであったと思えるのだが、それが堂々たるものとはならず「らうたげ」になってしまうのが紫上だった。

この紫上のあり様に夕顔が酷似しているのは偶然ではないと思う。夕顔の形容にもこの「らうたし」がよく用いられる。夕顔は、光源氏の目にはひたすらあどけなく「らうたげ」に見えている。夕顔巻の本文で繰り返される「らうたし」の語は、夕顔がいかにもの思いのなさそうな、無邪気な、子どもっぽい女であるかを示しているのだが、実際の夕顔はそうではなかった。もの思いがあってもそれを表には出さず、さりげなく、そして何の悩みもなさそうに呑気そうに振る舞うというのが夕顔であった（その事実は、彼女の死後、侍女の右近によって光源氏は知ることになる）。

『源氏物語』の世界で光源氏が無条件に本気で愛した女というのは、藤壺を別にすれば、紫上と夕顔の二人だけではないかと思えるのだが、二人がともにもの思いの女であること、それなのに「らうたげ」であることが共通する。そしてもののけの犠牲になるのもこの二人であった。

また、葵巻において葵上が死の直前に「らうたげ」であったことも想起される。この「らうたげ」であるのが葵上の本来であったのか、もののけによるものであったのかは判然としないのだが、「らうたげ」な女にこそもののけは憑りつくのだと言えるのではあるまいか（もっとも夕顔に関してはこの件は留保すべきである。なにがしの院におけるモノは光源氏の夢の中に顕われたのであって、夕顔その人に憑依したわけではない）。

さらにこの夕顔と紫上の二人には光源氏の私邸「二条院」が関係する。夕顔巻において、どこの誰ともまだ分からぬ夕顔を、光源氏は恋心のあまりに二条院に引き取ってしまおうか、と思うに至る経過が描かれているのだが、そこには光源氏の本気の恋心がある。二条院とは、光源氏の母方から譲られた邸宅であって、父の桐壺帝が丁寧に修理して「院」の語が示すように皇室所領の格式ある邸宅としたものだった。その私邸に誰が女主人として住むことになるのか、というのが桐壺巻からのテーマである。

その二条院の女主人の第一候補が夕顔であったのだが、彼女は得体の知れぬモノによる何らかの力によって、死に至る。

その次の候補者が若紫であった。若紫は二条院へと迎えられ、そして紫上として成人した彼女は二条院を自らの私邸として暮らしていた。

二条院とは、頼りとする父も母もなく行き場がないような女であるけれども光源氏が本気で愛した女が住むという、いわば非正統であるがゆえに光源氏的世界を象徴する世界であったと言える。

もののけが憑依する女とは、このようなもの思いの女、そしてらうたげではかなげで、光源氏が本気で愛した女だと言えようか。とは言うもののの夕顔を取り殺したモノが六条御息所であるかどうかは分からない。夕顔巻の時点では、モノは〈六条の女〉であるとは到底断定できないのだが、若菜巻から遡って夕顔巻を再読すればあるいはあれは〈六条の女〉だったのかもしれないという読みが可能になってくる。——もののけは怨霊として物語の内部において成長する、と言えるのだが、この点はもののけ出現の時点で考察したい。

降嫁の後、光源氏は「三日がほどは夜離《よが》れなくわたりたまふを」というように、新婚三日間は毎夜女三宮のもとへと通うことになる。

その夜、紫上の魂は揺らぎだしたのである。それはもの思う女からもの狂いの女へと行きかねないような現象だった。

その夜、紫上は眠れなかった。

風うち吹きたる夜のけはひ冷やかにて、ふとも寝入られたまはぬを、近くさぶらふ人々あやしと聞かむと、うちも身じろきたまはぬも、なほいと苦しげなり。夜深き鶏の声の聞こえたるも、ものあはれなり。

風が吹いている夜の気配も冷やかで、なかなか眠られないでいらっしゃる様子を近くに控える女房たちが「おかしい」と思うのではないかと身じろぎもしないでいらっしゃるのもやはりたいそう苦しげである。夜深き頃、鶏の声が聞こえるのもしみじみと胸に染み入ってくる。

この文によると、彼女は一晩中眠れなかったのである。同じ頃、女三宮のもとにいる光源氏は夢を見た。

わざとつらしとにはあらねど、かやうに思ひ乱れたまふけにや、かの御夢に見えたまひければ、うちおどろきたまひて、いかにと心騒がしたまふに、……

ことさら辛い、くるしい、というわけではないのだけれども、このように心がもの思いに乱れておられるからだろうか、光源氏の夢に紫上が顕われなさったので、光源氏はふっと目が醒めなさって、紫上はいかに、と胸騒ぎがなさって……。

紫上の魂はもの思いのあまりに身体から遊離して光源氏の夢の中へと入って行ったのだと捉えられるところである。もの思う人の魂は、夢の通い路を通って、思う相手の夢の中へと入っていく。そして夢の中に顕われる。これは憑依現象に他ならないのではないか。紫上がこの夢の現象を自覚していたかどうかは本文に記述がないので明らかではなく、また彼女は一晩中眠れなかったのだから夢を見たわけではない、しかし彼女の魂はふらふらとさまよい出たのである。

ところで、この魂の遊離をはっきりと自覚したのがかつての六条御息所だった。六条御息所は、従って「私はもののけになったのか」と思い悩むに至るのだが、紫上の場合は、魂はもののけになったのかどうかは判然としないのだが、紫上の場合も「もの思ひ乱れ」という有様であったのだからもの思いからもの狂いへと魂が揺らぎだしたと言えるのではあるまいか。

　夢を見た光源氏は鶏が鳴きはじめるのを待ちかねて慌てて紫上のもとへ戻る。彼を迎えた紫上の「なつかしく」も「はづかしげ」な有様に心を打たれた光源氏は、彼女への絶対的な愛を改めて確認するというのがその結末なのだが、この光源氏の行動が紫上の「もののけ化」を回避させたのかもしれない。紫上の魂の揺らぎは危機的なものであったのだが、光源氏の切実な愛がその揺らぎをくい止めたと言えよう。そこには紫上の絶対的なと言えるほどの優れた美質があった。その紫上を思う光源氏の愛は、その後、もの狂おしいほどの域へと昇っていくのである。

　その上に女三宮のあまりの幼さがあった。すでに十四歳になろうというのに、紫上とは比較にならないほどの、そしてかつての若紫時代のあの魅力とも比べようのない程の幼稚さがあからさまになっていく。その事態が紫上のもの狂いを鎮めていったのではないか。さらには光源氏のもの狂おしいほどの愛があった。その愛が彼女をさらに追い詰めていったように思えるのだが、彼女のもの思いはなおも続く。しかしそれはもの狂いからは離れて、静かな諦めへと沈んでいったように思われる。そしてその先にあるのは出家願望であった。

もののけ発動に至るまで

降嫁によっても始めの間は何事もなかった。それは女三宮のあまりの幼さ、幼稚さによるものが大きかったのだが、その幼稚さによって逆に六条院の秩序は狂うことなく、そして紫上の優位性は微塵も揺らがなかったのだ。

しかしそこから派生する問題が一つあった。それは女三宮は紫上の威力に押されていて、蔑ろにされているという世間の評判であった。女三宮は高貴な内親王の身分であるのだからそれにふさわしい処遇を受けるのが当然なのだという、これは制度と秩序からの、いわば皇権の立場からの意見であり、女三宮は優位であるべきだというのがいわば掟であったと言える。六条院での現在の安定、つまり紫上の優位性は掟に反するのである。

この世間の評判を耳にする柏木は——彼はもともと女三宮との結婚を望んでいたのだがそれが叶わなかったがためにいまだに諦めきれず悶々としている——もし自分が女三宮を得ていたら彼女をそのような不幸な目には合わせないものを、と思い込むに至ってますます女三宮が諦めきれなくなる。六条院の安定はこのような派生効果が柏木に及んだ状態で、何事もなく数年が過ぎたのである。

事態は、御代替わりによって大きく動いた。冷泉帝が退位し、東宮（朱雀院皇子）即位へと時代が変わったのである。天皇は父朱雀院の女三宮への思いを尊重して、妹の女三宮を二品《ほん》となしたのだが、そのことも相まって女三宮は社会的にも重きをなす存在へと昇っていった。それに伴って六条院での〈蔑ろにされている〉という評価も問題化してくる。女三宮は蔑ろにされるべきではないというのは掟であった。正統なる院である朱雀院、そして帝というのは皇権と言うべきもので、この掟は皇権の威力を帯びていると言えようか。朱雀院の思い、さらに帝の思いも加わって、光源氏も彼女を尊重しなければいけないという事態となった結果、女三宮のもとへ「わたりたまふこと、やうやう（紫上と）ひとしきやうになりゆく」となり、紫上の優位性に翳りが見えてきた。しかし紫上は「さればよ」（ああ、やはり）とは思うものの「なほつれなく同じさまにて過ぐしたまふ」というように紫上の優れた心がけに支えられて問題は起らないのだが、しかしこのことが紫上のもの思いを募らせていくのは必然である。紫上の六条院における優位性、それは光源氏の王権のなかでのみ発揮される、いわば〈六条院の掟〉であったと言えようが、しかし、この掟は正統なる皇権の掟に相反するのである。

さらに重なって、朱雀院の五十の賀が施行されることになり、この御賀に備えて、光源氏は女三宮に琴《きん》の伝授を熱心に行なわねばならないという事態になった。というのも、この琴の件に関しては、朱雀院からの意向がいろいろ伝わってくるのである。――光源氏に娘を託したのだから彼ほどの人ならばさぞかし琴をきちんと教えてくれているだろう、という訳で「参りたまはむついでに、かの御琴の音なむ聞かまほしき。さりとも琴ばかりは弾き取りたまひつらむ」と言ったとか、その話を帝も聞いて「院の御前にて手尽くしたまはむついでに、参り来て聞かばや」と仰ったとか。これは伝聞なのだが光源氏はその話を聞いて、夜々女三宮のもとへ通って琴を教えることになる。そのことがますます紫上を心理的に追い詰めていく。

光源氏の築き上げた六条院の世界に天皇制という皇権の威力が闖入してきたのである。いわば正統性と非正統性のせめぎ合いがここに発生したのだが、正統性によって排除されるべきものは紫上に他ならない。

これは桐壺巻における桐壺更衣の問題と通底するものである。

帝と桐壺更衣が愛を全うするにはどのような方法があり得たのか。皇権の掟を無視した世界に逃げ込まなければ二人の愛は遂行できなかったはずなのだが、そのような世界は現実には不可能なものであった。しかしこの問題を、宿命の子である光源氏は、父と母には不可能であった、皇権による掟のない世界の実現をひたすら遂行していった。それが六条院世界であり、さらに桐壺更衣から継承した二条院の世界だったのだ。

この正統と非正統のせめぎ合いが生じたとき、怨霊は甦るのである。

正月二十日ごろ、六条院において女楽《をんながく》が行なわれた。紫上は和琴、明石君は琵琶、明石女御は箏の琴、女三宮は琴《きん》を奏でるというものであったのだが、その次の夜の明けがた、紫上が発病、重体に陥る。ここについにもののけが発動したのである。もののけはかなり以前から六条院に潜んでいたのかもしれないがそれはまだ潜伏状態であった。それがついに動き出したのである。

紫上の病状は悪化するばかりだったので彼女は二条院へと移される。光源氏を始め、大勢の人々はその結果二条院に詰めるようになったので、六条院は人も少なくなった。そしてその人少なの機を狙ったかのように柏木が女二宮に忍び寄ったのだった。ここに密通事件が発生する。その密通事件と同時進行で紫上が重体に陥り、一時は息が絶える。その時、ついにもののけが顕われて語り出した。――

以上の経過のいったいどこまでもののけが関わっていたのかは分からない。あるいはこの経過のすべてがもののけによるものであったとも捉えられるし、もののけはただ虎視眈々と経過を見つめていただけかもしれない、そして紫上のもの思いによる心の乱れに乗じて顕われたのだとも捉えられる。そして紫上を狙ったその次に、密通によるもの思いと心の乱れに陥った女三宮が標的となった。

しかし、この紫上の発病や女三宮の密通事件というような出来事は六条院の矛盾――正統と非正統のせめぎ合い――から必然的に起こりうるものと言えるかもしれない。六条院という光源氏の世界はいわば彼の私的な〈家庭〉であるのだが、どのような家庭もややこしい問題を一つくらいは孕んでいる。それぞれの家にはややこしい、いわば鬼が棲んでいる。鬼とは悪霊でもありもののけでもあり、さらに言えば神でもある、神であるとすればそれは荒れる神であろう、それがもののけの形をとって顕われ出る、とすれば光源氏の場合はそれが六条御息所ではなかったろうか。もののけはすでに〈六条御息所〉という属性を離れた〈御もののけ〉（柏木巻でのもののけの呼称）なのである。

女の哀しみとしてのもののけ

もののけは、なぜ憑りつくのか、なぜ光源氏に祟り続けるのか、もののけの〈語り〉によれば、それは自分が愛されなかった哀しみと怨みによるものであったらしい。もののけは女の哀しみとして現われている。そのもののけの言葉は次のようなものであった。

生きての世に、人より落としておぼし捨てしよりも、思ふどちの御物語のついでに、心よからず憎かりしありさまをのたまひ出でたりしなむ、いとうらめしく、今はただ亡きにおぼしゆるして、異人《ことひと》の言ひおとしめむをだに、はぶき隠したまへとこそ思へとうち思ひしばかりに、……。「若菜下」

私が生きていたときにかの葵上よりも私を蔑ろにしてお見捨てになったそのことよりも、あなたと紫上の思いあう者同士の仲の良いお話のその中で、わたしが不快で憎らしかったことをお話しなさったことがね、たいそう怨めしくて、私は今はもう亡き人なのだからそれでお許しになって、もし他の人が私の悪口を言うとしてもせめてそのことは打ち消して隠してくださればとばかり思っていたのに……。

もののけは哀しんでいるように思われる。そしてその哀しみを光源氏に向って訴えかけている。哀しみとは単独で現われるものではなく、事態に対する怒りや怨みがもともとあって、そこから派生するものが哀しみなのではないか。例えば愛する人が亡くなった時の哀しみは、喪失という怒り、怨みが——それは誰かに対する怨みというものではなく、宿命に対するものと言えようか——源となって生じるもののように思える。

もののけが憑りつこうとしているのは決して紫の上ではない、光源氏に、である。自分が正統に扱われるべきであるのにそうはならなかったこと、というのが彼女がもののけとなった原因ではあるのだが、なぜ正統に扱われなかったのか。その原因は光源氏のどうしても彼女を愛しきれなかった心の問題であったのだ。そして紫上と光源氏の「思ふどちの御物語のついでに」自分の悪口を光源氏が言ったこと、これがもののけの哀しみを呼びおこしたのだと思える。その「思ふどちの御物語」とは、女楽の夜に光源氏がこれまでに関わった女性たちについて紫上を相手に語ったもので、自分とは違って心の底から愛されている紫上との語りの中で自分が批判されたこと、これはやはり哀しいだろうと思える。さらに非正統であるにも拘らず愛されている紫上に対する思いももののけにはあったであろう。

女楽の行われた夜、光源氏は紫上とともに東の対で過ごし、自らの半生の思い、紫上に対する思い、さらには自分が関わってきた女人たちに対する思いをしみじみと紫上に語り続けるのだが、そこには何物にも代えがたい紫上に対する愛の流露がある。光源氏の紫上に対する思いは絶対的なものであったのだが、その思いは紫上の思いとは微妙にずれていた。この場面からは紫上の救いようのない孤独なこころが浮かび上がるし、そこには紫上の哀しみも表れている。

光源氏は「あなたほど幸せな女はいないのだ。私が絶対的に愛しているから幸せなのだ」と語る。

君の御身には、かの一節の別れより、あなたこなた、もの思ひとて、心乱りたまふばかりのことあらじとなむ思ふ。后といひ、ましてそれより次々は、やむごとなき人といへど、皆かならずやすからぬもの思ひ添ふわざなり。高きまじらひにつけても、心乱れ、人にあらそふ思ひの絶えぬもやすげなきを、親の窓のうちながら過ぐしたまへるやうなる心やすきことはなし。そのかた、人にすぐれたりける宿世とはおぼし知るや。思ひのほかにこの宮のかくわたりものしたまへるこそは、なま苦しかるべけれど、それにつけては、いとど加ふる心ざしのほどを、御みづからの上なればおぼし知らずやあらむ。

あなたにはもの思いの種となるようなものはないのだ、と言うのが光源氏の言い分である。帝の寵を競う妃たちには心が乱れるようなこともあるが、私という親の愛に包まれているあなたにはそのようなことがない。「もの思ひとて、心乱りたまふばかりのこと」もなく、「心乱れ、人にあらそふ思ひの絶えぬ」ことはないのだというのだが、しかし、それは光源氏の単なる思い込みであったろう。実際には紫の上はそのもの思いに心が乱れていたのだが、それを表に出すことはなく「いとおいらかにらうたげ」であったものだから、光源氏はそれに気が付いていない。さすがに、女三宮の件では「なま苦しかるべけれど」とその煩悶には気を遣っているが、私が絶対的に愛しているのだからいいではないか、という。

光源氏に対して、紫上は多くを語らない。

「のたまふやうに、ものはかなき身には過ぎにたるよそのおぼえはあらめど、心に堪へぬもの嘆かしさのみうち添ふや、さはみづからの祈りなりける」とて残り多げなるけはひ、はづかしげなり。

あなたの仰るように、私の身の上は分に過ぎたる幸せ者だと世間では言われておりますが、と語るその言葉には、どこか哀しみと恨みがこもっているように思える。私が幸せ者だというのは世間の評価に過ぎない。私自身はそうは思っていないのだという思いがある。わたしは「ものはかなき身」に過ぎない。六条院の正統な正妻として遇される身の上ではないのだ、それなのにあたかも正妻として扱われているのは「過ぎにたる」、つまり身の程知らずの寵愛なのだ、というのが「よそのおぼえ」＝世間の評価なのだというのが紫上の思いである。私の心には堪えぬ嘆きがあり、それが祈りのようになって私を支えている、とだけ言ってそれ以上は語らない。――紫の上は続いて出家の意志を光源氏に告げるのだが、光源氏はとんでもないこととして受け付けない。紫の上はもの思ひも心の乱れも充分に味わった。そして、もの狂いへと至りかけていたのだが、その危機から翻って諦念へと達したかのようである。しかし光源氏には紫の上のこの孤独な心が分かっていない。

光源氏は紫の上に、過去に関わった女性たち、葵上、六条御息所、明石上に対する批評を語っていく。六条御息所に関しては、次のようなものであった。

中宮の御母御息所なむ、さま異に心深くなまめかしき例には、まづ思ひ出でらるれど、人見えにくく苦しかりしさまになむありし。怨むべきふしぞ、げにことわりとおぼゆるふしを、やがて長く思ひつめて、深く怨ぜられしこそ、いと苦しかりしか。心ゆるびなくはづかしくて、われも人もうちたゆみ、朝夕のむつびをかはさむには、いとつつましきところのありしかば、うちとけては見おとさるることやなど、あまりつくろひしほどに、やがてへだたりし仲ぞかし。

まことあるまじき名を立ちて、身のあはあはしくなりぬる嘆きをいみじく思ひしめたまへりしがいとほしく、げに人がらを思ひしも、われ罪あるここちして止みにし……

光源氏が言うには、彼女は大変優れた女性であった。しかし、何となく打ち解けづらかったのだという。なかなかしっくりと来ないままに彼女の怨みを買うようなことに至ってしまった。彼女が怨むのも当然という思いがして、自分が悪いのだとは思うのだけど……、というのが光源氏の心境であった。その怨みに重なって、「あるまじき名」——あってはならないような評判が立ち、社会的にもスキャンダラスな身の上になってしまった、そのことについては光源氏は大変気の毒には思っていたのだが、結局は彼女との仲は隔たってしまった、というのが光源氏の、現在の視点からの解釈だった。二人の関係の総括としては大変よくまとまっている。

前述のもののけの言葉によれば、六条御息所の哀しみは社会的なプライドのことではなく、「(わたしの)心よからず憎かりしありさま」(わたしが不快で憎らしかったあり様)を紫の上に語ったことにあるように思える。それは、彼女が打ち解けづらかったとか、深く怨む女であったとか、そのような点を捉えている。彼女がもののけとなって葵上を憑り殺したというようなことは光源氏は語ってはいないのだが、そうなっても不思議ではない〈怨む女〉であったことが光源氏の言葉には込められていた。〈もののけになりかねない怨む女〉という評価は、当人にとってはあまりにもいたたまれないことではなかろうか。六条御息所の哀しみはこの点にあるように思える。
光源氏は続いて、彼女の娘を冷泉帝の中宮にしてお世話をしているのだから、「かの世ながらも見なほされぬらむ」（あの世ながら私を許して認めてくださっているだろう）と語っているのだが、彼女の思いはそこにはなかったのである。

もののけの出現――紫上に

その後、光源氏が女三宮のもとへ行ってしまうと一人取り残された紫の上は自分の宿世について思い悩んでいる。そのあげくの発病である。もののけはもの思いの女に憑依するという原則から見ると、きっかけは紫の上のもの思いにこそあると言えよう。

げにのたまひつるやうに、人よりことなる宿世もありける身ながら、人の忍びがたく飽かぬことにするもの思ひ離れぬ身にて止みなむとすらむ、あぢきなくもあるかな。

自分は光源氏が言うように幸運に恵まれているのだ、それは分かっているのだけど、というのが紫の上の思いであった。しかし、それでもなおも「もの思ひの離れぬ身」であるという。「あぢきなくもあるかな」という言葉は「どうしようもないなぁ」というような諦念から漏れるつぶやきとして捉えてみたい。彼女はつまりは〈もの思い〉の女であった。その夜、遂に彼女は「御胸をなやみたまふ」と発病するのだが、もの思いが昂じたあげくに〈もの狂い〉となる代わりに発病したのだと言えよう。

発病した紫の上は二条院へと移る。それに合わせて光源氏をはじめ主だった人々は二条院へと集中したため、人少なくなった六条院において、女三宮と柏木の密通事件が起こった。紫の上の病気経過と密通事件とはほぼ同時に進行していく。紫上の病気がきっかけとなって密通事件が連動して発生したと解釈できるところである。ところで、女三宮と柏木の密通事件ももののけのしわざか、と捉えることも出来そうなのだが、合理的に考えるとそう捉えることは出来ない。もののけは紫の上に憑りついて離れなかったのであるから女三宮の方へは行けなかったはずである。もののけはもの思いの女にこそ憑りつく、という原則からすれば、密通に至るまでの女三宮にはもの思いがなかったのであるから憑りつくことはない。密通の後、そのことが光源氏に知られたこと、さらに柏木の子を妊娠するに至ってようやく女三宮にももの思いと心の乱れが生じた。その時に至って、もののけが女三宮に憑りついたと思える。

女三宮降嫁という事態から、紫の上のもの思いが始まり、そこでもののけが憑りつき発病に至る。その事態から派生して、密通事件が起り、そこから女三宮のもの思いが生じて、ふたたびもののけが憑依するに至る……、というメカニズムがそこにあるのだが、女たちにもの思いを起こさせるものが光源氏の世界にあったからと言えようか。いわば光源氏の世界が孕む矛盾そのものがもののけ出現の原因であり、それこそが光源氏の抱える怨霊だったと言えるのかもしれない。

六条院での密通の後、女三宮は鬱々と悩んでいた。その報告を受けて光源氏は二条院から六条院へと出かけたのだが、その隙に、紫の上がついに息絶えてしまったのである。慌てて光源氏が二条院へと戻ってみると、女房たちは嘆き悲しみ、祈禱の僧たちも引き上げかけているところだった。

この後の光源氏のありさまはまさにもの狂いであって、「さりとも、もののけのするにこそあらめ」と判断して、験者たちを集め、病気平癒の願を立てて祈禱する。光源氏は決して諦めなかったのである。そしてついに「月ごろさらにあらはれ出で来ぬもののけ、小さき童女に移りて、呼ばひののしるほどに、(紫の上は)やうやう生き出でたまふ」となった。

もののけは次のように語りはじめる(これは憑依した小さき童女の口から発せられた言葉でもある)。

人は皆去りね。院一所の御耳に聞こえむ。

人々には聞かれたくない。光源氏にだけ言いたいことがあるのだという。従ってもののけの言葉を聞くことになるのは光源氏一人ということになる。その為にもののけがかの六条御息所だと判断するのは光源氏だけということになる。いわば、これは後述するところだが、光源氏は審判者(さにわ)の立場にあると言えるのではないか。審判者とは、祭祀の場において神と対峙し、霊媒の語る神託の真偽を見極め、そして解釈する人のことである。

今こそかくいみじき身を受けたれ、いにしへの心残りてこそ、かくまでも参り来たるなれば、ものの心苦しさをえ見過ぐさで、ついにあらはれぬること。さらに知られじと思ひつるものを。

もののけはこのように語って、「髪を振りかけて泣くけはひ、ただ昔見たまひしもののけのさまと見えたり」とあるように、顔に髪を振りかけて泣くその様子は昔の葵上の折の状況と同じだというのである。「髪を振りかけて」というのは髪で顔を隠そうとしているのだろうか。もののけがわたしであるとは知られたくないという思いであったかと思える。

今はもうこのようにもののけになってしまうような身ではあるけれども、昔の心が残っている、だからここまで来てしまったのだ、という思い。「いにしへの心」というのは光源氏への思い、愛情、未練、執着、怨みなどが綯い交ぜになったようなものだろうが、その思いが私を光源氏の傍へと引寄せていくのだという。もののけ、つまりかつての六条御息所の魂は光源氏への思いが立ちきれずにさすらって引き寄せられてきた、と解釈できる。

もののけの語りはまだ続くのだが、最後の頃に次のように語るのが、もののけの思いが何処にあるのかをよく示している。

この人を深く憎しと思ひきこゆることはなけれど、守り強くいと御あたり遠きここちして、え近づき参らず、御声をだにほのかになむ聞きはべる。

もののけが憑依したかったのは紫の上ではなく光源氏の方であったという。光源氏への思いが絶ちきれずにさまよってきたのだからそれは当然なのだが、光源氏のまわりは「守り」がかたくて近寄れない、あなたの声がかすかに聞こえるだけだ、という。これは神仏の加護がオーラとなって光源氏を守護しているということだろうか。従ってどうしても光源氏の中には入れない、そこで身辺近くにいる紫の上へと憑りついた。もの思いのために弱って病んでいる女には憑りつきやすいのだということになる。

ところで、彼女がもしも光源氏に憑りつけたとしたら、現象としてはそれは光源氏の見る〈夢〉となって顕われたのではあるまいか。冒頭に述べたように、憑依現象と夢には、現象としてはなんら違いがあるわけではない。しかし憑依と夢の間には大きな違いがあるのも確かである。たとえば憑依するモノと夢に顕われるモノには明らかに違いがある。

光源氏の夢の中に顕われた女性はと言えば、それは、藤壺、夕顔、紫の上の三人である（男性では、須磨巻で亡き父桐壺帝が光源氏の夢に顕われている）。

この三人は、いろいろ解釈もあるだろうが、光源氏が無条件に本気で愛した女性たちだと言えないだろうか。この三人以外の光源氏の愛人や妻たちにはそれぞれ何らかの問題があって、その問題も踏まえながらの条件付きの愛情であったように思えるのだが、藤壺、夕顔、紫の上に対する光源氏の思いは、種々の問題も超越してしまうような絶対的な思い、いわばもの狂おしい恋心があった。あまりのもの狂おしさのためにこの三人の喪失は光源氏に危機をもたらすほどのものがあった。そういう女だけが夢の中に顕われる。では、夢の中に顕われることができなかった六条御息所とは何が違っていたのだろうか。

先ず藤壺が光源氏の夢に出て来たときのことを考察したい。この若菜巻から数年前、朝顔巻において、光源氏が紫の上を相手に藤壺のこと、朝顔の姫君のこと、さらには朧月夜の君のことなどを語る場面がある。藤壺のことは思い出として語られているだけであって、決して秘密の関係を語っているわけではない、さらには批判的なことは何も言っていない、それどころか大変優れた女性であったと語っているのだが、それにも拘らず藤壺はその夜の光源氏の夢の中に「いみじく恨みたまへる御けしき」にて顕われたのだ。

光源氏は藤壺について次のように語っている。

いふかひあり、思ふさまに、はかなきことわざをもしなしたまひしはや。世にまたさばかりのたぐひありなむや。やはらかくおびれたるものから、深うよしづきたるところの、並びなくものしたまひしを、……。

立派で、ちょっとしたことでも申し分なくなさったことだ。世にあれほどの人がいようか——と褒めたたえ、そして人柄もやわらかくて深いたしなみのある方でした、と評価する。この光源氏の言葉のどこをとっても藤壺が恨むようなものはないように思える。しかし、藤壺は恨んだのだ。

その夜、眠りについた光源氏の夢の中に「夢ともなくほのかに見たてまつる」と藤壺が顕われて、次のように語る。

漏らさじとのたまひしかど、憂き名の隠れなかりければ、はづかしう、苦しき目を見るにつけてもつらくなむ。

わたしのことは人には漏らさないとあなたは言ったではないか、という思いがこの言葉にある。あなたとの噂は隠れもなかった、あの世で私は苦しい目に合っている、と藤壺は訴えかけているのだが、この藤壺の怨みのありさまは六条御息所となんの違いがあろうか。藤壺はここでは死霊となって顕われているのだから、もののけなのだと言えないこともない。ただ藤壺は光源氏の夢の中に、つまり脳内に入れたのだが、六条御息所の方は光源氏のめぐりに張り巡らされたオーラのためにそれが叶わず、もの思いのために心が乱れていた紫の上の方に憑りついてしまった、ということになる。光源氏を守護する神仏の加護——つまりオーラは、六条御息所の霊を悪霊と見なして退けたのだと思える。つまりここには、憑依は悪しき霊によるもの、夢に顕われるのは良き霊という識別がなされていることになる。

憑依現象あるいは神がかりという、いわば土俗的な現象を低俗・野蛮な宗教現象と見なして排除してきた事例が歴史上さまざまに見られる。その憑依現象に対して、高度な宗教現象として夢が評価されたのだった——イエス・キリストもモハメッドも聖徳太子も明恵上人も、みな夢の中で神の示現を見た人たちだった——。したがって悪霊にされてしまった六条御息所は夢の中に顕われることが許されず、憑依の形でしか思いを訴えることができなかったのだと言える。

ところで、藤壺の恨みは何だったのか。光源氏は藤壺との秘密を暴露したわけではない。決して漏らしていないのだが、彼女のことを話題として紫の上に語ったことにあるのではないか。六条御息所のもののけが語ったように「思ふどちの御物語のついでに」、つまり愛し合う者同士の語らいの中で自分のことが語られたことが辛かったのではあるまいか。私のことをそんなに軽々しく話題にするなんて、という思いが、たとえそれが褒め称える言葉であったとしても、あったように思える。

光源氏は、この夢を見た後、冥界で苦患に遭っているだろう藤壺のために「所々に御誦経などさせたまふ」

というように彼女の菩提をとむらう。「何わざをして、知る人なき世界におはすらむをとぶらひきこえにまうでて、罪にもかはりきこえばや」——どんなことをしても知る人もいない世界にいらっしゃる藤壺をお尋ねして、彼女の苦患に代わって差し上げたい——という光源氏には、死霊に対する恐れなどとは無縁の限りない思慕があり、地獄であろうがどこであろうが彼の方から訪ねて行きかねないようなもの狂おしい心がある。彼の魂の方が藤壺を求めているのである。この点が六条御息所の死霊との違いで、六条御息所のもののけに対しては光源氏は嫌悪し、そして畏れているのである。排除するべきもの、それが六条御息所の存在だったと言えよう。

この光源氏の藤壺への限りない思慕の思いは、夕顔に対しても同じであった。夕顔が亡くなって、四十九日の法要が済んだ頃、光源氏は夕顔の夢を見た。

君は、夢をだに見ばやとおぼしわたるに、この法事したまひてまたの夜、ほのかに、かのありし院ながら、添ひたりし女のさまも同じやうにて見えければ、荒れたりし所に住みけむものの、われに見入れけむたよりに、かくなりぬることと、おぼしいづるにもゆゆしくなむ。

光源氏は、せめて夢の中でもまた夕顔に会いたい、と思い続けていた。光源氏は、夕顔の魂を求めていたのである。その思いのせいだろうか、夕顔は彼に会いにやって来てくれた。しかし、夕顔急死の夜に顕われた正体不明の〈もの〉も一緒に顕われたのだという。また、夕顔の霊は遠く離れた乳母の夢の中にも顕われている。

乳母は夕顔の行方が分からなくなったその後、夕顔の娘の若君（後の玉蔓）を擁したまま筑紫へと下るのだが、その夢の中にもやはり不思議な女が付き添うありさまで夕顔が顕われた。――この夕顔に添っている女とは、なにがしの院において夕顔を取り殺したとされるかの〈もの〉であろうと思えるのだが、何ものであるかは不明である。ちなみに処々の論文・評論などでは、この〈もの〉を六条御息所の生霊と断定しているものが非常に多いのだが、夕顔巻の本文を読む限り断定はとてもできない。光源氏はこの〈もの〉の顔をちゃんと見ているのだが、それは彼の知らない女の顔であった。ただ夕顔の巻を始めから読んでいくと、〈もの〉は〈六条の女〉ではないかと疑ってしまうような書き方がされていて、作者自身が意図したのかどうか分からないのだが、〈六条の女〉に対する疑惑がどうしても起ってしまうのである。しかもこの若菜巻から遡って夕顔の巻を解釈すれば、「あれも六条御息所の霊ではなかったか」という読みが起ってしまう、そのような曖昧さの中に夕顔巻の〈もの〉はいるように思える。

乳母にとっても、夕顔は探し求めて会いたい人であった。乳母の心が夕顔を求めている。そのような求める人の夢のなかに霊は顕われる。

また、先に述べたように、光源氏が女三宮にもとへと行ったその夜、その夢の中に紫の上が顕われている。それは光源氏の彼女への思いが夢となって顕われたのだと合理的に解釈できるところなのだが、光源氏の求めるものが紫の上の魂であったからに他ならない。

六条御息所のもののけはともかくもこの場は退散して、紫上は蘇生したのだが、しかしもののけは完全には去ってはいなかった。その後もおりおり顕われては「悲しげなることどもを」憑坐を通して語るし、紫上もまだまだおぼつかない。しかし少しずつだが紫上も回復して、光源氏と紫上の二人にいささかの安堵感が漂うようになったころ、その間に女三宮と柏木の問題が――女三宮の妊娠発覚、さらに密通の露見などがあり、問題はどんどん煮詰まっていくのだった。柏木の巻に入ると、問題はついに行きつくべきところへと辿り着く。それが柏木の死と女三宮の出家だった。この時にまた御息所の霊が顕われる。

もののけの出現――女三宮に

女三宮は、柏木との間に出来た子どもを出産の後、ついに出家したいという思いに至る。無事生まれたとはいえ、光源氏の彼女への態度はどうしても冷やかなものであり、その冷やかさに接する中で女三宮はどうしても出家しかありえない、という思いに至ったのだった。そのとき、彼女がどうしても会いたいと願うのは父の朱雀院だった。すでに出家している朱雀院は西山に籠っての修行中だったが、娘の思いを聞くと急いで下山して、六条院へ、お忍びでこっそりとやってきた。その父の手によって彼女は尼となる。

朱雀院、光源氏、女三宮の三人が出家をめぐって語りあう場面では、朱雀院と女三宮父娘の正統性と光源氏の非正統性が微妙に浮き彫りになっている。女三宮の呼称はここでは一貫して「宮」であり、そして朱雀院は「院」となっているが、対して光源氏は「大殿《おとど》」であって、「院」とはなってはいない。この「大殿」の呼称は、朱雀院との区別の必要もあってのことだと思えるが、正統なる「院」である兄朱雀院に対して、いつもは「院」と呼ばれる光源氏もやはりは「非正統な院」に過ぎないことがここで露呈している。

女三宮は、父の手によって次のように髪を下した。

（院は）帰り入らむには、道も昼ははしたなかるべしと急がせたまひて、御祈りにさぶらふなかに、やむごとなう尊き限り召し入れて、御髪おろさせたまふ。いと盛りにきよらなる御髪削ぎ捨てて、忌むこと受けたまふ作法、悲しうくちをしければ、大殿はえ忍びあへたまはず、いみじう泣いたまふ。院はた、もとより取り分きてやむごとなう、人よりもすぐれて見たてまつらむとおぼししを、この世にはかなひやうにないたてまつるも、飽かず悲しければ、うちしほれたまふ。（柏木巻）

西山での修行中に娘のことを案じてこっそりと下山してきた朱雀院は、娘の願いを受け入れて出家させるに至った場面である。若い女三宮の髪は、「いと盛りにきよらなる」ものであった。大殿＝光源氏もこらえきれずに泣くばかりで、また院＝朱雀院も泣くしかない。この兄と弟の心境は微妙に食い違っているだろうか。他の娘たちの誰よりも大切に思っていた女三宮が優れて立派な生涯が送れるように、と願って光源氏へ降嫁させたのにそれが思いの外の不幸に至ってしまったという悔しさが兄の心にはある。光源氏に対して言いたいことがあるだろうし、また自分の判断が誤っていたかと思うこともあるだろう。

その朱雀院が西山に戻って行ったあと、もののけが出現した。

後夜《ごや》の御加持に、御もののけ出で来て、「かうぞあるよ。いとかしこう取り返しつと、一人をばおぼしたりしが、いとねたかりしかば、このわたりにさりげなくてなむ、日ごろさぶらひつる。今は帰りなむ」とてうち笑ふ。いとあさましう、さは、このもののけのここにも離れざりけるにやあらむ、とおぼすにいとほしうくやしうおぼさる。

ここでのもののけは「御もののけ」とあるように敬語が付いているのは、六条御息所の霊であるのが分かっているので、彼女に対しての敬意かも知れないし、あるいは彼女の霊は御霊《ごりょう》と言えるほどのものになっているからかもしれない。彼女は単なるもののけではなく、鎮魂・慰撫すべき〈神〉と言えるのではないか。

このもののけ出現は、後夜の加持祈禱の折のことらしいのだが、憑坐がいたのかどうか明記されてはいないので、このもののけの「言葉」は憑坐が言ったものかどうか、さらにそれを聞いたのは光源氏だけだったのか、他にも聞いた人がいたのかどうか、などなど具体的なことは明らかではない。状況はこのように具体的ではないのだが、一応当時の慣例として憑坐がいて、その憑坐が発した言葉として解釈しておきたい。ただその言葉を聞いたのは光源氏一人とは限らない。その場にいた人たちが一緒に聞いたものとして捉えることも可能である。かつての、葵上の、そして紫上の時のもののけの言葉は、光源氏一人だけが聞いたものであったのと比較すると、ここでのもののけの言葉は開かれていると言えないだろうか。それまでは、もののけが六条御息所であることはいわば光源氏だけの解釈であり、そしてそれは秘密であったのだが、ここではいわば公開されている。もののけが六条御息所であることがここに至って初めて確定したのだと思える。いわばこれが決着であり、結果であった。

この御もののけは「かうあるぞよ」と言う。「こんなふうにしてやったよ」というような意味だろうか。先に紫上を無事蘇生させたとあなたは思っているだろうがそれが妬ましいので、この日頃、ここにさりげなく人には知られないようにお付きしていたのだ。本懐を遂げたから今はもう帰ろう、と言って笑った、というのだが、「うち笑ふ」というように「うち」が付いているので、「ちょっと笑う」あるいは「(瞬間的に)ぱっと笑う」という笑い方かと思える。この笑い方は高らかな笑いではない。この、ちらっとした、あたかも微笑みであるかのような笑いに六条御息所の凄味が出ていると言えそうである。

『栄華物語』の「峰の月」に、このもののけのシーンとよく似たシーンがあるのだが、こちらに出てくるもののけはもっとけたたましく凄まじい。

万寿二年(一〇二五年)七月八日、小一条院女御であった寛子が危篤になった。死ぬかもしれないということで彼女は出家することとなり、髪を下した。その時、もののけたちが顕われたというのである。

御もののけどもいといみじう、「し得たり、し得たり」と堀川の大臣、女御、諸声に「今ぞ胸あく」と叫びののしりたまふ。

ここではもののけは堀川大臣(藤原顕光)とその娘である小一条院女御延子の死霊とされている。「してやったぞ」「やっと気が晴れた」というような言葉を叫び罵ったという。二人の霊は「諸声に」、というのだから憑坐は二人いたのだろうか。それとも一人の憑坐が二つの声を使い分けていたのだろうか、よく分からないが大層の勢いであるように思える。

小一条院こと敦明《あつあきら》親王(三条天皇皇子)は正暦五年(九九四年)生まれ、寛弘三年(一〇〇六年)の元服の後、堀河大臣こと藤原顕光の二女延子と結婚。そして長和五年(一〇一六年)一月に皇太子となったが、道長の政略による嫌がらせなどもあって同年八月皇太子の地位から退き、それと引き換えに小一条院の地位に着き、さらに道長の娘の寛子（母は高松殿、明子）を女御として迎えた。と言うよりは、道長の婿として高松殿に迎え入れられたという方が分かりやすい。

延子は寛和元年（九八五年）生まれ、敦明親王よりはかなりの年上だが、親王にとっては初めての妃であり、そして三人の子どももいる。敦明親王が無事に天皇になることができれば将来は正統なる中宮となってしかるべき人だったと思えるのだが、夫の皇太子退位、それと引き換えの寛子との結婚によって延子はその未来を失ってしまったことになる。さらに夫は寛子の住む高松殿に居住することとなった。この一連の出来事は延子とその父親の顕光とを絶望に追いやったらしい、その結果三年後の寛仁三年（一〇一九年）延子は急死し、父の顕光も治安元年（一〇二一年）病死するに至った。この二人が怨霊となって寛子に祟ったというのである。

この死霊も、六条御息所の霊も、目的は彼女たちを憑り殺すことにあったのではないように思える。寛子、女三宮が髪を下した時点でものゝけたちが顕われて「してやったぞ」とののしっているのであるから、目的は彼女たちの出家にあったと思える。出家とはつまりは〈女であること〉を止めることであろうから、出家とは「正統なる妃の座」を降りることを意味することになる。もっとも寛子の場合は、同日の夜に亡くなってしまうのだが。

延子は、正統なる皇太子妃となるはずであったのが、夫と寛子との婚姻によって彼女はその正統性を失ってしまったのであり、この思いは六条御息所の恨みと失意に通じるものであろう。

霊の本意は、自分から正統性を奪ってしまったものへの恨みを晴らすことにあったと言える。従って、対象人物のその正統性が失われた時、つまりは出家してしまえば、怨霊の気は晴れることとなる。六条御息所の怨み・哀しみは、さまざまな要因が絡み合って生成されたもののように思えるのだが、その基底にあるものとして、妃としての、そして妻としての正統性を持ちえなかったことの怨みと哀しみ、それに尽きるのではあるまいか。そしてそれはまさにこの『源氏物語』の主人公光源氏の背負う大きな課題でもあったのだと思える。その課題は夕顔巻以来、源氏物語の中に巣食う大きな闇＝謎として物語の中に生き続け、そして最後に至ってその姿を明らかにしたのである。

3 源氏物語におけるもののけ現象——物語に投げられた謎

この論では、夕顔巻における〈怪奇現象〉はこれまで取り上げなかった。夕顔巻で光源氏の夢の中に顕われた得体の知れぬ不思議な女はいったい何だったのか、夕顔を死に至らしめた不思議な女は誰だったのか、いろいろ説はあるのだが、あれは六条御息所の生霊ではないかと見る説が最も多く、実際物語を読んでいると、あれは〈六条の女〉ではないか、と思わせるような書き方がされているのも確かである。しかし、夕顔巻に顕われた不思議なモノは、その後に出現した六条御息所の霊とは根本的に違っているのも確かで、その点に注目してみたい。

夕顔巻に顕われたモノは得体の知れぬ不思議な何ものかであって、そもそも本文には「もののけ」という言葉は出てこない。つまりは「もののけ」であるとも確定できない何か、だったのである。光源氏自身はその不思議なものの正体が分からず、「狐などやうのもの」かと推測したり「南殿《なでん》の鬼のなにがしの大臣をおびやかしけるたとひ」を想起したり、「荒れたりし所に住みけむもの」ではないかと解釈したりしている。要は、狐か鬼か、と思っているわけで「もののけ」という何かの霊としては捉えていない。捉えようがないのでここでは〈得体の知れぬモノ〉としておきたい。

本来〈もののけ〉とは何かの気配のような霊的存在であるから視覚では捉えられないものである。だからその姿を具体的に顕わすことはなく、したがって〈もののけ〉が何かを訴えたいときは何かに憑依して、その憑依した人間＝憑坐の身体を借りて言葉を発するということになる。それに対して夕顔巻に顕われたモノは光源氏の夢の中に顕われてその姿を光源氏に見せ、さらに自らが語っている。この状況はもののけによる憑依現象とはとらえられない。このモノは〈もののけ〉と言えるのかという疑問が起る。

またこのモノは夕顔に憑依したのではなく光源氏の夢の中に顕われたのだった。『源氏物語』における夢の原理としては、先にも述べたように、光源氏には神仏の加護がオーラのように取り巻いているので悪霊は光源氏には憑りつかない（はずである）。六条御息所の霊も、先述のように、光源氏には憑りつけなかった。このモノは光源氏に害を及ぼすものではなかったと解釈すべきではないか。何かの鬼か、あるいは神のようなものを想定すべきだろう。

夕顔巻のモノが光源氏に語った言葉、それは光源氏に、そして物語に投げられたひとつの謎かけであり、啓示であったのかもしれない。物語はその謎を抱えたまま、進行してゆくことになる。そして謎は物語の基底として流れ続き、そして鳴り響き、そして「あれは何だったのか」と絶えず問いかけてくる。そういうものであったという可能性をここでは考えてみたい。

夕顔巻における怪奇現象から、最後の女三宮への憑依現象まで四回あるモノの出現を一覧にすると次のようになる。

①夕顔巻　光源氏の夢の中に「いとをかしげなる女」出現、目が覚めて後、実際に光源氏はその姿を見る。

「いとをかしげなる女」は夢の中で光源氏に語りかける。

モノの言葉――「己がいとめでたしと見たてまつるをば尋ね思ほさで、かくことなることなき人を率ておはして時めかしたまふこそ、いとめざましくつらけれ」

モノの語る言葉の意味を光源氏は解釈できない。

②葵巻　もののけ治療のための加持祈禱。憑坐にもののけが駆り移されない。
葵上が（あるいは憑りついたもののけが）光源氏に語りかける。

そのモノが六条御息所であると光源氏が判断・解釈。（他の人は聞いていない）

③若菜上巻　もののけ治療のための加持祈禱。
紫上から駆り移されたもののけが憑坐の口を借りて語りかける。

そのモノが六条御息所であると光源氏が判断・解釈。（他の人は聞いていない）

④柏木巻　もののけ治療のための加持祈禱。
もののけが語る（憑坐によるものか否か不明）
そのモノが六条御息所であると光源氏が判断・解釈。（憑坐がいたかどうか、他の人も聞いたかどうかは不明）

①から④までの現象によれば、その顕われたモノが何であったのかを判断・解釈する役割が光源氏であったことが分かる。光源氏はつまり審神者《さには》であった。審神者とは古代の神道において、憑坐に憑依したものが語る言葉、つまり神託を聞いて、神の意を解釈して人々にその神意を伝える役割のものである。しかし①の夕顔巻においては、彼はそのモノが伝える意を判断・解釈できなかった。そのために光源氏は「あれは何だったのか」をその後の人生において考え続ける結果になったであろうし、またそれは「なぜ夕顔は死ななければならなかったのか」という問い掛けにもなったであろう。不思議なモノが発した言葉は、一つの謎として物語の中を生き続け、そして最後に至ってその謎が解ける。それが④の女三宮に顕われたもののけの言葉であったのではないか。女三宮の出家は、その結果であったのではないかと捉えてみたい。

夕顔巻の怪奇現象と〈もの〉が発した言葉の謎

夕顔巻における〈謎の女出現〉の現象を具体的に見ていくことにする。

五条のみすぼらしい家で、得体の知れぬ不思議な女＝夕顔と恋に落ちた光源氏は、夕顔を六条にある〈なにがしの院〉に連れてきて、ともに夜を過ごすことになった。「宵過ぐるほど」という時間になったころ、うとうとと少し寝入った光源氏の夢の中にその女は姿を顕わしたのだった。

宵過ぐるほど、すこし寝入りたまへるに、御枕上に、いとをかしげなる女ゐて、「己がいとめでたしと見たてまつるをば、尋ね思ほさで、かくことなることなき人を率ておはして時めかしたまふこそ、いとめざましくつらけれ」とて、この御かたはらの人をかき起こさむとすと見たまふ。

その女はたいそう美しい女だった。その女が枕元に坐って、何かを光源氏に訴えている。そして傍らの夕顔をかき起こそうとしている。なぜ夕顔を憑り殺すのか、その理由を明確に述べているのだが、この女の訴えの部分が、どのように解釈すればいいのか、いささか不明確なのである。

己がいとめでたしと見たてまつるをば、尋ねおもほさで、かくことなることなき人を率ておはして時めかしたまふこそ、いとめざましくつらけれ。

この文の問題点は、「己がいとめでたしと見たてまつるをば尋ねおもほさで……」の「をば」の部分で、この「を」を格助詞と取るか接続助詞と取るかによって意味が変わってくる。まず格助詞として解釈すれば次のような意味になる。

A　わたくしめがたいそうすばらしく立派な方と思い申し上げている方をお尋ねにならないで、こんなどうということもない女を連れてきて寵愛なさることがそれはもう心外で不愉快で堪えがたくて……。

次にこの「を」を接続助詞として解釈すれば次のようになる。

B　わたくしめが（あなた様を）たいそうすばらしく立派な方と思ひ申し上げているのに、（このわたくしを）尋ねて下さらないで、こんなどうということのない女を連れてきて寵愛なさることがそれはもう心外で不愉快で堪えがたくて……。

もしAであるとするとこのモノには大変心酔している貴女がいるらしく、その人の所へ行け、と光源氏に訴えていることになる。またBであるとすると、このモノ自身が光源氏に魅入っていて、「私を尋ねても下さらないで……」と恨み言を言っていることになる。Aだとすれば大変お節介なモノだということになるし、Bだとすればこのモノは光源氏に執着している誰か、ということになる。そこからこのモノは〈六条の女〉ではないか、あるいはこのなにがしの院に巣食う鬼であろうか、という想像が生まれてくる。

ところで『源氏物語』の書かれた時代は、「を」は格助詞として用いるのが一般的で、接続助詞として用いるのはもう少し後の時代になる、ということを考慮すれば、この解釈はやはりAしかないように思えるのだが、Aだとすればこのモノの正体が全く分からなくなるので、注釈書や現代語訳はだいたい「を」を接続助詞としてBのように解釈していることが多い。

しかし、Aの解釈をまったく退けてしまうのも問題ではないか。Aのように光源氏に訴えてくる可能性のある女が、あるいは人間たちが存在するのは確かなのである。かつてこの女＝モノを、この時五条の家で病に臥せっている乳母ではないか、とその可能性を考えてみたことがあるのだが（拙著『ひめぎみ考』「夕顔、死と再生の物語」、二〇一五年）、もちろんこのモノは、光源氏はそのモノの顔を見ているのであるから、乳母ではありえない。光源氏の知らない女であったのは確かなのだが、乳母ではないかと想定してみることで、光源氏を取り巻く〈光源氏的状況〉が見えてくるのである。それは「あなたのような身分の方がこんな女を寵愛するとは何事か、あなたには通うべき大切な女がいらっしゃるでしょう」という世間の掟の声である。そして乳母は、光源氏にこのようなお節介なことを言う可能性があったし、それが言える立場にあった。

ここで言う〈光源氏的状況〉とは、次のようなものである。

光源氏は左大臣家の婿なのであるから左大臣家の姫君である葵上を正妻として尊重しなければいけないのだが、彼はあちこちに〈お忍び歩き〉をしていて、葵上のもとへはなかなか通おうとはしていなかった。これに関して、左大臣家からはもちろんのこと、父の桐壺帝からも乳母からもいろいろ諫めがあるらしく、葵上のもとへ通え、というのが光源氏に課せられた責務であった。この時、病に臥せっている乳母はかねてから光源氏に〈お忍びありき〉を諫めていることが繰り返し記されていて、光源氏はそのことがいつも頭にある。政治的状況から見ても、父の桐壺帝、舅の左大臣、乳母たちなど、光源氏を取り巻く人々の〈左大臣家の葵上のもとへ通え〉の声が鳴り響いているという状況が夕顔巻における光源氏の状況であった。

また、夕顔巻は「六条わたりのお忍びありきのころ」という言葉から始まる。光源氏が通っていた〈六条の女〉も〈お忍びありき〉の状態で、まだ正統な妻としての待遇が与えられていない。この六条の女は高貴な女であるのは分かるのだが、どういう身分の誰であるのかという具体はまだ現われていない。何やら抽象的な存在である。

このような、正統なる正妻のもとへ通わなければいけない、という〈光源氏的状況〉のなか、それでも〈御忍びありき〉をしているという状況の中で起ったのが、五条界隈で巡りあった不思議な謎の女、夕顔とのめぐり会いであった。

夕顔とはどのような女であったのか。夕顔は、その死後に至ってから決して身分卑しき女ではなく、出自の正しい姫君であったことがようやく判明するのだが、この時点では、光源氏の目にもまた読者の目にも何やら謎めいた女のように描かれていて、身分の低い女か、あるいは遊女のたぐいか、と思わせるような謎の女だったのだが、問題は光源氏がこの夕顔に真剣に恋をしてしまったことだった。その恋心のあげくに、この女がどのような女でもいい、二条院に引き取ってしまおうか、と思うに至る。二条院とは、光源氏が母方から相続した彼の私邸であったが、〈院〉が付いていることから分かるように皇室所領の格式を備えた邸宅であった。その格式ある邸宅に、この訳の分からぬ謎の女であった夕顔を引き取ろうとまで光源氏は思い詰めていたのである。

このような女を、ただのゆきずりの愛人ではなく正当に処遇しようとする光源氏のありさまはこの世の掟から逸脱していると言う他はない。この状況の中〈なにがしの院〉における怪奇現象が起った。「なにがしの院」も〈院〉の語から分かるように皇室所領の格式ある邸宅、つまり聖域であって、そもそも夕顔のような遊女ではないかと想像させられるような得体の知れぬ女を連れ込むところではない、彼女はそのような格式ある聖域からは排除されるべき存在であったかと思える。

「己がいとめでたしと見たてまつるをば尋ねおもほさで」を、「わたくしめがたいそうすばらしいと拝見している葵上の御方をお尋ねにもならないで」と解釈すると、このモノは正妻葵上を大変評価していて、この正統なる正妻のもとへ通うのがあなたのあるべき姿だと訴えていることになる。それなのに「かくことなることなき人を率ておはして時めきたまふ」というのが光源氏の現状だった。「めでたし」と評価できぬ、どうということもない女ではないか、というモノの思いは「いとめざましくつらけれ」というものであった。「めざまし」

とは、「心外だ」と解釈できる言葉なのだが、見下していた評価の低いものが思いがけなく評価を得たことに対する不愉快な感情を表わしている。このモノにとっては夕顔という女は認めるわけにはいかない不愉快な女だったということになる。――確かに、夕顔という女は、得体の知れぬ、身分の低そうな、もしかすると遊女ではないかと想像させられるような女として物語に現われていた。このような女との恋は、これがただの遊びの恋であったのならいいのだが、これを正当なる妻として扱おうとするとすれば、それは光源氏の逸脱であり、あるいは恋心のためにもの狂いに陥ったのだと言ってもおかしくはない。彼は掟に背くことになるのである。

ところで、恋心のために、この時の光源氏と同じように逸脱に陥ってしまった人物が過去にもいた。それは光源氏の父の桐壺帝である。桐壺帝は、多くの女御・更衣がいるなか、それほど身分が高くもない一人の更衣をひたすらに寵愛した。それは若き帝のあるまじき恋心であったかと思える。恋というものは、秩序を壊していくのである。

いづれの御時にか、女御・更衣あまたさぶらひたまひけるなかに、いとやむごとなき際にはあらぬが、すぐれて時めきたまふありけり。はじめより我はと思ひあがりたまへる御かたがた、めざましきものにおとしめ嫉みたまふ。

『源氏物語』はこの若き帝の逸脱から始まった。「われこそは帝の寵愛を受けるに値する」と思いあがっていた多くの女御たちがいるにも拘らず、帝の愛は妃としてはランクが落ちる一人の更衣＝桐壺更衣へと集中してしまったために、更衣は「めざましきもの」として嫉みを受けることになった。ここにも「めざまし」がある。いわば、桐壺更衣は、宮廷における掟から見れば「めざましきもの」として排除されるべき存在として非難や嫌がらせを受けたあげくに、それはまさに呪いを一身に浴びたようなものだったろうと思えるのだが、その結果として尋常ならざる死を迎えることになった。この状況は、夕顔と酷似している。

桐壺帝も、「あなたには通うべき大切な方がいらっしゃるでしょう。それなのにこんなどうということもない女を寵愛するなんて」という、後宮の女たちだけではなく、宮廷をあげての批判の声にさらされていた。この状況は、夕顔巻における光源氏的状況と全く同じであろう。そして女は「めざましきもの」として死を迎えることになった。夕顔巻におけるモノの言葉は、そのまま宮廷の、そしてこの世の掟の声だったのではあるまいか。

父と母はこのように宮廷の掟から逃れられずその愛の生活を全うすることができなかったのだが、では二人はどのような世界に逃げ込めばよかったというのか。この問題を宿命の子、光源氏は六条院という〈光源氏的世界〉を構築することによって成し遂げて行ったのである。六条院とは〈めざましきもの〉として排除されるような女との愛を全うすることができる世界であり、それこそが六条院の掟であったと言えるのではないか。光源氏の世界は、宮廷の、そしてこの世の掟に背くことによって実現していく。

夕顔巻におけるモノの言葉は、このようなこの世の掟の声であったと捉えてみたい。

〈あの女はいったい何者だったのか〉という謎は物語の中で絶えずリフレーンされ、その都度〈あの女〉の言葉、〈正統なる女だけを愛せよ。非正統のめざましき女は愛してはならない〉が物語の中で繰り返される。これは光源氏に与えられた掟であり、課題であった。

これは、彼に対する予言だったと言えるかもしれない。物語の始めに与えられたこの予言、光源氏はこれを実現していくのか、あるいは実現しないのか。

そもそも物語の予言とは謎に満ちたものではないだろうか。主人公にはその予言が解釈できない。あの得体の知れぬ女はいったい何だったのか、というところでこの夕顔の物語が成り立っているとすれば、この謎を抱えたまま物語は進行することになる。〈あれは何だったのか〉という謎は物語を読ませていくシステムだったように思える。

この予言を光源氏がどのようにして実行するのか、あるいはしないのか、そこで、〈六条の女〉が浮上してくることになる。〈六条の女〉が六条御息所として具体を帯びて姿を顕わしたとき、その予言は動き出した。正統であるはずなのに非正統にならざるを得なかった女、そして光源氏からも正統な妻として遇されず、最後まで光源氏が愛しきれなかったという〈怨みの女〉が、物語の要請に応じて、この課題＝テーマを遂行させていく女として造り上げられていった。その結果、彼女はもののけと化して動き出した。つまり実行犯だったのである。

六条御息所の実行犯的役割とその構築

六条御息所は、先にも述べたように、葵上とは対照的に、父・夫・息子という男系に恵まれず、皇太子妃としての地位も失われ、さらには光源氏の正統な妻としても遇されず、その存在がことごとく正統ならざるものであった。こういう女が、もの思いのあげくにもの狂いとなっていく物語が紡ぎだされていった――彼女はもものけになる女としてまことにふさわしい。さらに彼女には〈六条〉という地名が付いている。古くから怪奇現象の起る不思議な土地としてイメージ化されてきた〈六条〉の地の持つ呪力のようなものを彼女は身に帯びている。夕顔巻冒頭から現われる〈六条の女〉ははじめから怪しげな女の雰囲気を湛えているのである。

ただし、彼女は非正統の女ではあったが〈めざましき女〉ではなかった。立場としてはこの世の掟も褒め称える〈めでたき女〉の筈であったのだから、〈めざましき女〉夕顔を憑り殺す可能性があったし、さらには紫上に対しても〈めざまし〉の思いがあったとしてもおかしくはない。事実、彼女は、未遂に終わったが、紫上を憑り殺そうとした。

彼女の立場は非常に微妙なものであって、正統なる葵上や女三宮と同格、あるいはそれ以上の立派な女＝めでたき女であったのだから、夕顔巻で彼女自身が「私の所に通わずにこんな女を寵愛するなんて」という怨みごとを言って「めざましきもの」として夕顔を憑り殺しても不思議ではない女であった。その立派な女がことごとく不遇に陥ってしまったのであり、その上光源氏にも心の底から愛されることはなかった。彼女のもののけ化はこの不遇の精神と哀しみから生じたと言えるのである。


六条御息所のもののけ化は葵上に対してまず顕われたのだが、前述のように、葵上に憑依したもののけが本当に六条御息所であったのかどうか、断定できないように思える。この時の状況は〈もののけ現象〉のセオリーからはかなりずれているものであって、本来ならばもののけは憑坐に駆り移されてから言葉を発するべきであるのに、この時は駆り移しができず、葵上本人が語り出したのだった。従ってこの時葵上の語った言葉が本当のもののけのものであったのか、あるいは葵上当人の語ったものであったのかがはっきりしない。この時の段階では六条御息所はまだ生きているのであるから、もし六条御息所であるとすればもののけは生霊である。この時代の資料では、もののけ現象とは死霊によるものがほとんどであって、生霊によるものは極めて珍しく、ここは作者紫式部の創意の見られるところなのだが、作者はそのところも含めて、このもののけが誰であるのか分からないような表現を用意周到にしていると言えよう。作者は、もののけ現象を描くよりは一人のもの狂いに陥った女の心理と精神を描くことに眼目があったのだと思う。

しかし、ここでは〈正統なる女〉を覆すものが六条御息所という女の精神であったことが明らかである。この精神は敗北者の精神と言っていいと思えるのだが、もののけと化して、光源氏の世界に巣食っていたのではあるまいか。光源氏の世界に、さらに彼の精神に巣食う鬼となったのかもしれない。

光源氏の作り上げていった二条院、六条院の世界は、非正統性によって作り上げられていったものであったのだが、この世界に正統なる女、女三宮が参入してきたとき、ふたたびもののけが発動した。光源氏の正妻問題が起るとき、もののけは発動する。

この時、紫上に憑依した折のもののけ現象は、セオリー通りである。紫の上から憑坐に駆り移されたもののけは憑坐の口を借りて言葉を発し、さらにその言葉を聞いた光源氏はそれが亡き六条御息所の死霊だと判定できた。もののけが六条御息所であることは明らかであって、葵上の時のような曖昧さはない。もっともこの時のもののけは、紫上に怨みがあるのではなく、光源氏に訴えたいことがあってやむなく傍らにいる紫上に憑りついたとものの け本人は語っているのだが、怨みというよりは哀しみがもののけにはある。非正統の女であるにもかかわらず光源氏にはついに最後まで愛されなかったという女の哀しみが満ちている。また、夕顔と同じように、〈めざましき女〉でありながら、光源氏から破格の寵愛を受けている紫上に対する怒りの思いがあったのではあるまいか。これは〈この世の掟〉の声と同じだったたと思われる。六条御息所のもののけには、夕顔巻のモノと重なるものがあるのである。

次におこったもののけ現象は、女三宮に起った。前述のように、もののけの目的は女三宮を憑り殺すことにあったのではなく、出家にあったことは明らかである。つまり〈正統なる正妻を覆すこと〉であった。ここでもののけの目的はついに達成された。とすると、ここでようやく夕顔巻における謎が解き明かされたと言えるのではないか。物語の始めに設定された予言、そして謎は長い歳月を経てここでようやく結末を得たことになる。

〈あなたには通うべき大切な方がいるでしょう。それなのにこんな女を愛するなんて〉という言葉は光源氏に対するこの世の掟の声だったと解釈すると、光源氏の生涯はこの掟の声にひたすら背く方向へと突き進んだのだった。彼が愛したのは〈こんな女〉、つまりこの世の掟が非難する〈めざましき女〉ばかりだったのだ。掟に背くこと、これが光源氏の、父母から与えられた宿命であり、物語の課題でもあった。「いとめでたし」と評価できる正統なる正妻は光源氏の世界にあってはならないものであり、排除すべき存在だったと言える。排除すべきだと光源氏自身が願望したかどうか、それは分からないのだが、彼には正統なる正妻はあってはならないという思いは、光源氏の心に巣食う鬼のようなもの、あるいは心の闇であったのかもしれない。この光源氏の中に巣食う心の闇が形象化されたものが六条御息所のもののけであったとすると、もののけは光源氏の求めに応じてやって来たのだと言えないだろうか。やってきてほしくなかったのではあろうが、やって来ざるを得なかったものが六条御息所のもののけであったのかもしれない。

六条御息所は、物語の、あるいは光源氏の要請に応じてもののけになる女として現われ出たと解釈したいのだが、その一方で、彼女のもののけ化によって露わに炙りだされてくるものが物語にはある。もの思いからもの狂いへと至ってしまった人間の心理、深い悲しみや怒り、怨み、が描かれることになった。物語はひたすら女のもの思いを描いていく。

光源氏の作り上げた世界は、あるいは理想の世界であったのかもしれないが、それにもかかわらずそこには女たちの哀しみともの思いが満ち満ちている。紫上も明石君も、そして花散里でさえももの思いの女であったし、さらにはもの狂いに落ちる危険性もあったのではないかと思えるのだが、もの思いの女たちを支えたものが諦めと哀しみであったことも物語は描いている。六条御息所のもののけは、もの思う女たちの心そのものではなかったか、と思うのである。

II

『源氏物語』末摘花論——異形の女神

はじめに――光源氏の世界［六条院・二条院・二条東院］

光源氏が自分の私邸である二条院に住まわせたいと願った一番最初の女は夕顔だった。しかし、夕顔は何ものとも分からない霊的なものによって死に至る。その霊的なものは夕顔を「めざましきもの」と蔑んで、そして死に至らしめた。

その後、二条院に住むことになったのは若紫である。若紫はしかるべき父親─兵部卿の宮─がいたにも拘らず、その父には無断で光源氏が勝手に二条院に連れて来てしまった女、というよりはまだ子どもだった。始めのうちはこの子どもがどこの何ものとも光源氏は公表しなかったので、二条院に引き取られた女はいったい誰なのか、周囲の者たちは不審がる。正妻の葵上のいる左大臣家では女房たちが「誰ならむ。いとめざましきことにもあるかな……後略」といろいろ噂している。若紫も〈めざましきもの〉であったのだ。

二条院という光源氏の世界に住むことになる女（あるいはその候補者）とは世間的には「めざましきもの」として蔑まれ、非難されるような女だったと言えようか。

そもそもこの二条院とは光源氏の母方から伝わった邸宅だったのだが、父の桐壺帝が光源氏の邸宅として丁寧に修理手入れをして、皇室所領の格式のある〈院〉にしたものであり、光源氏が心の底から愛した女性を住まわせたいと願うその象徴がこの二条院だった。従って誰がこの二条院の女主人になるのかは桐壺巻以来のテーマだったのである。

母の桐壺更衣は、桐壺帝から宮廷の掟に背くかのようなあまりの過剰な寵愛を受けたために〈めざましきもの〉として宮廷の人々から怒り、嫉み、怨みを受けた。そのために死に至った女だった。二条院には〈めざまし〉として非難・排除された母の思いがこもっている。

二条院、さらに光源氏がその後作り上げていった二条東院、六条院の世界には、〈めざましきもの〉として排除されて亡くなった母桐壺更衣の思いがこもっているように思う。六条院や二条東院に住むことになる光源氏の女君たちは、決して恵まれた身の上の女たちではなく、保護者たる父がいなかったり、または父がいてもあまりあてにはならない父であったり、というように身の上の不安定な女たちが多かった。このことは彼女たちがしかるべき姫君ではなかったということに繋がる。姫君とは、何らかの権威・権威を持つ力ある父が大切に擁護し、かしづくもの、と定義づけられるのだが、彼女たちはその姫君の定義からは外れていて、一人一人に不遇としか言いようのない事情があるのだった。事実、物語の中では彼女たちには姫君の呼称がひとつもない。現実的に考えると彼女たちも周囲のものたちには姫君と呼ばれていたと思えるのだが、――たとえば明石君や花散里――物語の中ではそのように扱われていない。呼称が無いということは、姫君という資格で『源氏物語』に登場していないことを意味する。

ただし若紫は二条院に入ってからは姫君と呼ばれているが、これは〈父〉であるかのような光源氏に〈娘〉であるかのように擁護されかしづかれてからの呼称であって、それ以前の呼称は〈若君〉であった。若紫の実父は兵部卿宮であるにも拘らず、彼女には〈兵部卿の姫君〉という呼称は一つもないのである。若紫は母方で生育したのだが、父の兵部卿宮に引き取られる前に光源氏に無理やり引き取られてしまったといういきさつがあったために、彼女は〈兵部卿の姫君〉になりそこねたのだと言えよう。その代わりに〈父〉であるかのような光源氏に引き取られたことによって光源氏の擁する姫君になったのだと言える。

また玉鬘も六条院においては〈姫君〉と呼ばれているのだが、光源氏に〈娘〉として六条院に引き取られているので、六条院における〈姫君〉の呼称は光源氏の娘分としての姫君であったことを表わしている。偉大なる父、光源氏にかしづかれる姫であったのだ。

六条院、さらに二条東院の女君たち――光源氏の女君たちは姫君であってはならないと言えるような掟があったかと想定してみたい。これは光源氏の世界の掟であったと言ってもよいように思える。この世の掟から見れば〈めざましきもの〉が住む世界。それが光源氏の世界であったかと思える。

しかし光源氏の世界にも当然ながら正統なる姫君達は現われてくる。つまり姫君という呼称で物語に登場する人物なのだが、それは次の四人であり、またこの四人だけである。

葵上――左大臣家の姫君

朝顔――式部卿宮の姫君

末摘花――常陸宮の姫君

女三宮――朱雀院の姫宮

この四人には確たる父がいることが共通する。それも高貴で格式の高い、さらに政治権力を担う父である。その父が自邸において大切にかしづいている〈姫君〉として彼女たちは登場する。もっとも末摘花に関しては父常陸宮はすでに死去しているのだが、彼女はその高貴な父の娘として物語に現われているように思える。

姫君というのは、身分格式によるものもあるのだが、重要なのは誰にとっての姫君であったのかという点だと思われる。古代の民俗の世界では一族血縁集団の中枢として祭祀権を持つのが〈ヒメ〉であったし、ヒメとは一族の要であったと言える。しかし『源氏物語』などの平安・鎌倉時代における姫君とは、権威・権力ある父を前提として成り立つ呼称としての姫君であって、いわば父系に取り込まれた存在であり、父に大切にかしづかれ、その父の世界を活性化するものとして存在する。いわば、父にとっての姫君であったと言えようか。自分の血縁上の娘を〈姫君〉と認定して大切にかしづくか、あるいは〈姫君〉とは認定せず放っておくかは、その父次第であった。だから娘であるにもかかわらず、決して〈姫君〉とは呼ばれず大切にもされなかった近江君のような女君も出てくるのである。

この四人に関しては、葵上は「左大臣の姫君」として登場するし、朝顔も「式部卿の宮の姫君」であり、末摘花は「常陸宮の姫君」、女三宮は「朱雀院の姫宮」として同様に〈父〉の身分・地位とともに登場する。決して〈光源氏の姫君〉ではない。

＊〈光源氏の姫君〉と言えるのは、二条院に引き取られて〈姫〉となった若紫、同じく二条院に引き取られた明石姫君、六条院に引き取られた玉鬘の三人である。若紫と玉鬘は光源氏の〈娘分〉として引き取られたもので、〈父〉光源氏の擁する、そして光源氏の世界を活性化させる活力としての姫君であった。

正統なる姫君ならば、父が大切に世話をする邸宅に婿を迎えるという婿取り婚になるところであるから、結婚の主導権、決定権は父にある。葵上の場合は、左大臣と桐壺帝の二人が連帯して光源氏の婿入りを決定したのであるから、父たちの意志が二人の結婚には働いていた。女三宮に関しても、父朱雀院の意志が六条院降嫁を決定している。朝顔の姫君の父である式部卿宮も、これはついには実現しなかったのだが、娘と光源氏の結婚を望んでいたことは記されているのだが、もろもろの事情がある上に肝心の当人が結婚拒否であったのだ。父たちの〈娘と光源氏との結婚〉を望む思いとは、光源氏を婿として自邸に迎える、というものであったはずである。正統なる姫君が婿を迎えるとそれが正妻であった。

葵上はまさにこの正統なる姫君であり、正妻であったのだが、六条御息所の生霊に憑りつかれて死に至った。同じく正妻であった女三宮も六条御息所の死霊によって出家に至る。この二人の正妻に関して言えば、正統なる姫君との結婚は悲惨な結末をもたらすものでしかなかったのではないか、とも言えるのである。

朝顔の姫君がなぜ光源氏の長年にわたる求婚にも応じず、ついに結婚に至らなかった点についてはいろいろ論じるべきところもあるのだが、ともかくも「式部卿の姫君」として物語に現われた彼女はついに光源氏の世界には入らなかった。彼女がもしも六条院に入っていれば、紫の上に匹敵する正妻格であったはずなのだが。紫の上が朝顔姫君に関しては実に心を痛めて苦しみ悩んでいるさまが描かれているのは、朝顔君が正統なる姫君で、しかも正妻候補であることから来るものではないかと思える。朝顔君にはそれほどの威力があったと言えよう。しかし、彼女は六条院に入ることはない。それは『源氏物語』の論理に従えば〈姫君であったからこそ入ってはならない〉ということもできるのではあるまいか。六条院などの光源氏の世界にあってはならない存在、それが正統なる姫君、そして正妻であったと思える。

ところで、かなり落ちぶれているとは言え、堂々たる姫君でありながら光源氏の世界に迎え入れられ、さらには霊にも憑りつかれず無事に生涯を送った女がいる。それが末摘花である。また、彼女の父、常陸宮はすでに亡くなっているとは言え、彼女は〈常陸宮の姫君〉でありつづけたのではあるまいか、さらにこの婚姻には、亡くなっているとは言え父の意志が働いている、光源氏を誘導したのは亡き父ではないか、という読みも可能なのである。

彼女はまさに正統なる姫君であったのだから末摘花巻・蓬生巻にはその姫君性がいかんなく描写されている、とはいうものの問題はその姫君性そのものであった。

彼女が何故二条東院に迎え入れられたのか、さらに何故烏滸《おこ》のものとして笑いものにならねばならなかったのか、はその姫君性によるものであったろう。

〈光源氏の姫君〉であった紫上、明石姫君、そして玉鬘は光源氏の世界を活性化し、輝く姫として威力を発揮したが、〈朱雀院の姫宮〉である女三宮は六条院においては亀裂を起こさせるマイナスの存在となってしまい、結果的には出家という形で排除されていった。同じように〈常陸宮の姫君〉も笑いものとして光源氏の世界からは排除され続ける。笑われ、排除され続ける存在として、逆説的に言えば六条院世界の掟とみやびの美学に亀裂を起こさせる存在として末摘花は必要とされたのかもしれない。

末摘花の姫君性——末摘花巻から

『源氏物語』の世界では、末摘花は醜い容姿の、センスのない、不器用で洗練されていない、〈烏滸《おこ》のもの〉の典型として戯画的に描かれている。『源氏物語』というみやびの世界にはあるまじき〈ひなび〉の世界が末摘花のめぐりには展開されていて、みやびなる世界の中の不協和音とでも言いたいような世界が末摘花の世界だった。光源氏の世界とは相いれない、というよりはみやびの世界と対立するかのような一種の威力が末摘花であったのかもしれない。

末摘花をめぐる物語、――末摘花巻と蓬生巻においては末摘花は亡き常陸宮邸に昔のままのあり様で年を取った古女房たちを擁して姫君として暮らしているのだが、蓬生巻の巻末ではその後二条東院に入ったことが語られている。その後、時折ふっと彼女の消息が語られることがあるのだが、それが光源氏とその周囲の人々に苦笑・失笑を呼びおこすこととなる彼女のみやびならざる滑稽さなのであった。彼女は何故笑いものにならねばならなかったのか。この点に関して言えば、常陸宮邸を去ったことの意味は大きいと思える。彼女は自邸を去ることによって〈常陸宮の姫君〉としての属性を失ってしまったのではないかと思える。〈姫君〉ではなくなってしまった彼女にはいったい何が残ったのであろうか。彼女は威力を無くしたただの愚かな女になってしまったのか、それとも居場所のないさすらいの姫君として生きたのか、考えてみたいところである。


光源氏は亡き夕顔の面影を求めて、あるいは、の期待のもとに末摘花への求愛を開始した。世間からは見捨てられたような古い荒れた邸宅にみやびな女がいるという幻想のもと、常陸宮邸に光源氏は入っていく、それはまさに異界訪問譚のようである。ちなみに夕顔巻も同じく、五条界隈の市井の人々が住む、何やらあやしげな世界に紛れ込んでいく光源氏の恋物語が描かれているのだが、これも一種の異界訪問譚であった。主人公は異界から威力ある不思議な宝物を獲得してまた現世に戻ってくるというのが物語の型になっているのだが、光源氏はどのような宝物を獲得するのだろうか。

末摘花の住む常陸宮邸には、光源氏の感覚では〈異界〉として捉えられるような、あやしげな古めかしさがたちこめている。常陸宮邸の特徴は一言で言えばその古代性にあった。さらに言えば、宮家は聖なる皇族の住まいなのであるからいわば聖域と言える。もっともその〈古代〉とは〈古体〉とも解釈できるもので、本文ではどちらなのか曖昧なことも多いのだが、〈昔〉あるいは〈昔風〉、そして〈旧式なこと〉〈古風〉などと捉えておきたい。常陸宮邸にはその古代性が張り巡らされていて、世間から忘れられたような、そして隔絶した一つの世界として存在しており、その中核に末摘花という姫君がいた。父の晩年の頃に生まれたというのだから、父とは言えおよそ祖父と言ってもいいくらいの年齢であったのだろうが、その祖父のような父の時代の暮らしぶりがそのまま残された世界に、末摘花は古代のまま暮らしていた。つまりそこには古代のままの文化規範が生きていたと考えられる。光源氏の世代から見れば四・五十年昔の文化規範がそこにあったということだろう。そして、若い女房たちもいるのだが、末摘花を取り巻いているのは父宮に仕えていた老女房たちだった。父宮の時代の文化をそのまま引き継ぎながら、末摘花は〈姫君〉として老女房たち、若き女房たちを率いる女主人であったし、さらには古代的に言えば一族の祭祀を担うヒメであった。末摘花が、巫女であるとか、シャーマンであるとか論じられることが多いのもこの聖なる姫君性によるものだと言える。

常陸宮邸に入っていく光源氏の視線に添いながら、末摘花の世界の特異性を見ていくことにする。

まず、光源氏の乳母子、大輔の命婦の手引きで宮邸に入って、末摘花の琴《きむ》の響きを聴くことから始まった。末摘花は寝殿に住んでいるが、この寝殿に住むということがこの宮邸の中枢が彼女であったことを表わしていると言えよう。さらに琴という楽器は中国伝来のもので奈良時代に伝わっているのだが、円融・一条天皇の時代には、奏法が難しかったということらしく弾きこなす人はあまりいなかったとされる。しかし聖なる楽器として『源氏物語』などでは皇族やその末裔などが弾くことが多く、それは聖性の証であったとされる。また古代民俗の信仰においては『古事記』などに記されているように、琴とは神霊を下すに際しての重要な呪具であった。琴を弾くことによって神が降りて来るのである。

この時は、ただ微かに琴の音を聴くだけで光源氏は帰ったのだが、次に訪れたのは八月二十余日のこと。廂の間に通された光源氏は、襖障子越しに末摘花と対面することになった。歌を詠みかける光源氏に対して末摘花は返歌が出来ない。そこでとっさに末摘花の乳母子である侍従が代わりに歌を詠む。その後もいくら話しかけても歌を詠みかけても彼女は沈黙のまま。業を煮やしたのか、彼はそのまま彼女の部屋の中に闖入して、――関係が生じてしまった。

やがて二条院に戻った彼は後朝の文を送る。その返しは、これも侍従の助けを借りて詠んだものらしいのだが。

晴れぬ夜の月待つ里を思ひやれ同じ心にながめせずとも

口々に責められて、紫の紙の年経にければ灰おくれ古めいたるに、手はさすがに文字強う、中さだの筋にて、上下ひとしく書いたまへり。

このような返歌をともかくも末摘花は返したことになるのだが、このどこが駄目で光源氏はがっかりしたのだろうか。紙は「紫の紙」であった。これは薄様の恋文に使われるものということであるからこの際には妥当であろうが、それが古くなって色褪せていたとある。筆跡は、力強く、少々昔風。そして散らし書きにするのではなく上下揃えて書いてある。

比較のために、夕顔が光源氏に贈った歌とその筆跡を取り上げてみる。五条の小家の門前で、童女が差し出した扇に書かれていたものである。

ありつる扇御覧ずれば、もてならしたる移り香、いと染み深うなつかしくて、をかしうすさび書きたり。

心あてにそれかとぞ見る白露の光そへたる夕顔の花

そこはかとなく書きまぎらはしたるも、あてはかにゆゑづきたれば、いと思ひのほかにをかしうおぼえたまふ。

隣の家にやって来た男を光源氏かと察してとっさに歌を詠んで贈る、という素早くて気の利いたみやび感覚がまずある。そして和歌は散らし書きであった。筆跡は「あてはかにゆゑづきて」とあるから見事なものであったことが分かる。〈ゆゑ〉とは一流の血統・趣味・教養を表わすものである。

夕顔とのあまりの差異に光源氏は愕然としたであろうが、末摘花の文を見て「見るかひなううち置きたまへる」のだった。しかし、何といっても末摘花は身分も高い姫君であるから、気に入らないから、この求婚は失敗だったからと言って関係が生じた以上は放置するわけにもいかない。という訳で光源氏の出した結論は「さりとていかがせむ。我はさりとも心長う見果ててむとおぼしなす」（そうはいってもしようがない。私は何があっても心長くきっと最後までお世話しようとあれこれ悩んでお決めなさった）という、つまり「責任は取ります」というものであった。

次に訪れたのは、秋も暮れ果てて冬に入ったころ、そして雪の夜だった。
中の様子をこっそり窺おうと、訪問を知らせずに入って室内をのぞき見すると、「御達《ごたち》四五人ゐたり」とある。「御達」という語は「女房」と同じ意味ではあるが、いささか古い時代の用語、つまり古めかしい用語なのではないかと思える。というのも『源氏物語』では用例は数少ない上に、またその用いられ方も「年輩の女房」と解釈できるもので、年老いた印象がある。また時代の少し遡る『大和物語』や『うつほ物語』では「女房」の言葉は現われず代わりに「御達」の語が用いられているのだが、その時代にはまだ「女房」という役職を表わすような存在は確定していなかったものらしい。「御達」とは「女房」と言うよりは〈ご婦人たち〉というべきものであろう。
その御達は、姫君のお下がりの食事をしているところであった。

いと寒げなる女ばら、白き衣のいひしらず煤けたるに、きたなげなる褶《しびら》引き結ひつけたる腰つき、かたくなしげなり。さすがに櫛おし垂れて挿したる額つき、内教坊、内侍所《ないしどころ》のほどに、かかる者どものあるはや、とをかし。

大層寒そうにしている女たちが、どうしようもなく煤けた白い衣の上に、汚そうな褶を巻いている腰の様子など、なにやらみっともない。そうは言っても櫛を少しずり落ちそうにさしている額の髪のあたりを見ると、内教坊や内侍所のあたりにこういう者どもがいるよなぁ、となにやら面白い。

この女たちはやはり女房と捉えるのは難しいかもしれない。女房とは美しく気が利いていて、みやびでなければいけないのだから。

内教坊や内侍所にこんな者たちがいるよなぁ、と光源氏は興味深げであるが、その場所は宮廷においてもいささか特殊な空間であった。おそらくは衣装と職務が特殊であったのだろうと思える。内教坊とは女楽・踏歌などを扱い、舞姫を擁する部署である。内侍所とは温明殿の北側にある内侍が詰める部署で、温明殿の南側には賢所《かしこどころ》がある。内侍たちは賢所に祀られてある神鏡（三種の神器）の守護を司っていて、いわば女性の神官のようなものとして捉えられる。

この内侍所の女たちはシャーマン、巫女のような存在であったかもしれない。というのも、『更級日記』のなかで著者菅原孝標女がこの内侍所を訪れているのだが、その記事によればそこで面会した「博士の命婦」（内侍司の女官である女史）はなにやら神々しくて神様のようだと孝標女は感想を述べている。


内裏の御共に参りたるをり、有明の月いと明きに、わが念じ申す天照《あまてる》御神は内裏にぞおはしますなるかし、かかるをりに参りて拝みたてまつらむと思ひて、四月《うづき》の月の明かきに、いと忍びて参りたれば、博士の命婦は知るたよりあれば、燈籠の火のいとほのかなるに、あさましく老い神さびて、さすがにいとよう物など言ひゐたるが、人ともおぼえず、神のあらはれたまへるかとおぼゆ。（『更級日記』新潮日本古典集成 p76）

天照御神とは孝標女が若い時から心魅かれている神様なのだが、〈あまてる〉であって、〈あまてらす〉ではない。国家神〈あまてらす〉成立以前の根源的な神をいうものらしく、「内侍所にすくう神となむおはします」（『更級日記』p65）とあるように「すくう神」＝宿神であった。その〈あまてる〉を拝みたくて孝標女は内侍所にまで行き、博士の命婦に会ったのだが、ここではこの命婦が神様のごとくであったという。「あさましく老い神さびて」「神のあらはれたまへる」ごときこの命婦の〈神さびた〉さまは、常陸宮邸の御達の雰囲気に通うものがあると言えようか。もっとも常陸宮邸の老人たちは貧しさのあまりに惨めな姿になっているのだが、本来は常陸宮という聖なる神に奉仕する神聖な存在であったはずである。

その夜、末摘花と過ごした光源氏は、翌朝、雪明りの中で末摘花の姿をまざまざと見ることになった。容姿が美しくなかった、というのは仕方がないとしても、問題は彼女の着ている衣裳の異様さであって、批判の的はその点にある。「古代のゆゑづきたる御装束なれど」とあるように、問題はその古代性にあった。「ゆゑづきたる御装束」というのだから、一流の立派な装束なのであるが、要するに時代遅れのものを若い女が堂々と着ているというその精神性が批判されているのだ。

現代社会では、衣服に関わる生活文化の規範は解体されつつあるというか、規範そのものがなくなってきているので、何をどのように着ていてもあまり批判されるようなことはないが、文化規範が強固にあった時代においては、少々流行おくれの衣服を着ているだけで「ダサい、田舎っぽい」と揶揄されることもあった。都会的と田舎的を見極める基準は髪形と衣装と、そして言葉（方言はけっこう揶揄された）であったような気がする。新しい文化規範を打ち出していくために、かつての規範を否定し、排除していくのである。その否定の言葉は「古めかしい、流行おくれ、田舎者」だったのだが、常陸宮邸においても女房たちが「あやしうひなびたる限り」（見苦しくもひなびた者ばかり）だと光源氏は思ったとある。「ひなび」とは「みやび」の対立概念としての「田舎性」を表わす言葉だが、都の中枢の宮邸が何故「ひなび」なのか。このような流行おくれの古めかしさが「ひなび」に繋がるのだという、新しい文化規範によるものであろう。とくに、十世紀は前半から後半にかけて唐風から和風へと流行が変化していった時期であるという。末摘花の生活規範は取り残された昔風であったものと思える。

末摘花への批判と揶揄は、その古代性、古めかしさにあった。その古代とはいつの時代か、と考えれば、常陸宮の若かりし時代、それは光源氏世代の祖父母の時代であったと考えられる。

朝が来て、光源氏は末摘花に歌を詠みかけるが彼女には返歌が出来ない。「むむとうち笑ひて」終わってしまった。

帰宅しようと門のところまで行くと、荒れ果てた寂しい邸宅に「松の雪のみ暖かげに降り積める」のだった。光源氏は自分以外の者にはあのような女を妻として世話することはできないだろう、さらに、このように通うことになったのは「故親王《みこ》のうしろめたしとたぐへ置きたまひけむ魂のしるべなめり」と、これも亡き常陸宮の魂に導かれてのことなのかもしれないと思う。いわば彼は〈常陸宮の婿君〉となることを受諾したのだった。

次に、翁なるものが現われる。

宮邸の門番（鍵の番人）が現われて、門を開けようとするがなかなか開かない。その門番が「翁のいといみじきぞ」であった。老人で、それも大層年取った老人だというのだから、想像だが七・八十歳くらいなのかもしれない。〈翁〉といえば、老人、あるいは集団の長老格を表わす言葉だが、古来共同体を奉祝する立場の宗教性を帯びた人物のイメージもあり、その存在はなかなか複雑で特異である。

『源氏物語』では用例は十三例あるのだが、邸宅の門番、あるいは警備の者を〈翁〉と言っている例が六例（人物は三人）ある。あとは、昔語りをする人物が、実際にはそれ程の老人ではないにもかかわらず自らを翁と称して、昔見聞したいろいろなことを語るというものが四例、その他三例である。

この翁の用例と、さらに末摘花の物語から推察すれば、次のような〈物語の型〉があることが分かる。

一、かつては高貴な方が住んでいた古い忘れられたような邸宅。
二、昔を語る年老いた女房たち。
三、姫君がいる。
四、婿君が来る。
五、翁が現われる。

古い宮邸、老女房、姫君、婿君、翁はいわば五点セットになっているのではないか。荒れた古い邸に姫君がいる、そのような所に婿君が現われて、無事姫君は幸せになる。それを祝福するものとして翁が控えている、というような構造があるように思える。これはいわば〈物語における約束事〉と言うべきものかもしれない。

この約束事のような物語の構造が、かなり明確に表れている例として藤裏葉巻における夕霧と雲居雁が結婚して住むことになった三条殿でのシーンを取り上げてみたい。そこではこの五点セットが揃っている。

長年の思いがようやく実って結婚に至った夕霧と雲居雁は、始めのうちは雲居雁の父である内大臣（かつての頭中将である）の邸宅で生活をしていた、ということは、夕霧は内大臣家に婿入りをしたことになるのだが、そのうち二人が育った思い出の邸宅、三条殿に移り住むことになった。その三条殿というのはかつての左大臣邸で、およそ二十年ばかり昔の葵巻での時点では左大臣と大宮（桐壺帝の妹）夫婦が住み、娘の葵上と息子の頭中将が住んでいた、そして婿君として光源氏が通い、夕霧が生まれた、という邸宅である。さらには頭中将の娘である雲居雁も祖母の大宮に引き取られて、そこで成長した。幼い頃をともに左大臣邸で過ごした夕霧と雲居雁は幼なじみの恋仲だったのである。左大臣の死後は三条殿と言う名称で大宮が住んでいたのだが、その大宮も亡くなって住む人もなくいささか荒れていたところ、孫夫婦が住むにあたって、「いとめでたく修理しなして、宮のおはしまししかたを改めしつらひて住みたまふ。昔覚えてあはれに思ふさまなる御住ひなりけり」というように、古い屋敷が若い人たちが住むのに合わせて立派に修理されたことが分かる。

二人が住む三条殿に雲居雁の父である太政大臣（かつての頭中将）がやってくる。その様子が次のように大臣の視点で語られている。

昔おはさひし御ありさまにも、をさをさ変ることなく、あたりあたりおとなしくて住みたまへるさま、はなやかなるを見たまふにつけても、いとものあはれにおぼさる。中納言（夕霧）もけしきことに、顔少し赤みて、いとどしづまりてものしたまふ。あらまほしくうつくしげなる御あはひなれど、女はまたかかる容貌のたぐひも、などかなからむと見えたまへり。男は際もなくきよらにおはす。古人なども御前に所えて、神さびたることども聞こえ出づ。ありつる御手習どもの、散りたるを御覧じつけて、うちしほれたまふ。「この水の心尋ねまほしけれど、翁は言忌して」とのたまふ。

昔、祖父の太政大臣と祖母の大宮がいらっしゃった頃のあり様にも大して変わることなく、大人びた落ち着いた雰囲気で住んでおられるさま、とは言っても若い二人らしく花やかであるのを御覧になるにつけても、大臣は感無量でいらっしゃる。夕霧は改まった様子で顔を少し赤らめて大層しんみりとしていらっしゃる。理想的なかわいらしいお似合いのお二人なのだが、雲居の雁は、またこれ程美しい人も他にあろうか、と思えるほどで、夕霧もこの上もなく美しくていらっしゃる。昔、大宮に仕えていた古女房たちも二人の御前にまかり出て、昔々の思い出話などを申し上げる。大臣は先ほどの二人の手習いの和歌をお読みになって、涙ぐみなさる。「この和歌にある『水の心』を私も知りたいけれども、翁は言葉を差し控えましょう」と仰る。

この三条殿での二人の新婚生活の設定は、常陸宮邸での末摘花と光源氏の新婚生活の状況と酷似している、まったく条件は同じではないか、とさえ思えるのだが、根本的な所で違っているのだ。

三条殿は五点が揃っている。古くは宮様が住んでいた荒れた邸宅、孫世代の若い姫君が婿を迎えて結婚する。亡き宮様に仕えていた老女房たちが現われて昔語りをする。そして翁までもがいる。ここは門番の翁ではないのだが、父の大臣が娘夫婦を祝福する役割を担って、まだそれほどの年ではないのだが、自らを翁と称したと解釈できるところである。

ところでこの三条殿は、祖母の大宮に養育されたいとこ同士の雲居雁と夕霧がともに幼い頃を過ごした邸宅なのだが、この屋敷の主人は雲居雁か夕霧か、どちらだろうか。憶測ではあるが、ここは本来の主人は雲居雁の方であって、夕霧は、生まれ育った邸宅であるとは言っても、そこへ婿入りしたという形ではないかと解釈したい。というのも、亡き大宮が生存中のころ(少女巻)、大宮は息子の内大臣に次のように語っているのである。

ひとりものせられし女子亡くなりたまひてのち、いとさうざうしく心細かりしに、この君を得て、生ける限りのかしづき物と思ひて……

「一人いた私の娘、葵上が亡くなってからはたいそう物寂しく心細かったけれども、この孫の雲居雁が来てからは、私が生きている限り大切にかしずこうと思っていた」というのであるから、ここには、自分から娘へ、さらには孫娘へとつながっていく祖母の思いがあると言えよう。またこの時点（少女巻）で三条殿において〈姫君〉と呼ばれているのは雲居雁であった。三条殿の姫君が雲居雁であるならば、夕霧はやはり婿殿であったのではないかと思える。

荒れた古い宮邸が、若々しくも美しい姫君と婿殿によって甦る。祝福するものとして翁がいる、というこの構造の典型が以上の三条殿での結婚生活だと思えるのだが、末摘花の物語はこの構造を踏まえながらも、かなりずれていると言う他はない。姫君が若々しくもなく美しくもなかったし、宮邸が古色蒼然としてみやびからは程遠い。しかし、ともかくも婿君光源氏が現われて、すべてを引き受けた。この結婚は祝福すべきものだったのではないか、その証拠に翁がいる、それもかなり年老いた翁であったが。

ちなみにこの五点セットが揃っているようでありながら、二人が結婚にまで行かなかった事例が『源氏物語』には二つある。実は、訪問する男がまだ婿ではなくあくまで婿候補に過ぎないこと、さらに翁に相当するはずの門番が翁と称されていない例である。

一つは朝顔巻。亡き式部卿の宮邸であった桃園宮邸に、斎院を降りた朝顔君が叔母の女五宮と住むようになった。そこへ光源氏が訪ねていく。宮邸はいささか荒れていて門がなかなか開かない――というのは忘れられたような宮邸には訪問客があまり来ないので正式な門を開ける機会がなかなかない。それで門が錆びついてしまっていて開かないのである。そこで出てきた門番は「御門守、寒げなるけはひ、うすすき出で来て」とあって〈翁〉ではなかった。

もう一つは橋姫巻。宇治の八宮の山荘を薫君が訪問すると、琴の音が聞こえる。美しい姫君がいる。そこで出てきたのは「宿直人めく男、かたくなしき」であった。この八宮の山荘には、昔を語る古女房もいて、条件がそろっているのだが、ただ〈翁〉が欠如している。

この二つの例から推測すると、姫君の結婚を祝福するはずの翁の欠如は、姫君が結婚しないことを示唆しているのではないか。光源氏の求愛に朝顔君はついに応じなかったし、また薫君の求愛にも大君は応じることなく死に至った。翁の存在意義をそのように捉えてみることも出来そうである。

末摘花はともかくも翁に祝福されて、光源氏を婿として迎えることになった。

末摘花巻の終りに、末摘花と対比するかのように二条院の姫君として輝く紫の上がその若く美しい姿を現わす。二人の対比は鮮やかである。

古代の祖母君の御なごりにて、歯黒もまだしかりけるを、ひきつくろはせたまへれば、眉のけざやかになりたるも、うつくしうきよらなり。

昔風な祖母のしつけの名残りでお歯黒もまだしていなかったのだが、それをなさって、また眉の手入れもなさったので、眉がくっきりとなったのも、可愛らしくてうつくしい。

ここにも「古代の祖母君」の名残りがあった。祖母世代の美意識と規範の中に紫上もいたのだが、それが現代風になったことが分かる。祖母君の時代の文化規範としては、未婚女性がお歯黒や眉墨の化粧をすることはなかったものらしいのだが、それが今の時代ではするようになったということだろうか、紫の上も現代風に化粧をするようになって、それが「うつくしうきよら」であると褒めたたえられている。古代は否定されているのである。ところでこの「祖母君」とはおよそ一年前の若紫巻で「四十余ばかりにて」の年齢の尼君として登場する人物なのだが、この祖母の時代とはそれほどの昔ではないように思えるのだが、ほんの二・三十年前の規範すら打ち消してゆくような新たな文化規範が沸き起こっていたのであろう。

ともあれ、古代の親や祖母に育てられた姫君が姫であり続けるには、つねに新たな輝きを発揮し続ける存在でなければならず、さらには姫君のあり様そのものが文化規範であった。しかし、この末摘花巻では彼女の昔のままの姫君性は否定され続ける。そこで古代のままの姫君性には存在価値はないのか、と言う問題が生じるのだが、次の蓬生巻ではそこのところを取り上げていて、否定されるはずの姫君性の新たな一面が浮き上がってくる。それが不易流行の〈不易〉に相当するところである。

末摘花の姫君性――蓬生巻から

末摘花巻の時点で光源氏は十九歳だった。その彼が須磨に退去することになって都を離れたのは二十六歳の時。末摘花はその時までは光源氏の庇護を受けて無事安泰に暮らしていたのだが、彼が須磨に行ってからは誰からの庇護も受けられず、生活は窮乏を極めた。光源氏が明石から戻ったのは光源氏が二十八歳のときなのだが、彼女は思い出してもらえず、ようやく訪れてくれたのはその翌年。末摘花の窮乏生活はおよそ三年間であった（末摘花の年齢は分からないのだが、およそ光源氏と同年齢くらいだろうと思える）。

蓬生巻ではその三年に渡る苦しい生活ぶりと、光源氏を待ち続ける末摘花の心とが語られている。

待ち続ける心とは、具体的に言えばその暮らしぶりを変えないという点に現われる。古代のままの邸宅、そして調度品、部屋のしつらいなどはそのままに、また親の教えのままに世間との交際もなく孤独に暮らしている。このようにもともとは勢力もあり裕福であったものが、没落して落ちぶれても昔と変わらぬ心とあり様で生きること、ここには古代からの貴族精神があると言えようか。暮らしぶりの困窮など「そんなことはどうでもいい」と言わんばかりの超越性、さらに世俗に紛れることなく生きるという高貴性がここでは浮上してくるのである。その一方、物語ではその貴族精神に対抗するものとして受領層が現われてくる。姫君末摘花はその受領階級の者たちからの攻撃を受けながらもそれを何とか回避しつつなおも古代の貴族精神を守り続ける。

常陸宮邸の古代性は末摘花巻では否定的なものばかりが取り上げられていたが、古代性にもすばらしく魅力的なものがあった。それは邸宅と調度品である。それを買い取りたいと言ってくるものたちがいるのだが、それが受領たちである。

宮邸にかろうじて残っている人々は次のように姫君に訴える。

なほわりなし。この受領どものおもしろき家造りこのむが、この宮の木立を心につけて放ちたまはせてむやと、ほとりにつきて案内し申さするを

――もうこの暮しはどうしようもない。受領たちで趣のある邸宅を好む者が、この宮邸の庭の木立に目をつけて、お屋敷をお譲り願えないかと、つてを通じて申し上げてくるのだが。

そして「いとかうもの恐ろしからぬ御住ひにおぼしうつろはなむ」（こんなにも恐ろしくはないまともなお住いに移りましょう）と提案するのだが、この女房たちの意見はまずは妥当ではないか。邸宅の売却金（かなりの金額のはずだ）でこじんまりとした住みやすい家を購入し、その余剰金で生活を立て直す、というのはこれから生きていくためにはなによりも必要である。でなければ末摘花はいずれは飢え死にをする。それほど切羽詰っているのである。「下の屋」などは壊れてしまっていて「立ちとまる下衆《げす》だになし。煙絶えてあはれにいみじきこと多かり」とあるように、下衆たちもいない。ということは掃除や料理、洗濯をする者たちがいないということらしいし、さらには朝夕の煙りも立たない、というのだから食事はどうなっているのか。碌なものを食べていないことが想像される。

しかし末摘花はこの邸宅を売ろうとはしない。この精神は、飢え死にしても構わないという命がけの精神と言えるのではないか。

さらに邸内には立派な調度品もある。

御調度どももいと古代になれたるが昔やうにてうるはしきを、なまもののゆゑ知らむと思へる人、さるもの要じて、わざとその人かの人にせさせたまへると尋ね聞きて案内するも、……後略。

御調度品などもたいそう古風に使い古したものが昔の様式で立派なのを、ちょっと自分は目利きだと思っている人がそういうものを欲しがって、その御調度が特別に誰それに作らせたものだと聞きだして、こちらに譲っていただけないかとお伺いを立てるのを……。

この「なまもののゆゑ知らむと思へる人」というのも経済力のある受領層であったのか、家が豊かになってくると邸内に由緒・格式あるものが欲しくなる、昔の立派なものが、アーティストとでもいうべき名人級の職人が作ったものとなればなおさら欲しい。またそういう名品の価値が分かる人物だと自分では思っている。そういう人々が常陸宮邸にお伺いを立ててくる様子が分かる。しかし、末摘花は「見よと思ひたまひてこそ、しおかせたまひけめ。などてか軽々しき人の家の飾りとはなさむ」と言って、売却には応じない。――どうしてそのような軽々しい家の飾りと出来ようか、というのだから、「もののゆゑ知らむ人」とは経済力はあるけれども格式から言えばかなり低い人々であろう。

邸宅の内外は荒れ果ててはいるけれども末摘花の暮らしぶりは端然としている。

さすがに寝殿のうちばかりはありし御しつらひ変わらず、つややかに掻い掃きなどする人もなし。塵は積れどまぎるることなきうるはしき御住ひにて、明かし暮したまふ。

――さすがに寝殿の中だけはかつてのしつらい（室内の几帳、調度品などの装飾・設備）も変わらず、しかしきれいに掃除する人などもいない。塵は積っているけれどもまぎれもなき端正なお住まいで、姫君は暮らしておられる。

室内には塵は積っている――下衆たちがいないのだから掃除の担当者もいない。姫君はもちろん女房たちも掃除などは下衆の仕事であるからする筈もない。しかし、室内には形式通りに調度品があるべき場所にきちんとあるという暮らしぶりであって、いわばこれが貴族性というべきものかもしれない。塵、ほこりなどはどうでもいいのである。

このような暮らしをしているうちに、末摘花の叔母が登場する。この叔母は、末摘花の母親の同母妹で、もともとは高貴な出自の人なのだが、今は受領と結婚している。夫が大弐に就任して九州に行くことになったので、末摘花に一緒に行かないかと誘いをかけてくるのだが、この人物がいわば受領代表とでもいうべき世俗性をもって対抗してくることになる。古代の貴族の精神ではなく、現代的な、というよりは世俗的な精神が描かれている。

ところで古代の貴族精神とはいかなるものか。これについては『伊勢物語』十六段に語られた紀有常の話が参考になるように思う。紀有常は三代の帝に仕えていたが時流に乗れぬままかつての勢力もなくなり、経済的にも落ちぶれてしまった。しかし暮らしぶりは次のようなものであった。

人がらは心うつくしく、あてはかなることを好みて、こと人にも似ず、貧しく経ても、なほ昔よかりし時の心ながら、世の常のこともしらず。

――お人柄は無邪気で純真で、品のいい、優雅なことがお好きで、世間の人々とは違っている。貧しい暮しになっても昔裕福だったころのままの御心で、日常の暮らしのことなどもご存知ではない。

この紀有常のあり様は末摘花と通じるものがあって「貧しく経ても昔よかりし時の心ながら」とあるように、経済不如意に陥っても心だけは変わらない、そして世間のこともよく知らない。日常の暮らしぶり、衣食住に関しても無関心なのである。

しかしそのような紀有常でさえも妻が出家するに際して、その準備などが充分にしてやれないことにさすがに困ってしまった。そこで物語の主人公「昔男」(=在原業平らしき人物)に援助を求めたところ、それを受けて業平はその準備を存分にしてさしあげるというのが十六段の内容なのだが、ここで気になることは、援助を求めるとはかなり誇りに関わる、プライドが傷つくことではないかと思えるのだが、紀有常は卑下することなく大変素直に喜んだとある。そこに人柄の良さや純粋さが表れているところで、有常の「心うつくしき」とこ ろと思えるのだが、それよりも業平が紀有常の婿殿であることが関係していたかもしれない。業平は有常の娘と結婚しているのであるから、彼はいわば紀家の婿殿なのである。

立派な婿が幸をもたらすという思考があったことを想定して見れば、業平の援助は当然するべきことであったのではないか。末摘花に関して言えば、光源氏は常陸宮家の婿殿なのであるから、婿殿とは幸をもたらす者――経済的援助も含めて――であったと考えてみたい。だからこそ、末摘花も、そして花散里なども彼に援助を求める。花散里は姉の麗景殿女御とともに暮らしていたが、邸宅もかなり荒れて暮らしにもいささか事欠く状態であったのを光源氏が援助している。それも女の方から援助を求めているのだが、これも光源氏が婿であったからだろうか。

少なくとも落ちぶれた家には立派な婿が必要だったのである。したがって、そこに婿取りの問題が絡んでくる。

末摘花は少なくとも一度は光源氏という立派な婿殿を確保できたのだから、彼女はその婿殿を守りつづけようとする。受領階級レベルの世俗的な経済的安定を拒絶してまで守りたいものがある、そのためにはこのまま滅んでしまってもいいのだという精神が彼女を支えているように思う。これは言わば滅びの精神というべきものとして捉えてみたい。

滅びの精神

受領階級の代表として登場する叔母君は「この姫君の母北の方のはらから、世に落ちぶれて受領の北の方になりたまへるありけり」と紹介されているのだが、高貴な出自の者が受領と結婚することは「世に落ちぶれて」とあるようにまさに身を落とすことであったのだ。上層階級と受領階級とでは意識の上では歴然たる格差があったと言えよう。この叔母君は常陸宮家からは蔑まれていたものらしく、それに対して叔母君は怨みの思いがあるのである。

叔母君は末摘花の今のありさまを次のように捉えているが、これは身分高き者たちへの批判でもある。

かかる御ありさまにて、たけく世をおぼし、宮、上などのおはせし時のままにならひたまへる御心おごりのいとほしきことと、いとどおこがましげに思ひて……後略。

末摘花はこのような惨めな有様で、それなのに世の中を見下したように偉そうにして、常陸宮や北の方がいらっしゃった頃をそのままに暮らしておられる傲慢さは気の毒なことだと、姫君を馬鹿げていてみっともないと思って……。

ここには身分高き者たちの生き方、暮らし方、世の中への認識などの、つまり精神性が「たけく世をおぼし」「心おごり」であるという批判がある。古代ながらの貴族精神（紀有常に見られるような）――世の中を超越したかのような超然たる生き方、経済的なこと、日常的なことはあまりよく分からないというような生き方は、身分が格下の者からすれば高慢であるとしか思えない。さらに彼らは経済力ある受領たちを〈成り上がり〉扱いしたり、見下したりもする。

末摘花はそのような批判を受けても生き方暮らし方を変えず、現状維持のまま――飢え死に覚悟で――光源氏を待ち続けるのだが、三年目の八月、光源氏は帰京する。しかし、彼の訪れはない。月日が経つにつれて末摘花も「今は限りなりけり」と思うようになるものの光源氏を待つ思いは次のように語られている。諦めてはいるもののどこかに光源氏に対する信頼があるのだと思える。その信頼する心が末摘花の〈心うつくしき〉ところと言えるのではあるまいか。

御心のうちに、さりとも、あり経てもおぼし出づるついであらじやは、あはれに心深き契りをしたまひしに、わが身は憂くてかく忘られたるにこそあれ、風のつてにても、わがかくいみじきありさまを聞きつけたまはば、かならずとぶらひ出でたまひてむ。

（諦めてはいるけれども）御心の中では、年月が経っても私を思い出す折がないことがあろうか、あれほどしみじみと心のこもったお約束をして下さったのだから、わが身に積もった憂いのために今はこのように忘れられているのだろうが、風のうわさでも私がこのように大変な状態になっていることをお聞きになったら、必ず訪れて下さるに違いない――、と思っていた。

末摘花は光源氏が冷淡だと思ってはいない、彼が来ないのは「わが身の憂くて」とあるように、私のせいなのだ、と考えている。ここは解釈しづらいところなのだが、「憂し」というのは、「つらい」いう意味なのだが、それは相手のせいではなく、私そのものが憂わしい身の上なのだ、だから光源氏から忘れられるのだと捉えておきたい。

また光源氏から受けた優しさや思いやりを、そしてその真心を彼女は信頼している。そして彼女のめぐりは次のようなもので、ここには誇り高き姫君性が現われている。

おほかたの御家居もありしよりけにあさましけれど、わが心もて、はかなき御調度どもなども取り失はせたまはず、心強く同じさまにて念じ過ぐしたまふなりけり。

邸宅全体が以前よりさらにあさましいほどに荒れてはいるけれども、彼女の意志で、ちょっとした調度品などもなくさせないようになさる、心を強く持って以前と同じさまで過ごしていらっしゃるのだった。

光源氏がまた来てくれたとしたら――と、その時のことを末摘花は考えるのだろうが、以前と変わらず、堂々たる姫君らしき暮らしぶりで迎えたい、それが立派な婿を迎える姫君としての矜持であり、誇りであったろうか。

姫君とは、〈立派な自邸に幸ある婿君を迎えるもの〉と定義づけしてみたいのだが、この姫君性は他の女君にも見られるものである。たとえば空蟬は光源氏との関係について「いとかく憂き身のさだまらぬありしながらの身にて、かかる御心ばへを見ましかば」と思っているとある。今は受領の北の方になって夫の家に住んでいるのだが、「ありしながらの身」であったなら光源氏との関係もまたありうるのだが、と空蟬は考えていた。彼女はかつては父の衛門督の大切にかしづく姫君であったし、父は娘の入内をも考えていたのだが、それが父の早逝のために叶わなくなり、今は受領の妻となっているという身の上であった。「ありしながらの身」をかつて自邸において父にかしづかれていた姫君としての身の上のこととして捉えると、ここには「姫君として光源氏を迎えたかった」という思いがあるように思える。

また、夕顔も、これはその死後、乳母子の右近によって語られているのだが、五条のあのようなみすぼらしい弊屋で光源氏を迎える事態になったのを夕顔は大変恥ずかしがっていたのである。姫君として堂々と男君を迎えたかったのだ、という矜持が彼女たちにはあった。空蟬も夕顔も、自邸を離れて（二人の自邸はどうなったのかは語られていないのだが）、姫君とは言えないようなさすらいの生を生きていたと言えようか。

それに対して末摘花には堂々たる自邸――かなり荒れ果ててはいるけれども――があり、呼称に関しては一貫して〈姫君〉であり続けている。さらには待つべき婿君もいるのである。

叔母君はなおも末摘花に九州への下向を誘い続けるが、彼女は次のように語って固辞しつづける。

いとうれしきことなれど、世に似ぬ様にて、何かは。かうながらこそ朽ちも失せめとなむ思ひはべる。

お誘いは大変うれしいことではありますが、私は世の中から外れた変わり者で、どうしてご一緒できましょう。このありさまのままで朽ち果ててしまおうとね、思っております。

光源氏が来るかどうかは分からないのだが、彼女は「かうながら」（このありさまのままで）で朽ち果ててもいい、と覚悟を決めているところに強靭な精神があるのだと解釈できる。この強靭さは強情とも頑《かたく》なとも取れるものだが、ここには、世俗に紛れるくらいならこのまま滅んでしまってもいいのだという滅びの精神性がうかがわれるところで、この精神は強靭であるというよりはむしろ断念と哀しみに支えられたものであるように思える。この頑なな滅び志向は、叔母の言うように「おこがましげ」（馬鹿げている）であるのかもしれないが、哀しみに支えられた〈滅びの美学〉とでも言いたいような一種の美しさもあるのである。

この滅びの精神の体現者は何と言っても宇治の八宮であろうか。八宮家も常陸宮家もともに落魄の宮家であった。

八宮は桐壺帝の第八子。光源氏の異母弟にあたる。かつては堂々たる羽振りの良さであったのだが、政治上のいざこざに翻弄されたあげくその後の時流に乗れぬまま、邸宅も火事で焼失してしまったので宇治の山荘に世の中から忘れられたような有様で暮らしている、という人物である。彼はこのまま出家をしようと思うのだが、二人いる娘たちを残して出家は出来ない、しかし心は聖《ひじり》のようになって俗聖として生きている。出家はしない俗人ながら心は聖であった。

八宮は、衰退する宮家の家運を盛り上げようという思いはもともとはあったのかもしれないが、そうするにはあまりに「あさましうあてにおほどかなる女のやうにおはすれば」（呆れるほど品が良くておっとりとした女のような性分でいらっしゃるので）（橋姫巻p262）であったので、自分はこのまま宇治の山荘で朽ち果ててもいいのだという思いがあった。しかし、姫君達までもが自分と同じように朽ち果ててもいいとまでは思えなかったところに八宮の悩みがあった。

ここで先述のように〈落ちぶれた家には立派な婿が必要〉というテーマが浮上してくるのであって、八宮家にもこの〈婿取り〉の問題が起ってくる。八宮の心境を簡単に要約すれば次のようなことになる。

大君・中君というすぐれた姫君が二人もいる。いい婿が来てくれれば申し分がないのだが、こんな落ちぶれた宮家に家格の釣り合う婿など来てくれようもないし、しばしば手紙など寄こすような男は受領階級レベルの碌でもないものばかり、もし薫君が婿君となってくれればうれしいのだが、聖志向の彼にそれを頼むのも申し訳ない、とあれこれ悩んだ末に、落ちぶれた宮家はそのまま滅んでしまうのがいいのだという滅びの精神に至ったのだった。

八宮は婿取りによる宮家の存続を断念したのである。ちなみにこの滅びの精神を、八宮の姫君である大君が継承してしまった。大君は父八宮の世界――滅びゆく宮家の世界を姫君として生きたのだと思える（呼称に関して言えば、二人のうち姉の大君が〈姫君〉であって、中君は大君の死後になって〈姫宮〉の呼称がある）。また宇治の山荘は宮邸と呼べるようなものではなかったことも関係しているのだろうか、俗世から離れて聖《ひじり》のように朽ち果てていく八宮の精神世界がそのまま宇治の空間であり、さらに山荘であったように思える。だとすればその世界を統べる姫君であった大君には、父と同じように滅んでいく運命しか残されていなかったのかもしれない。有利な婿を迎えればそれによって家運が盛り上がっていくのだろうが、ただ身の程知らずの婿取り、あるいは家格の釣り合わぬ婿取りが世間からの〈物笑はれ〉になることもある。八宮は〈物笑はれ〉にはなりたくなかったのだ。〈物笑はれ〉とは世間からの笑いものになることである。

『源氏物語』における「物笑はれ」の用例を調べてみたことがあるのだが、その大半は「婿取り」に関して用いられているものであった。家に有利な婿を取ろうとしてかなり無理な婿取りをしたり、あげくに肝心の婿殿が通ってこなくなったり、などの事態に関して世間からの〈物笑はれ〉が生じている。〈婿取り〉の難しさがうかがわれるところであるし、京の都の人々は、このような欲に走ったような婚姻を恥知らずとして非難と揶揄の的としたものらしい。

末摘花に関して言えば、少なくとも家格の釣り合う、大変優れた、さらに経済的にも大変有利な婿殿、光源氏を獲得したのだと言うべきだろう。この婚姻は世間的に見れば決して〈物笑はれ〉ではないように思える。

ここで宇治の大君と比較してみれば、大君は薫の求愛を受け入れなかった、薫君との婚姻を妨げるような要素は何もなかったはずなのだが、大君は父の滅びの精神を受け継いだがために「私は若くもないし美しくもない、こんな私があのように優れた薫の君と結ばれてもはたして幸せになれるのか、今はいいとしてもいずれは薫の君に忘れられてしまうような〈物笑はれ〉になってしまうのではないか」というマイナス思考に捉われてしまっていた。彼女はまだ十分に若くて（二十五歳だった）美しかったのだが。

このような内省は末摘花にはなく、その点は大変おおらかである。宮家の姫としての矜持が彼女を支えている。この矜持から生まれる、世俗にまみれるくらいならこのまま滅んでしまってもいいという思いは、古代ながらの〈聖なるもの〉としてのあり様だったのではあるまいか。亡き親王の宮邸は神の末裔の住む聖域であったと捉えると、末摘花はその聖域を護るヒメであり、女神であったと思える。考えようによっては、臣下にすぎない光源氏という婿君は、この女神に奉仕するために現われたのだと言えるかもしれない。

末摘花の変貌——女神生成

光源氏が帰京したのは八月だった。しかし光源氏の訪れはなく、そのまま十月になった。叔母の最後の勧誘があったのだが末摘花は応じることはなく、しかし乳母子の侍従が九州へと同行することになり、姫君のもとから離れる。

ここで彼女は完全にひとりになってしまった。父もなく母もいない。乳母もすでに亡くなっている。母方の血縁である叔母一家も九州へと去っていった。残っているのは、もう他に行くあてもない老いた女房ばかりである。兄の禅師がたまたま訪れるのだが、兄も俗世の感覚とは無縁の人で、末摘花の暮らしぶりの困窮には何も気が付かない（末摘花巻に出てくる大輔の命婦とその父の兵部の大輔は末摘花の血縁の筈なのだが、蓬生巻では全く現れない）。

乳母子が去っていったことの意味はなんだろうか。乳母子とは血のつながった兄弟姉妹以上に切っても切れない縁と絆のある関係のはずなのだが、その乳母子が去ることで彼女は正真正銘の孤独になった。すべてから見放されたと言えるのではないか。

末摘花はそれを機に変貌していくように思える。

侍従との別れの場面は感動的であり、末摘花はなんと和歌を詠んでいる。別れに際して末摘花は自らの落ち髪を集めて鬘にしたものを「をかしげなる箱」に入れて、さらに「昔の薫衣香《くのえかう》」を添えて贈っている。彼女の髪はたいへんきよらなものであった。

彼女は歌を詠みかける。

絶ゆまじき筋を頼みし玉かづら思ひのほかにかけ離れぬる

——絶えるはずのないあなたとの縁を頼みにしていたのにその玉かづらのような縁を離れて思いもかけずあなたは離れていくのね。

「故ままののたまひ置きしこともありしかば、かひなき身なりとも、見果ててむとこそ思ひつれ」とあるのだから、乳母は亡くなる際にわが子の侍従に「姫君をよろしく頼む」と言い残しておいたものらしい。侍従は「姫君との縁は決して切れません、あなたのことは決して忘れません」と返しの歌を詠んで、泣きつつ去っていくのだが、侍従は決して心変わりして末摘花を見捨てたわけではなかった。侍従は、かの叔母君の夫（この度大弐になった人）の甥と縁が出来てしまったので、その夫と同行せざるを得ないのだった。

このように乳母子も去っていくという事態になって彼女は真の孤独に突き当たったのではないか。だから和歌を詠んだ。和歌とは相手とのコミュニケーションを成立させる重要な方法なのだが、それなのに彼女は歌がなかなか詠めなかった。それは彼女には真にコミュニケーションを求める必要が今まではなかったから、とも、あるいは必要を感じていなかったから、とも取れるのだが、それは一種のコミュニケーション不能状態であったろう。それが孤独に突き当たって初めて人を求める心が生まれた、それが歌を詠むという行為として現われたのではないか。

十一月、冬になって邸内には雪が積もった。

朝日夕日をふせぐ蓬律《よもぎむぐら》の陰に深うつもりて、越《こし》の白山《しらやま》思ひやらるる雪のうちに、出で入る下人だになくて、つれづれとながめたまふ。

ここは末摘花の住む宮邸が「越の白山」に喩えられていると読めるところで、越の白山を思わせるような雪の中で姫君は生きている。「越の白山」とは石川県にある霊峰白山のことだが、古来白山信仰のあるところで、『枕草子』にも「白山の観音」として登場するように当時の宮廷の女性たちによく知られたものであった。ちなみに白山とは女神の山である。白山比咩《ひめ》神社に祀られるヒメ神は修験道による仏教化により白山妙理大菩薩となり、本地は十一面観音とされた。このヒメ神は本来は蛇神、山の神、水の神であったという。

越の白山を思わせるような雪の中で彼女は生きていた。ここは、この白山のヒメ神のように末摘花は雪の中に鎮座しているのだと解釈してみたい。彼女にはヒメ神の、そして女神の姿が揺曳している。もしかすれば〈異形の女神〉と言うべきかもしれないのだが、神話的に言えば、彼女は姫君から大いなるヒメ神へと変貌していったのではないか、と取れるところで、そのために雪の中に埋もれるような日々をあたかも物忌であるかのようにしてたった一人で、おそらくは飲食もままならず、生きていた、この物忌の期間は一人の姫君が女神になるための、いわば〈女神生成〉のための籠りの時間であったかと考えられる。

年が明けて、四月になった。

この頃になってようやく光源氏は帰京以来はじめて花散里を訪問しようという気になった。花散里も長い間放っておかれていたのだ。

花散里の邸宅に向かう途中、「形もなく荒れたる家の、木立しげく森のようなる」ありさまを見た光源氏は、その見覚えのある木立に「ここはかの宮邸だ」と思い出したのだった。ちょうど月が出ている。「艶《えん》なるほどの夕月夜」の中に宮邸は浮かび上がっていた。

そこから惟光が邸内に入っていろいろ探りを入れる。その後、光源氏は邸内に入っていくのだが、その描写は大変うつくしく、『源氏物語絵巻』にも描かれているように、衣の裾を露で濡らしながら蓬や葎をかき分けて光源氏は入っていく。

末摘花はちょうどその同じ頃、不思議なことに「例ならず世づきたまひて」(いつになく世間並みになって)和歌を詠んでいた。

ここにはいとどながめまさるころにて、つくづくとおはしけるに、昼寝の夢に故宮の見えたまひければ、覚めていと名残悲しくおぼして、漏り濡れたる廂の端つかたおしのごはせて、ここかしこの御座《おまし》引きつくろはせなどしつつ、例ならず世づきたまひて、

亡き人を恋ふる袂のひまなきに荒れたる軒のしづくさへ添ふ

も心苦しきほどになむありける。

昼寝のうたた寝の夢の中に亡き父宮が顕われたのだという。これは、この後光源氏が救助に来るぞ、という瑞夢として解釈できるところなのだが、この父は娘に何かを伝えたかったのではないかと思える。末摘花はその父の夢に応じるために歌を詠むのだが、これは単なる独り言の歌ではなく、父への祈りではなかったろうか。〈祈り〉であるからこそ彼女はその祈りの場を設定する。「漏り濡れたる廂の端つかたおしのごはせて」、そして「御座引きつくろはせなど」するのだが、これは正式に歌を詠む場の設定であろう。

『伊勢物語』二十三段にも、河内の妻のもとへと行った夫の安全を祈るために歌を詠む「大和の女」の例があるが、その時も「この女、いとけさうじて」（この女は大層よく化粧をして）とある。歌を詠むための化粧とは、この歌が神に訴えかける祈りであったことを表わしているように思う。神への祈りの歌とは、神への訴えでもあった。

末摘花の祈りの歌は、私は亡き父が恋しくて泣いてばかり、そのうえ家も荒れ果てて軒の雫の雨漏りで濡れてばかり、というのであるから、この窮状を何とかしてください、という救いを求める歌であろう。末摘花は真の孤独と窮状に陥って、おそらくは死に瀕していると思えるのだが、この事態になって彼女はようやく父と、そして神とコミュニケーションができるようになったのだ。歌も詠めない、恥ずかしがり屋で口も重くて気の利いた返事も出来ない、そのようなコミュニケーション不全であった彼女が、ようやく神と交信できる威力を持ったヒメとなりえたのではあるまいか。

死に瀕した時に亡き父が夢に顕われるという例が他にもある。たとえば、須磨巻において、暴風雨のさなか、光源氏がうたた寝の夢の中に亡き桐壺帝が顕われた、というのも、光源氏のあまりの窮状と孤独を見かねて父が救助のために出て来たというものであろう。

この時、光源氏は言わば死に瀕していた、その上、彼自身精神的に絶望的、かつ自暴自棄になっていたのではないかと思える。そのような時、夢に顕われた父に対して彼は次のように言う。

かしこき御影に別れたてまつりにしこなた、さまざま悲しきことのみ多くはべれば、今はこの渚に身をや捨てはべりなまし。

——畏れ多い父上に別れ申し上げてからずっと、さまざまに悲しいことばかりでございますから、もうこの渚に身を捨ててしまいたいのです。

桐壺帝の死後、反対勢力に押されて、罪なき罪を得て須磨へと流れざるを得なかった思いと悲しみ、そしてこの暴風雨の中、自分はここで朽ち果てるのか、という絶望の状態——このありさまは、末摘花の「私はこのまま朽ち果ててしまおう」という滅びの思いと同じではないだろうか。亡き父はこのような時に救助者として現われるのだと解釈したい。

桐壺帝は嘆く子に対して「いとあるまじきこと。これはただいささかなるものの報いなり」(死ぬなんてとんでもない。この状態はちょっとした因果の報いなのだ)と励ましている。さらに住吉の神の導きに従え、と語っているのだが、これはその後明石入道が光源氏を迎えに来ることの示唆となっている。

末摘花の夢に顕われた常陸宮が何かを語ったかどうかは不明だが、父の夢は光源氏の訪れを予言するものであったことは確かだ。あるいは父の魂が光源氏を導いたのだとも言える。

ちなみに、明石入道は自らの悲願成就のために光源氏という貴種を獲得したいという思いがあったことがあとから分かるのだが、入道にとって光源氏は獲得すべき宝物であり、幸をもたらす婿殿であったのだ。「落ちぶれた家には立派な婿が必要」という論理がこの明石入道にも働いていて、明石入道は現在は受領階級であって経済的には落ちぶれてはいないのだが、かつての家の栄光を取り戻すことや、さらなる夢――自分の子孫から天皇・后が生まれること――を悲願としていた。

この物語構造を末摘花の物語に当てはめてみれば、末摘花もまた光源氏が獲得すべき宝物――いわば如意宝珠――ではなかったかと考えてみることも可能であろう。光源氏は末摘花を自分の世界に擁することで、いささか問題の多い、古代的過ぎる姫君であろうとも、いわば威力あるヒメ神を獲得したのだと言えるのではあるまいか。そのマイナス要素も含めて彼女を取りこむことが、光源氏の世界の神話的な豊かさを物語るものであったのかもしれない。

光源氏と対面した末摘花は、確かにかつての彼女とは変貌している。

光源氏が詠みかけた歌に対して、彼女はなんと返歌をしている。大変な進歩である。

対面に当たって末摘花は、着るものに困って女房たちの勧めるままに叔母が九州行きにとかつて置いていった衣裳を身につけたのだが、そのせいでいささかまともに見えたかもしれない。しかし光源氏は邸内のあまりのみすぼらしさにいたたまれず、泊まらず帰ろうとして、和歌を詠む。

藤波のうち過ぎがたく見えつるは松こそ宿のしるしなりけれ

——松にかかる藤の花を見て通り過ぎがたく思ったが、それはその松こそがこの家の目印だった。あなたは松のように私を待っていてくれたのだね。

光源氏は返しを期待してはいなかっただろうが、彼女は次のような歌を返した。

年を経て待つしるしなきわが宿を花のたよりに過ぎぬばかりか

——長い年月、お待ちしていたその甲斐もないようなわが宿を、藤の花がきれいだというついでに（泊まらずに）通り過ぎてしまうだけなのね。

光源氏が泊まらずに帰っていくのをいささか非難したような内容だが、型通りではなくその場の機転で上手く切り返した歌だと言えるのではなかろうか。彼女の真摯な思いが籠っているように思える。

末摘花の様子は次のように語られている。

忍びやかにうちみじろぎたまへるけはひも、袖の香も昔よりはねびまさりたまへるにやとおぼさる。——中略——（月が）いとはなやかにさし入りたれば。あたりあたり見ゆるに、昔に変らぬ御しつらひのさまなど、しのぶ草にやつれたる上の見るめよりは、みやびかに見ゆるを、昔物語に塔こぼちたる人もありけるをおぼしあはするに、同じさまにて年古りにけるもあはれなり。ひたぶるにものづつみしたるけはひの、さすがにあてやかなるも、心にくくおぼされて――後略。

この引用の傍線部分を見れば、彼女が以前とは違っていることは歴然としている。月の光が室内にはなやかに差し込んでくる中、浮かび上がるのは昔ながらの室内の様子で、それが「みやびか」であるという。末摘花の巻では、宮家の古代性が「ひなび」であるとされていたのが今は「みやび」へと変化しているのである。さらに彼女の「けはひ」が「あてやか」であるというのだ。「あてやか」とは、高貴なその身分に相応しい品の良さがある、という意味であるから、彼女は宮家の姫としての品格を、このように落ちぶれてはいても表していた。いったい何が彼女を変化させたのかを考えてみれば、そこには長い年月の〈籠り〉の時間があったことが浮かび上がるのであり、その時間が彼女をこのように変貌させたのだと言えるのではないか。彼女が姫君からヒメ神へと変貌していく〈籠り〉の時間の中で、宮邸の昔ながらの古代性がみやびやかな、あてなるものとして光りはじめたのである。物語の視点の軸が〈籠り〉を経て大きく回転したかのようである。以前はその滑稽さに視点が置かれていたのが、この蓬生巻の場面ではその視点の軸が百八十度回転して、その滑稽であった部分に反対の角度から光が照射されたのだと解釈してみたい。

常陸宮邸の復活

光源氏の来訪によって、末摘花の窮乏生活が豊かなものへと転換し始めた。まず始めに行われたのは、邸宅や庭、塀などの補修であった。さらには近々新しく邸宅を造るのでいずれはそこにお移しするから新たに童女などもお召しかかえになるように、という光源氏からの指示も来る。若き女房などに関する記事はないが、当然しかるべき女房や童女、下仕えなども召し抱えられたであろうし、下女・下人なども集められたに違いない。このようにして末摘花は本来の姫君性を回復させてゆくことになる。姫君とは、血縁・非血縁を問わず大勢の女たち――女房や童女、下仕えなどを擁してその女の社会を統べるもの、さらにしかるべき婿を迎えるもの、と定義づけしてみれば、ここで末摘花はその理想通りの姫君として復活したと言える。これは姫君の復活と言うよりは、むしろ常陸宮家の復活として捉えたいところである。

次に物語の語り手は、光源氏はどうしてこんなにも末摘花を大切に庇護するのかという素朴な疑問を投げかけてくる。――世間の定評によれば、光源氏が関わろうとするのはどこかに一目置くべき優れたところがある女ばかりだというのに、それに反してこのような何の取りえもない、さらに普通でもない末摘花に彼は何故関わろうとするのか――と語り手は問いかける。それについては「これも昔の契りなめりかし」（これも前世からの宿縁なのでしょうか）というように「昔の契り」かと推測する。「昔の契り」つまり「前世からの宿縁」のゆえかと推測せざるを得ないような世間的には理解できないような関係が末摘花との婚姻だったのである。「昔の契り」を宿世として捉えてみると、この言葉には断念と諦めが籠められているように思える。その断念と諦めを踏まえながらもここに至ったことを定めとして肯定的に捉えていこうとするものが宿世という言葉にはある。「妻とはしたくはないが仕方がないから引き受けよう」ということであろうか。従って、光源氏は表面的には彼女を大切にはするのだが、妻として正当に扱っているとは言えず、末摘花とのことは「わが御ため面目なく」思っていた、つまり妻として待遇するにはいささか恥ずかしい女であると思っていたとあるので、彼自ら常陸宮邸を訪問することはない。この状況では光源氏は果たして〈婿殿〉と言えるのかという疑問が残るのだが、ただ大切な姫君としてお世話申し上げるというものであった。これは飛躍して言えば、自分に託された宮家の姫君を女神として大切に奉仕するということではなかろうか。

光源氏と末摘花の関係には、光源氏にさえもよく理解できないような不可思議なもの、人間の心理を越えたもの、さらに人知を超えたものがあるということであろう。普通の恋愛や婚姻の理屈を超えるものが、さらに人知を超えているがゆえに畏怖すべき大切なものが末摘花との関係にあったのだと言えそうである。

次に、かつて常陸宮家に仕えていた人々がまた戻ってきた。常陸宮家の暮らしに見切りをつけて去っていったはずの人々なのに、また戻ってくると、末摘花は「心ばへなど、はた、埋れいたきまでよくおはする御ありさまに」というような人柄であったから彼らを鷹揚に受け入れている。去っていったものを恨んで拒絶するというような心の狭さはなかった、というこのような点も高貴な姫君性として捉えられる。

この常陸宮家を去って、「異なることなきなま受領などやうの家」に仕えていた人々は、かつての宮家とは全く違う受領の家で何とも嫌な思いをすることがあったらしく、宮家復活の情報を知ると早速戻ってきた。やはりこちらの方がよかった、のである。これは宮家の主人の個性によるものが大きいのかもしれないが、末摘花が鷹揚でおおらかであったというところに古代的な本来の姫君性の発露があると言えるかもしれない。姫君には、細かい俗世的なことは「どうでもいいのだ」という超越性があると捉えると、末摘花にはこのおおらかな超越性がたしかに見られるのである。

このような超越性は王朝時代の貴族の理想として存在したものではないかと思えるもので、末摘花に限らず、神の末裔とも言える皇族や皇孫・王孫に通じる精神性として捉えてみていいように思える。たとえば、時代は下がるのだが、平安末期の女院、八条院暲子《しようし》にもこのようなおおらかな超越性は確かに見られるものであって、彼女の暮らしぶりが描かれた女房日記『たまきはる』（筆者、建寿御前）には末摘花の姫君性と相通じる八条院暲子の鷹揚な姫君ぶりが語られている。

八条院暲子は、父鳥羽天皇、母美福門院（藤原得子）の間に保延三年（一一三七年）に出生、嘉応元年（一一六九年）皇大后の位を経ることなく女院となった人物である。生まれた時からの皇女であり、また父の鳥羽天皇・母美福門院の鐘愛のいとし子として生育したと言われる。

女院となった八条院暲子は〈大いなる〉というべき偉大な女院となり、経済力・政治力に加えて、社会への影響力も強く、非常な威力を放ったが、その暮らしぶりは大変おおらかなものであったことが、『たまきはる』の次のような記事から察せられる。

御所の中、殿上、中門、透き渡殿などは、さし参る人の足も堪えがたきまで塵積もりたれど、「あれ、掃け、拭へ」など言ふ人もなければ、我らが「いかに」など言へど「さかし」ととがむる人もなし。

御所の中は、殿上や中門、透き渡殿などは参上する人の足許も堪えがたいほどに塵埃が積もっているけれども、「あそこを掃け、拭き掃除しろ」など言う人もいないので、私たちが「まあ、この埃はどうしたことか」など言っても、「なるほど、そうね」と同意してその埃だらけのあり様を見咎めて気にする人もいない。

御所の中は埃だらけであって、参上する人々の衣の裾も埃で堪えがたい程であったというのだが、その埃の様子を著者建寿御前は、新参者であったからだろうか、いささか気にはしているものの、他の女房たちは気に

もしていなかったらしいし、女院その人も細かいことはあれこれと言わない人であったことが察せられる。著者・建寿御前は、八条院に出仕する前は建春門院（平滋子、後白河院妃、高倉天皇生母）に十二歳から二十歳の頃まで仕えており、その建春門院滋子のすばらしくも、みやびな、かつ賢明な暮らしぶりを『たまきはる』において詳細にえがいている。建春門院の御所には、おそらくは塵や埃などはなかったのであろうが、同じ女院とは言っても暮らしぶりはまた違っていたものらしい。

また八条院では、夏・冬の衣装などもかなりいい加減なものであったらしく「さぶらふ人も晴れ、褻といふことも知らでぞやみにし。それらがみな恋しきなり」とあるように、ハレの儀式の折も、ケ（日常）の折も同じような衣装ですんでしまったという。著者は、その有様を執筆の時点では大層懐かしがっている。八条院の暮らしぶりもまた讃美すべきものであった。

いい加減な八条院に比べるとどうやら完璧であったらしい建春門院はもともとは女房の身の上に過ぎなかったのだが、その美貌と聡明さによって後白河院に寵愛され、女院へと昇りつめた女性である。『たまきはる』によれば建春門院もまたおおらかな姫君性を発揮した女性ではあったが、それは優れた知性と努力によって得たものではなかったろうか。その美と知性と聡明さによって女性としては最高に出世をした人物と言えようか。しかし、その建春門院に対して八条院は生まれながらの皇女であった。その鷹揚さも、おおらかさも、そしてその姫君性もどこか規範を超越したかのような破格の威力があったのではあるまいか。それを古代のヒメに繋がる聖性として捉えてみてもいいように思える。おおらかなヒメ、さらには女神にとっては、塵や埃などはどうでもいいのだ。そして、この世の規範などどうでもよかったに違いない。

二条東院における末摘花

末摘花は復活なった常陸宮邸に二年ばかり住んだのち、二条東院へと移転したことが蓬生巻末で語られている。

この二条東院とは、澪標巻（この時、光源氏二十九歳、蓬生巻とほぼ同時期）で「二条の院の東なる宮、院の御処分なりしを、二なく改め作らせたまふ。花散里などやうの心苦しき人々を住ませむなど、おぼしあててつくろはせたまふ」と出てくる邸宅で、この時点ではまだ六条院構想はなかったものか、花散里のほかにも明石の御方なども入居させる予定であったものらしい。それが二年後の松風巻で完成したことが語られている。東の院では西の対に花散里が住むことになった。政所・家司が彼女のために置かれたというのであるからこれは花散里に対する重い処遇が窺われるところで、東の院全体が花散里支配下にあるのだと捉えられるものである（事実、光源氏死後は東の院は花散里の住まいとなる）。東の対は明石の御方が住む予定であったのだが、これは実現ならず明石の上は母の尼君や娘の姫君とともに大井の山荘に住むことになった。そして六条院完成の暁には大井の山荘から六条院の西北（戌亥）の冬の町へと移転することになる。

末摘花が住むことになったのは東の院の北の対である。

北の対はことに広く造らせたまひて、かりにても、あはれとおぼして行く末かけて契り頼めたまひし人々住むべきさまに、隔て隔てしつらはせたまへるしも、なつかしう見所ありてこまかなり。（松風巻）

北の対は殊に広く造らせなさって、かりそめにもいとおしいと思って将来末永くと約束なさった方々が住めるように、それぞれの住まいの仕切りもきちんとなさったところも、ほっとするような居心地の良さで見所も多く、心遣いが行

き届いている。

北の対には末摘花の他に何人かの同居人がいる。初音巻の光源氏新年訪問の記事によれば、同居人とは空蝉とその他の女たちということになるのだが、「その他の女たち」というのは物語内で語られることはなかったけれども光源氏にとって末永くと契りあった若い頃からの愛人たちであったものらしい。数は分からないのだが二・三人はいたのだろうかと推測される。

東の院に引き取られて光源氏の丁寧な庇護を受けて暮らすことはもちろん末摘花とその配下の女房たちにとってはこの上もない幸せであったろうと思えるのだが、反面それまでの姫君性を無くすこととなったのではないかとも思える。いくら広く造ったとは言え、彼女の居住空間には限りがある。かつて常陸宮邸にいるときには彼女は寝殿に暮らしていたのである。寝殿に住むということが高貴な女主人としての格式であったろうと思えるのだが、この北の対での相い住みではそれも叶わないであろうし、高貴な姫君としての格式を喪失したのではないか。事実、これ以後の彼女には姫君という呼称はない。

また六条院完成の後は、花散里、明石の上は六条院に入ることになったが、北の対の方々はそのまま東の院に据え置かれたままで、六条院における数々の行事にも参画することはない。六条院全体が光源氏のいわば〈家族〉であると捉えるとすると、東の院の人々ははたしてその〈家族〉の中に入るのか否か、この点は大変微妙である。

行幸巻に次のような記事がある。六条院に引き取られて姫君として暮らしていた玉鬘がいよいよ裳着の式を行うことになり、六条院の女君たちも盛大に贈り物をする。しかし、東の院の人々は「かかる御いそぎは聞きたまうけれども、とぶらひきこえたまふべき数ならねば、ただ聞き過ぐしたるに」（このような裳着のお支度のことは聞いておられるのだけど、自分はお祝いすることができるその数にも入らない、それでただ聞き過しておられるのだが）というように、自分たちはその贈り物ができるような資格のある身の上ではないから、というので遠慮して贈り物をしないというのである。北の対の人々は〈数にも入らない〉という身の上であったのだ。しかし、その〈自分は数にも入らない〉という点を全く認識していなかったのが末摘花であって、六条院の女君たちと同様にいろいろなことをしようとする。そしていろいろなことをする度にその外れた美意識、というよりは時代遅れのセンスのために笑いものになっているのである。

光源氏の夫人としての地位があるわけでもない、六条院という中心から外れたいわば周縁の地で、〈笑いものとして生きている〉というのが末摘花だった。ところで、六条院においては、お香や音楽などのさまざまな文化的行事が催され、それが六条院が最高にして最先端の文化の発信地であることを表わしているのだが、その〈文化〉の世界に東の院の方がたは参加することはない。この事は、東の院の末摘花が文化の中心から外れた位置にあること、その文化規範に相容れない世界が末摘花の世界であったことを示している。むしろこの文化的世界からは排除すべきものとして末摘花は位置しているというべきであって、この排除に関しては光源氏の対応は辛辣であった。

行幸巻において、玉鬘の裳着の祝いにと末摘花は装束と和歌を贈る場面があるが、これは光源氏からの痛烈な批判を蒙っている。

常陸の宮の御方、あやしうものうるはしう、さるべきことのをり過ぐさぬ古代の御心にて、いかでこの御いそぎをよそのこととは聞き過ぐさむとおぼして、形のごとなむし出でたまうける。あはれなる御心ざしなりかし。

常陸宮の御方は、不思議なほどきちんとされていて、しかるべき折はしないではすませぬ昔気質でいらして、どうしてもこの裳着のお支度のことも知らぬ顔は出来ぬとお思いになって、形式通りにお祝いをなさった、御立派なお心がけなこと。

末摘花は、昔気質で、おそらくは妻としての役割をきちんと遂行しようとしているのではないか。これまでの経過を見る限りは、少なくとも末摘花にとっては光源氏は常陸宮家の婿殿であったはずであるから、その大切な婿殿の世話をきちんと果たそうとするのが、これが古代的な昔の流儀であったのだろうが、末摘花の筋を通した流儀であった。彼女は姫君としての役割を遂行しようとしているに過ぎないように思える。しかしこの流儀はすでに時代遅れであったらしい。さらには、末摘花には、自分が夫人の一人とも言えないような〈数ならぬ身〉であることの認識がない。さらには、末摘花は、六条院の現代的最先端文化とは相いれない古代のあやしげな文化を放ち続ける存在であった。

末摘花が贈った和歌は相も変らぬ「唐衣《からころも》」の歌であった。その歌に対して光源氏は次のような返事を書く。

あやしう、人の思ひ寄るまじき御心ばへこそ、あらでもありぬべきなり、と、憎さに書きたまうて、

唐衣また唐衣唐衣かへすがへすも唐衣なる

奇妙な、人が思いつかないような心づかいは、なさらなくてもいいのだよ、など、あまりの憎らしさにお書きなさ

って、(さらに次のような歌をお書きになった)

唐衣また唐衣唐衣、あなたはいつも繰り返し繰り返し唐衣だね。

この文面と和歌は、あまりにも末摘花に対しては酷いものではないかとも思えるのだが、ここには末摘花に対する光源氏の明確な排除の意識が窺われる。自分の世界とは相容れぬ異文化の女を追いやっておきたい、しかし、異文化ではあるものの自分の世界の端っこに抱え込んでおかねばならない、そのような屈折したものが末摘花という存在からは見えてくるのである。

おわりに――皇孫の鬼

天皇の末裔でありながら、鬼と呼ばれた人々がいる。と言うよりはむしろ天皇の末裔であるからこそ鬼となったのだと言うべきかもしれない、そのような人々が存在する。

『大和物語』五十八段に、かの安達ケ原の鬼女伝説発生の源となったとされる有名なエピソードがある。

おなじ兼盛、陸奥の国にて、閑院の三のみこの御むすこにありける人、黒塚といふ所にすみけり。そのむすめどもにおこせたりける。

みちのくの安達ケ原の黒塚に鬼こもれりと聞くはまことか

（『大和物語』小学館日本古典文学全集）

「閑院の三のみこ」とは清和天皇の皇子貞元親王のことで、その「御むすこ」は源兼信かと推測されている。都を遠く離れた「陸奥の国」にその皇孫と言うべき人があまたの娘たちとともに暮らしているのを、訪れた兼盛が、その娘たちを〈鬼〉に擬えて「ここには鬼がこもっているのですね」と歌いかけているのである。

＊もっともここは諸説があって、「閑院」を貞元親王、「三のみこ」を兼信、その「御むすこ」を兼信の子である源重之とする注釈も多いのだが、ここは「御むすこ」を兼信だと解釈しておきたい。『拾遺和歌集雑下五五九』では、この話が次のように出てくる。

みちのくになとりのこほりくろづかといふところに、重之がいもうとあまたありときゝて、いひつかはしける。　かねもり

みちのくのあだちがはらのくろづかにおにこもれりときくはまことか

系図を示すと次のようになる。

清和天皇――貞元親王――源兼信――源重之
　　　　　　　　　　　　　　　└数多の姉妹

ここでは天皇の子孫、つまり皇孫の女たちが「鬼」と呼ばれていることに注目したい。一方の平兼盛もまた天皇の子孫であって、光孝天皇の皇子是忠親王の孫篤行王の子として生まれ、天暦四年（九五〇年）頃臣籍降下して平姓となった人物である。

都の中枢を離れて、陸奥の国という辺境へと流れて来たらしい兼信一族の娘たちに〈鬼〉と呼びかける兼盛も同じく天皇の末裔であり、辺境の地をさすらう身の上だった。あなたも私と同じように鬼ではありませんか、という呼びかけが、かの「安達ケ原の鬼」の歌であったのではないかと思える。

平兼盛の脳裏にはおそらく『伊勢物語』五十八段の、やはり皇孫の女たちを鬼と呼んだ次のようなエピソードがあったのであろう、それを踏まえてむすめたちを鬼と詠んだのではないかと推測できる。

むかし、心つきて色ごのみなる男、長岡といふ所に家造りてをりけり。そこの隣なりける宮ばらに、ことなき女どもの、田舎なりければ、田刈らむとて、この男あるを見て、「いみじのすき者のしわざや」とて集りて来ければ、この男、にげて奥にかくれにければ、女、

荒れにけりあはれ幾世の宿なれや住みけむ人のおとづれもせぬ

といひて、この宮に集り来ゐてありければ、この男、

葎おひて荒れたる宿のうれたきはかりにも鬼のすだくなりけり

とてなむ、いだしける。

この五十八段は解釈に諸説があって分かりにくいところが多いのだが、一応次のように読んでおきたい。

——昔、在原業平らしき人が長岡京に家を造って住んでいたが、お隣の宮ばら（母が内親王である人）がご主人であるお屋敷になかなか良き女たちがいた。田舎なので男が稲を刈ろうとしているところを見て、その女たちが「まあ、何とも風流なことをしてるわ」とやってきたので、男は自分の屋敷の奥に逃げ込んでしまったら、女たちも中に入ってきた。そ

して和歌を詠む。

ここは荒れ果ててるわねぇ。まぁ何世代経った古いお屋敷なんでしょう。住んでいた人は挨拶もしないのね。そこでこの男は次のように歌を返した。

葎が生い茂って荒れ果てたわが宿の嘆かわしいことに、かりそめにも鬼たちがこんなにわさわさと集まってしまったよ。

ここにいう〈鬼〉とは、となりの「宮ばら」その人ではないもののその主人の配下の女たちのことで、彼女たちをいささか揶揄をこめて〈鬼〉と呼んでいるわけである。

ここにある業平の長岡京の家というのは、業平の母である桓武天皇皇女、伊登内親王の住まいであった。隣に住む人も母が皇女であったというからいわば皇孫である。この伊登内親王、またとなりの宮ばらの人も、新しく成立した平安京へと移転することもならず、時流に乗れぬまま古い都の長岡京にそのまま取り残された人々であったかと思われる。長岡京は辺境とまでは言えないだろうが、都の中枢から外れたところで落魄して落ちぶれていく皇女たちの姿が窺われるのである。しかも、その長岡京の邸宅は「荒れにけり」のありさまであったらしく、また「葎おひて荒れたる宿」というのであるから、落ちぶれていく皇女たちがどのようにして暮らしていたかが想像できよう。そのような荒れ果てた古い宮家に住む女たちが〈鬼〉と称されている。

「安達ケ原の黒塚」に住む皇孫の女たちも、時流から外れた揚句に辺境の地へと追いやられた者たちであったし、そのありさまはこの長岡京に忘れられて暮らす皇女・皇孫たちも同じであったと言えよう。

彼女たちの姿は、どこか末摘花を彷彿とさせるものがある。都に住んでいるとは言え、落魄の常陸宮家の姫君であった末摘花もこの系譜に連なっていると言えようか。末摘花も鬼であったとしても不思議ではない。古い荒れ果てた邸宅に住む皇孫の女たちは、〈鬼〉と称せられることで、いわば〈鬼〉の系譜を生み出していく源でもあった。平兼盛の「安達ケ原の鬼」の和歌が起因となって、その後安達ケ原の鬼女伝説が生まれたとされている。さらには山に住む鬼女は、山の女神の系譜に繋がりながらも時代を経て山姥へと変貌を遂げていく。初音巻において描写された末摘花の次のような姿には、どこかにこの山姥の面影がある。

いにしへ盛りと見えし御若髪も、年ごろに衰へゆき、まして滝の淀みはづかしげなる御かたはらめなどを、いとほしとおぼせば、まほにも向ひたまはず。

——昔は、今を盛りと見えた美しい髪も年々に衰えていって、真っ白な滝壺の淀みにもひけをとらないほど白くなっている、その横顔なども大層気の毒に思えるので、光源氏は見るに堪えなくて面と向かってお話しなさることもない。

末摘花の唯一の長所がきよらな黒髪であったのだが、その黒髪が滝の水のしぶきにも負けぬほど真っ白になっているという。この年老いた姿は山姥のようである、と言ってもいいくらいであろうか。

鬼とはいったい何であったのだろうか。神が零落すれば鬼になる、また山の神の落ちぶれた姿が山姥だと簡単に言えばそうなるのだが、鬼には威力があるとは言うものの、それは朽ち果てていこうとする神の威力が裏返ったような反逆の、そして反体制の威力ではなかったろうか。

鬼のイメージには無限大に拡散されたものがあって、その姿は実にさまざまである。

宮廷儀礼としての鬼やらい（追儺）を取り上げてみれば、この儀礼はこの世のケガレを、具体的に言えば、邪気・恨み・妬み・病気など、好ましからぬものを追い払うものであった。ケガレとは目に見えぬものであるがゆえにそれを可視化したものが鬼であったとされる。従って鬼とは祓わねばならぬものであった。都の皇族・貴族たちは自分たちの世界をハレの状態に維持しておくために、この世のケガレを鬼として排除し続けた。都から辺境へと流れていった皇孫たちは、この追い払われた鬼に、あるいは自虐も込めて、喩えられていたのである。

辺境へと追いやられた皇孫は、皇孫であるがゆえに、あるいは皇孫であればこそ、鬼と化して中心を絶えず脅かすような存在でなければならなかった。流離する皇孫とは、中央に置いては居場所を無くした者たちであったがゆえに、いわば敗北者として捉えられる。敗北者には敗北者としての精神がある。だからこそ周縁の位置から中心へと対立・対抗する敗北者としての威力を発揮し続けたのである。

大江山の鬼、酒呑童子は大江山に巣食う反逆の盗賊集団の棟梁として都を脅かせつづけたというが、伝説によれば、彼は越後の出身。越後に流された親王に付き従ってともに越後に下った家臣の子どもであるという。彼は、周縁の地から中央へと殴り込みをかけてくる鬼であったと言えようか。能「大江山」では、醍醐天皇の命によって源頼光に退治されているが、彼は天皇を中心とする体制に反逆し続けた鬼であった。そして伝説では、酒呑童子の背後には皇孫の威力がほの見える。

また、この皇孫たちは古代の国造以来の伝統を有する在地豪族と婚姻によって結びついた。その子孫たちが平安朝初期の頃から地方やさらに京の都を荒らしまわる武力集団を形成していった——その武力集団が武士の源流になったのだという（『武士の源流を説きあかす』桃崎有一郎著　ちくま新書　二〇一八年十一月刊による）。酒呑童子の一党もそのような者たちであったのだろうか。その姿はまさに鬼であったに違いない。

末摘花に戻って、彼女の皇孫としての威力を考えてみた時、六条院とは相いれない彼女の異文化性は、古代のみやびやかならざるものとして排除され続けるのだが、しかしその反面、六条院という中心の権力に対抗し続ける古代のヒメの面影も見られるのである。反文化・反六条院の鬼として生きる彼女の生き様があったように思う。

しかし、六条院世界そのものが、もともとは恵まれぬ敗北の皇孫たちの世界だったとも言えるのである。光源氏もその一人であったというべきで、臣籍降下によって皇統から外れた光源氏は、皇統の外側から権力と権威の六条院体制を作り上げていった。また六条院の女君たちももともとは恵まれない皇孫たちであったはずである。

紫の上が光源氏に見いだされたのは北山の寺においてであった。彼女は祖母とともに都の邸宅に暮らしていたのだが、たまたま北山の寺に祖母と滞在中に光源氏と巡りあった。その時、若紫は次のような有様で現われる。

中に十ばかりにやあらむと見えて、白き衣、山吹などのなれたるを着て、走り来たる女子、あまた見えつる子どもに似るべうもあらず、いみじくおひさき見えて、うつくしげなる容貌なり。神は扇を広げたるやうにゆらゆらとして、顔はいと赤くすりなして立てり。(若紫巻)

十歳くらいに見えた女の子がいる。彼女は大変可愛らしいのだが、この物語の世界にバタバタと走って登場する。おまけに泣いているらしく顔が赤くなっているという。この潑剌としたやんちゃな姿は赤い小鬼と言ってもいいではないか。

また明石上も辺境に流れていった皇孫の一人であった。父親の明石入道は名門の大臣家の人間であったのだが、都での出世は望めないとして自ら播磨の国守となった人物で、その播磨という周縁の地から都への回帰を悲願としていた。明石上の母である尼君は、祖父が「中務の宮」であったというから、母方をたどれば明石上も皇孫であり、前述の「安達ケ原の鬼」と呼ばれた『大和物語』の黒塚の娘たちと同じく、都を離れた辺境の地で生きる皇孫の鬼であったと言えようか。

また花散里も、これは出自があまり明らかではないのだが、花散里巻の記述を読む限りでは、彼女の父は親王ではないかと推測されるし、また六条院における待遇も大変重々しいものであるので、彼女も皇孫の一人、それも不遇で経済的にも逼迫していた宮家の娘であったろうと思われる。また、彼女の邸宅は中川の近くらしいのだが、この中川が流れているあたり（東京極あたりかと推察されている）は都の外れ、いわば境界の地であった。

このように六条院とは、体制の外へと追いやられてさすらう異郷の皇孫たちを取りこむことによって成立したものと言えるのである。

このような不遇の皇孫たちの世界が六条院であったとすると、六条院とは『伊勢物語』五十八段の業平の和歌にあるごとく「鬼のすだく」（鬼たちがわさわさ騒いでいる）世界であったと言えるかもしれない。まさに、異形・異端の物たちの世界である。その六条院が、光源氏の実子にして不義の子であった冷泉帝を内部に取り込むことで（六条院秋の町に住むのは、冷泉帝中宮の秋好中宮であった）、本来ならば体制の外側にあるべき非正統なる光源氏の世界が大いなる中枢へと変貌していったのである。しかし、その六条院体制も、正統な皇統の世界からの闖入者というべき女三宮の降嫁によって矛盾と亀裂が起きはじめ、さらには冷泉帝退位をきっかけとして六条院そのものが解体していくことになる。

その六条院解体の兆しの起き始めたころ、若菜上巻で、末摘花の最後の情報が語られる。光源氏は朧月夜の君に逢いに行こうとするのだが、その口実として紫上に次のように言い訳をする。

東の院にものする常陸の君の、日ごろわづらひて久しくなりにけるを、もの騒がしきまぎれにとぶらはねば、いとほしくてなむ。

——東の院にいる常陸の君が、このごろ長く患っているのを、いろいろ忙しくてお見舞いにも行かなかったので、申し訳なくてね。

光源氏はこうは言うものの、その後本当に見舞いに行ったかどうかは不明であって、ここでは、末摘花が長く患っていることが語られているだけである。

六条院体制も解体し始めるこの時期に、彼女は物語における役割を果たし終えてまもなく亡くなったのであろうか。この後、彼女の消息が語られることはない。

彼女は六条院体制における鬼であったのだ、と結論付けてみるのも可能なのだが、鬼とまで言うのは言い過ぎであるかもしれない。あえて言えば鬼と化す寸前の、おちぶれた女神、それも異形の女神であったかと結論付けたい。

末摘花は鷹揚な姫君らしい姫君だと言えるのだが、彼女には〈もの思い〉の要素がないのである。もちろん物語には語られてはいなくともそれなりのもの思いは現実にはあったのかもしれないのだが、あれやこれやと思い悩むという人間らしい感情が内面の心理描写として語られることがない。もちろん、常陸宮家逼迫に関しては心を痛めているし、光源氏に忘れられている自分を嘆いてはいるのだが。しかし、彼女は光源氏と自分との関係をどのように思い、心を痛めていたのか、あるいは彼女は本当に光源氏を愛していたのか、あるいは光源氏にどのように思われているのか、などあれこれと思い悩む心理の描写がないのである。つまり彼女は人間関係の微妙な心理について思い悩む人間としては描かれていないように思える。

彼女は大変心の純粋な人であって、光源氏のことを頼りとして心から信頼していた「心うつくしき」人であったのだが、しかし六条院体制における自分の不遇について、さらに光源氏に妻としては愛されてはいない状況に心を痛めることはなかったのであろうか。彼女のそのような内面の心が語られることはない。

六条院の女君たちの、例えば花散里も明石上もさらには紫の上さえもその苦渋の内面は語られており。彼女たちはさまざまに〈もの思い〉の女たちであった。彼女たちが本当に幸せであったとは決して言えないような世界が六条院であったことが明らかになっていくのだが、末摘花に関して言えば、彼女はそのような人間的感情とは無縁の存在として描かれているように思える。だからこそ、女神であり、鬼でもあったと言えるのだ。女神も鬼も人間を超越した存在であった。

人間だからこそ屈託する〈もの思い〉もあれば妬みや悩みもありうるのだが、末摘花はそのような人間的感情など〈どうでもいいのだ〉という境地に達していたのか、あるいはそれが古代のヒメさながらの超越性であったのか、体制から外れたところで超然として生きるのが末摘花であった。自分がいかに物笑いの種になっていようとも、たとえそれが愚かさに通じるものであろうとも、彼女の心はそのようなことを斟酌することはない。それは、女神としての超越した精神性に支えられたものではなかったかと思うのである。

III

『源氏物語』花散里論——乙姫の宿世を生きる

はじめに

『源氏物語』の研究者および読者にとって花散里という女君の評価は一般的にとても高いように思える。いわば好感度の高い女性と言える。穏やかな性格で嫉妬をしない、家庭的でつつましやかであるなど人柄の良さが常に取り上げられる。またその点は、光源氏が物語の中でその人柄の良さを繰り返し評価し、推賞しているということもあって、いわば光源氏自身によって証明されていると言える。

しかし、それはあくまで光源氏による評価であって、彼の「証言」をそのまま受け入れていいのであろうかという疑念が起こる。彼女は嫉妬しない、通いの回数が少なくても悠然としていて怨みを言う事もない、というところから光源氏は彼女を心安くて安心感のある女性と捉えているのである。ところが、彼女をつつましやかな女としてのみ捉えていくとそれに反するかのような意外な言動が折々ふっと表われてくることに気づくのだが、それが花散里という女君は決して一面的ではなく、多面的な要素を持った複合的な人間であることを表わしているように思える。

また、彼女は何故こんなにもつつましく遠慮深いのか、あるいは何故そのように振る舞っているのか、という謎については、光源氏にそれ程愛されていなかった、容姿があまり美しくないので引け目を感じていた、などが回答として想定されるのだが、ではそういう彼女が六条院の女君としてなぜ紫上と対等であるかのように尊重されているのか、という点も謎である。その理由を彼女の人柄の良さとあるいは身分の高さだけに収束してしまうとまだまだ不可解な問題が残ってくるように思える。光源氏の作り上げようとする世界に彼女が生きるためには、もっと根源的な問題、人柄の良さを超える何らかの物語的必然性があったのではないか、ということを考えてみる必要があるように思える。

花散里という女君を論じるにあたって、よく取り上げられる論点には次のようなものがある。

（一）『伊勢物語』初段との関連。花散里と姉の麗景殿女御に関して、奈良の古京に住む「女はらから」を踏まえて、同母姉妹をワンセットにして捉えるという物語の型をそこに見るというもの。花散里巻では、姉の麗景殿女御（桐壺帝在世時代の女御）とともに住む「御おとうとの三の君」として花散里は登場する。「花散里」という名称は、始めの頃は姉の麗景殿女御か妹のことか、あるいは彼女たちが住む土地の名かは曖昧である。

（二）『伊勢物語』六十段との関連。六十段では、心変わりして男から去っていった女の話が「五月待つ花橘の香をかけば昔の人の袖の香ぞする」の和歌とともに語られているのだが、花散里に関してもこの和歌が引き歌として用いられていて重要なものとなっている。ただし、花散里巻でこの和歌を引いての歌のやりとりを光源氏としているのは姉の女御の方であって、『源氏物語』では「昔を語らうことができる懐かしい場所」として〈女はらから〉の住む〈花散里〉が詠まれているのである。またそれとともに『伊勢物語』の六十段とは反対に「心変わりしない女」というものが作りだされている。

（三）二条東院に住むころから、さらに六条院入居後においても、紫上と一対であるかのように語られていること。六条院の女君たちの動静を語る中で、紫上が中心となって行うことに対して花散里が協力するという形になっていることが多い。また紫上がなかなか嫉妬深いところがあるにもかかわらず花散里に関しては嫉妬をしない。このような点から、紫上と花散里の関係性が問題となっている。

（四）光源氏の息子夕霧（母は葵上）の養母となっていること。少女巻において、夕霧が十二歳となり元服した後、光源氏は二条東院に住む花散里に夕霧を託した。「大宮の御世の残りすくなげなるをおはせずなりなむのちも、かく幼きほどより見ならして、後見おぼせ」（大宮（葵上の母）の余生も残りすくなげになって来たから大宮が亡くなってしまわれたのちも、まだ夕霧が幼い今のうちから面倒を見てやってください）と光源氏が言うように、実母の死後は祖母の大宮が母代わりであったのを、これからはあなたが母代りになってください、という光源氏の配慮があったのだった。この少女巻の時点では住まいは二条東院であったのだが、六条院夏の町への移転の後も夕霧は夏の町の東の対を住まいとしているように、夕霧との母子関係はずっと続いた。彼女の母としての役割と機能が論じられることが多い。

以上の他、彼女の容姿に関して論じられることも多い。花散里の容姿に関しては始めのうちは物語内での言及はないのだが、少女巻に至って、子となった夕霧の目を通してその醜貌が露わに語られることになる。その容姿の醜くさから、同じく醜い容貌であった末摘花や神話のイワナガヒメとの関連が論じられることが多い。たとえば、花散里の六条院での住まいの方角が鬼門（東北）にあたることから、彼女には魔除けの鬼としての役割があるのではないか、だから容貌が鬼のように醜いのだとする説もある。またイワナガヒメは容貌が醜いものの岩のように永遠で不変を表わしているという点から、花散里の「変わらぬ心」が論じられている。

その他問題点はいくつかあるのだが、おおよそは以上に絞られるだろうか。

（二）にあるように、花散里は姉の麗景殿女御とともに登場する。と言うよりは女御を訪問することがいつも優先的に語られていて、姉との対面・対話の後に妹の方へと行っているので、姉が主で妹の方が姉に従属していると取れるところである。この時、姉との間では和歌のやりとりがあるのだが（この時の和歌が花橘の和歌である）、妹の方とは和歌のやりとりはない。妹との関係はどこやら稀薄なのである。

『源氏物語』において同母姉妹がワンセットで登場する例としては、橋姫巻の大君・中君の例、また竹河巻での玉鬘の娘たちである大君・中君などがあり、それぞれに姉妹の物語が展開しているのだが、花散里の姉の女御の方は途中から登場しなくなる。光源氏が明石から帰京の後、花散里を訪問した折にはまず姉の女御に対面して「御物語聞こえたまひて」とあるのでその健在は確かなのだが、その後物語では語られなくなった。花散里が二条東院へと移転した際にも姉は出てこないので、当然彼女一人の移転であったようだ。

また、花散里は「御おとうとの三の君」であって中君ではない、という点が橋姫巻・竹河巻の例との違いであろうか。

花散里がオトヒメであること

姉と妹の関係に注目すれば、古事記などの神話の世界においては、姉がヒメと称せられ、その妹は乙のヒメ、すなわちオトヒメと称せられていることが一般的である（乙とは甲・乙・丙・丁の乙である）。花散里は「御おとうと（弟人）」と紹介されているように（弟と乙は同じ）、彼女は「オトヒメ」として登場したことになる。ちなみにオトヒメとは一人とは限らず複数の妹たちもオトヒメである。

ちなみに古代では、中枢に女首長＝ヒメを据えた母系による血縁家族形態が一般的であったのではないかとされるのだが、ヒメ＝女首長を囲繞するかたちで多くの同族の女たちが同母姉妹も含めて配下の者として存在した、それがオトヒメたちではないかと思える。『伊勢物語』などに現われる〈女はらから〉とはその女社会のあり様を象徴的にあらわしたものであろうか。

中世の物語・語り物に登場する乙姫は、姉がいないものの末っ子であることが多く、乙姫とは「若いお姫さま」というような意味として用いられている。これは推測だが「おとひめ」と「をとめ」（若い未婚の少女）とが混同した結果ではないかと思える。「お」と「を」の発音の混同は平安時代から始まっている。

ところで光源氏の関わった女君たちの中でこのオトヒメに相当するのは花散里を除いては一人もいなかったという点は注目すべきではなかろうか。六条院や二条東院に住む女君たちはすべて一人娘である。紫上を始めとして、明石上、末摘花、空蟬にも、さらに範囲を広げてみれば朝顔姫君、葵上にも同母の姉妹はいない、また六条御息所にも姉や妹の記述はなく、さらには夕顔君も物語を読む限りでは一人姫であったと思われる。つまりは、花散里とは光源氏の世界ではただひとりのオトヒメであった。ただし彼女はオトヒメ＝乙姫ではあっても「三の君」であって、二番目を表わす中君ではないのだが、この〈三〉が何を表わしているのかは判然としない。なぜ〈二〉ではなく〈三〉なのか、〈二〉を表わす中君ならば物語では用例も多く問題はないように思えるのだが、作者は何か意図があってあえて〈三〉にしたのか、という点も考慮したいところである。ちなみに『源氏物語』の世界で〈三〉を背負って現われた女君は二人いるのだが、一人は朱雀院姫宮として六条院に降嫁してきた女三宮であり、今一人は宇治十帖に現われる浮舟である。浮舟には〈三〉の呼称はないが、宇治の大君・中君姉妹の、異腹ではあるが八の宮の三番目の娘であった。彼女もいわば〈御おとうとの三の君〉と言えるだろうか。〈三〉を帯びた女君とはどこか危機的な存在と言えるかもしれない。

神話世界のオトヒメ

神話世界での姉妹の例として特に取り上げたいのは、イワナガヒメと妹コノハナサクヤヒメ、そしてトヨタマヒメと妹のタマヨリヒメの二例である。姉と妹のヒメの役割がここからはよく見えてくるように思える。

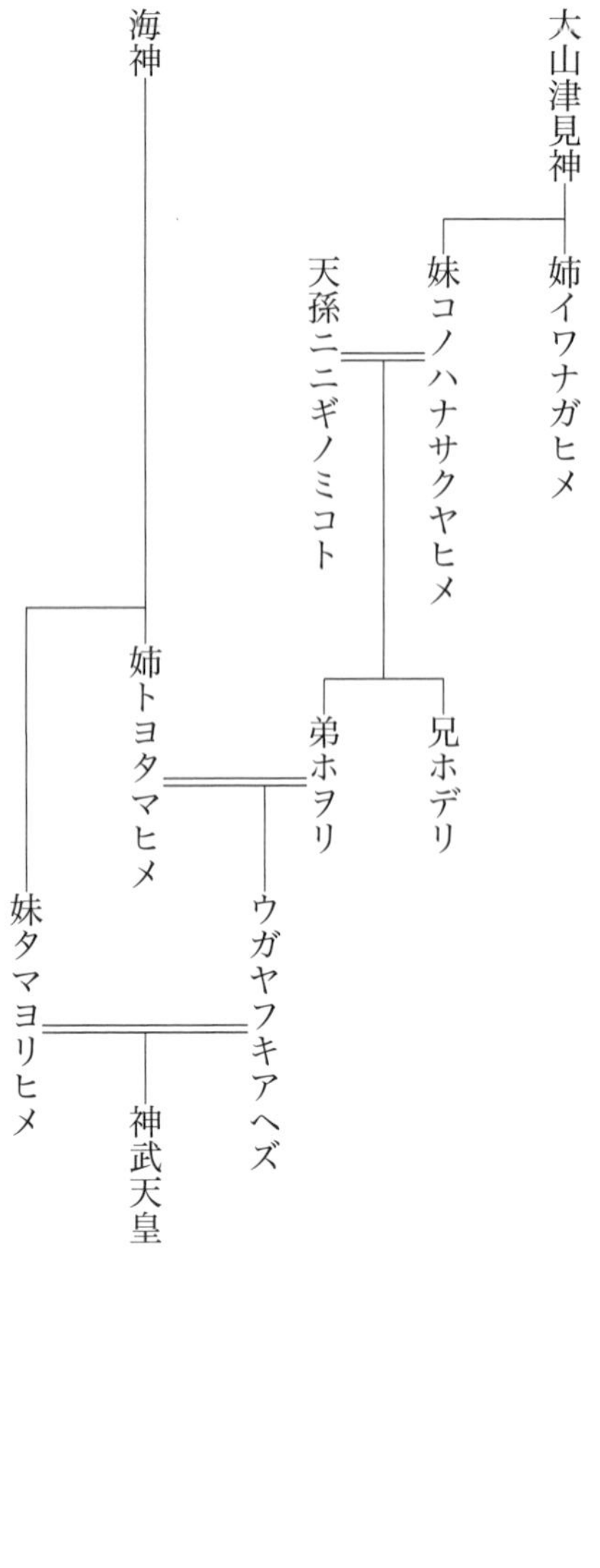

この系図は天孫降臨のニニギノミコトが地上に降りて来てから、初代天皇である神武が誕生するまでの系譜である。

天から降臨してきたニニギノミコトはまず大山津見神から二人の娘、姉のイワナガヒメ、妹のコノハナサクヤヒメを得る。ところが姉のイワナガヒメがあまりに醜いので恐れをなして父のもとへ返し、コノハナサクヤヒメだけを妻として残した。次にニニギミコトの御子であるホヲリの海神の国訪問譚があり、そこでホヲリと海神の娘タマヨリヒメとの結婚がある。トヨタマヒメは海神の国からこちらに来て子を産むがその後、海の国へ戻ってしまう。その代わりに妹のタマヨリヒメを送って寄越し、わが子ウガヤフキアヘズの乳母とした。そのタマヨリヒメが後にウガヤフキアヘズの妻となり、生まれた子どもが神武天皇、すなわち初代天皇である。

ここには天から降りてきた天孫族が、地上、および海の世界をヒメとの結婚を繰り返すことによって制覇していくプロセスが見られるのだが、ここから見えることは、天孫族が獲得しなかった（あるいは出来なかった）イワナガヒメ・トヨタマヒメは二人とも姉妹のうちの姉であるということである。獲得しなかった姉のヒメの代わりに妹がやってきた。妹とは、いわばオトヒメであり、それはヒメの分身であったと思える。姉のトヨタマヒメ（豊玉姫）はその名が表す通り、大いなる玉のような光り輝く存在であり、さらには「玉」の語が示すように如意宝珠でもあった。それを獲得することがこの世を制覇することに繋がるのだが、ホヲリは子は獲得できたのだが、妻としてのトヨタマヒメを獲得できなかったことになる。代わりとしてやって来た妹のタマヨリヒメ（玉依姫）は、その大いなる玉の威力をわが身に寄りつかせるヒメということになるのだが、姉の威力を分身として身に帯びている存在として捉えられる。

またタマヨリヒメは姉の子の乳母となり、さらにその成長後は妻となっている。妻として若い夫を後見するというものであろうか。

乳母の語源が「妻《め》の弟《おと》」（岩波古語辞典）であるとする説に従えば、姉の子を養育するのが同母姉妹の役割の一つであったと考えられるかもしれない。古代の母系社会では同母姉妹の子を姉妹同士で養育することも多かったであろうから、オトヒメにはヒメの代理母としての役割もあったことが考えられる。

この〈オトヒメの乳母性〉を踏まえて花散里を捉えてみれば、花散里が夕霧の養母となっていることの意味をその〈乳母性〉として捉えらてみることも可能ではないか。もっともその場合は、実際の姉（ヒメ）の子ではなく、別のヒメの子の養育ということになるのだが、ここでは現実の乳母性ではなく象徴的な意味での乳母としての機能が花散里に付せられているのではないかと思える。六条院においては、この乳母性がさらに増幅されて玉鬘の養母としての役割まで彼女は引き受けているのだが、この代理母としての属性は花散里が本来的にはオトヒメであったところからもたらされたものではないかと考えてみたい。

花散里のオトヒメ性を、先に取り上げた紫上との関係でも見ることができそうである。二条東院にいる時期から、さらに六条院に入ってからも、紫上と花散里は対立する関係ではなく、紫上に従属する形で花散里はおだやかに協力体制を取っていることが分かる。また、六条院入居に際しても、次のように記されている。

彼岸のころほひわたりたまふ。ひとたびにと定めさせたまひしかど、騒がしきやうなりとて、中宮はすこし延べさせたまふ。例のおいらかにけしきばまぬ花散里ぞ、その夜、添ひて移ろひたまふ。……中略……今一方の御けしきも、をさをさおとしたまはで、侍従の君添ひて、そなたはもてかしづきたまへば、げにかうもあるべきことなりけりと見えたり。（少女巻）

秋の彼岸の頃、六条院にお移りなさる。一度にみんな移るようにとお決めなさったが、騒がしいようだということで秋好中宮は移転を少し延期なさる。いつものおっとりして気取らない花散里は、光源氏や紫上とご一緒に移転なさる。……中略……今一方の花散里の御扱いも紫上に決して劣るものではなく、侍従の君（夕霧）が付き添って、そちらをお世話なさるので、まことにあらまほしきご様子だと見える。

花散里は「例のおいらかにけしきばまぬ」という性分であったので、紫上と同時の移転であっても気にしない。つまり紫上とどちらが優遇されているかなどはあまり気にすることはない、彼女に従属する形でもかまわない、というところだろうか。大いなるヒメである紫上に対して分身オトヒメとしての立場を守っているのだとも解釈できるのである。それに対して光源氏は、花散里を紫上と同等に扱おうと配慮はしている。光源氏嫡子の夕霧が付き添って、夫人としての扱いも重々しいことが分かる。

紫上との対《つい》の関係

前述のように、紫上に従属するような形で花散里があれこれと協力する事例がいくつかあるので、この二人は一対として設定されているのではないかという見方がある。二人は血縁関係ではなさそうなのだが、『伊勢物語』初段の関連から〈女はらから〉として捉えてみることができるのではあるまいか。この場合は紫上が姉のヒメ、花散里が妹のオトヒメとなる。しかし、先の神話世界におけるオトヒメ性に注目して紫上と花散里の関係を捉えてみるといささか問題は錯綜してくるのであって、紫上が姉のヒメ、花散里がオトヒメと簡単に捉えることは出来ない。二人が一対であるかのように設定されていることは事実なのだが、紫上には妹のコノハナサクヤの要素（桜の花のように美しく、また短命）もあり、さらには、花散里の方には容貌の醜さ、また彼女の変わらぬ心＝不変性から姉のイワナガヒメの要素も見られるのであって、この姉妹の関係はどちらが姉か妹か判然としない。

つまりこの二人の関係には――①イワナガヒメとコノハナサクヤヒメ、②トヨタマヒメとタマヨリヒメの二つの姉妹の関係が交差しているのである。

神話の世界でのオトヒメ、さらには『源氏物語』での中君というのはおおよそ美貌の姫であることが多く、宇治十帖の大君・中君の例でも、姉の大君も美しい姫ではあったものの、妹の中君の方がさらにはなやかな美貌の姫であったことが語られているように、オトヒメとは美しいヒメであることが多い。そこから考えると容姿のすぐれない花散里はオトヒメとしてはあるまじき存在だと言えようか。花散里には妹のタマヨリヒメの要素と、姉のイワナガヒメの要素が混在しているのである。そして紫上は姉のヒメの要素と妹のコノハナサクヤヒメとが複合している。

もちろん二人は現実の姉妹ではなく、また花散里の方がかなりの年上だろうと思えるのだが、物語の論理として二人は〈女はらから〉として、それも姉と妹のイメージが錯綜する形で造り上げられたように思える。そこに神話を乗り越えようとするものが見られるのである。花散里が「三の君」であることの意味もそこにあるのかもしれない。神話世界のオトヒメ性を打ち破るものが花散里には見られるのである。

また重要なこととして、彼女が麗景殿女御の妹であり、そして姉の分身としてのオトヒメであったことも忘れてはいけないことと思える。姉の麗景殿女御が桐壺帝時代の忘れ形見のような存在であつたとすれば彼女はその代行者として桐壺帝時代の「昔」をともに語らうことのできる懐かしい存在だったと捉えることができる。さらに姉の麗景殿女御が社会的にも経済的にも弱者であったがゆえに光源氏の庇護を必要としたこと、その要素を妹の花散里の君が分身として継承したのだと言えるかもしれない。また姉の女御が桐壺帝の女御であったのだから光源氏にとって〈手に入らない女君〉であったのは当然なのだが、妹の女君は分身であったからその代わりに手に入れる、ということも考えてみたいことである。もっとも姉の女御に対しては光源氏は恋愛感情はないように読めるのだが、姉の代わりに妹を手に入れるという神話の型がここにもあるように思える。

光源氏の没後、彼女が桐壺院ゆかりの二条東院を相続して住むようになったという点も、桐壺帝との関係から考えることも出来ようか。

次に六条院における紫上と花散里の関係をその住居から考えてみたい。

周知のように六条院は四つの町から構成されていて、その一つ一つの町が女君たちの世界となっており、冬の町以外にはそれぞれに寝殿作りの邸宅がある。

（冬の町には寝殿は設置されず対の屋が二つあると想定されている）

図Aは六条院の四つの町が春夏秋冬それぞれ東西南北に擬えられて配置されている図なのだが、この形では東西南北の方向がどうしても45度ずれてしまうのである。この形で東西南北を春夏秋冬として表すのはそもそも無理なのではないかと思えるのだが、この四つの町の形を仮に規模を縮小して、寝殿作りの形式に置きなおしてみると図―Bのような形式になる。これならば東西南北がずれるということはない。

図—A

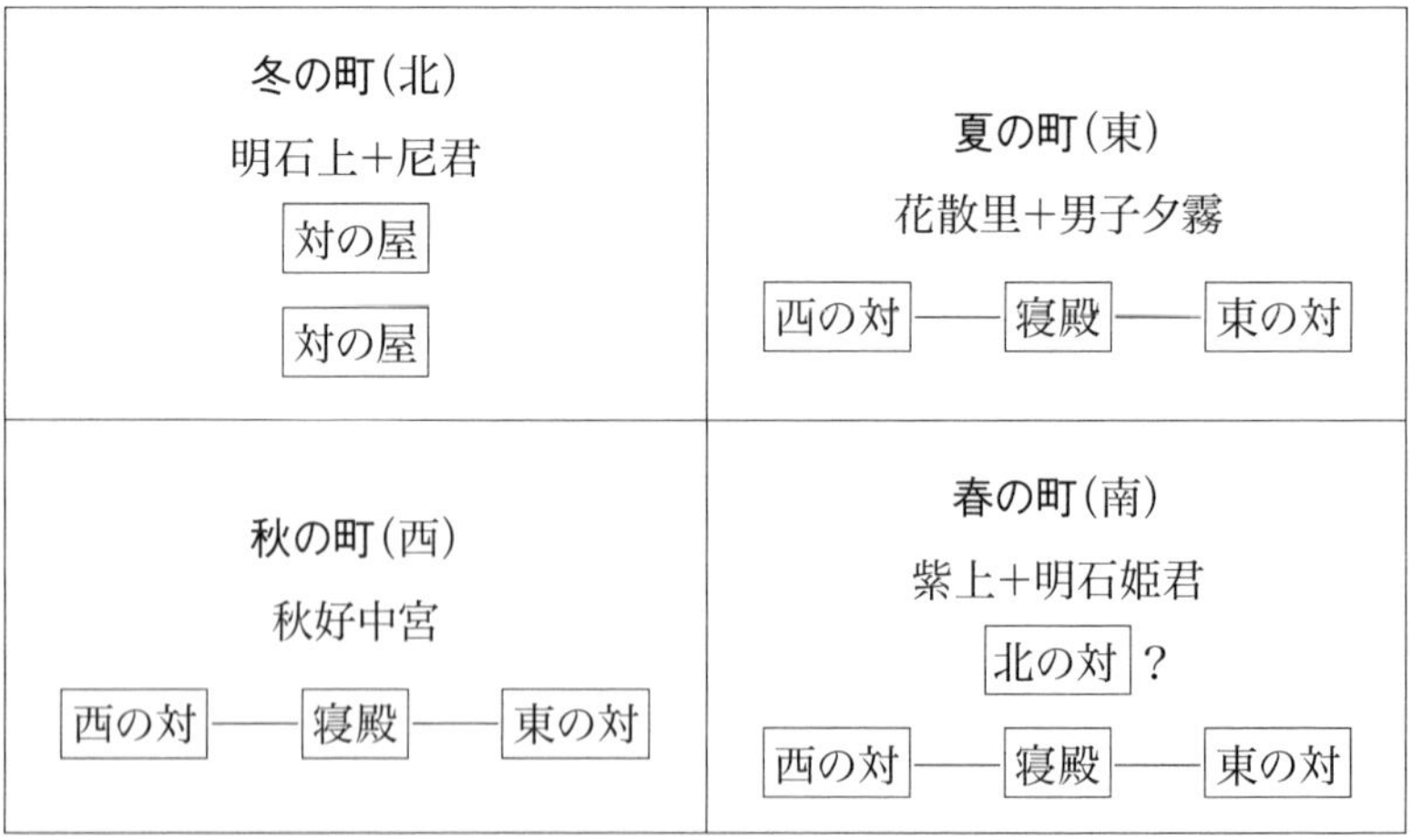

四つの町に一族・家族を住まわせるという大掛かりな居住形態は、『うつほ物語』にその先例があるのだが、あるいは『うつほ物語』を範として六条院構想が成ったものかもしれない。『うつほ物語』では、その四つの町を春夏秋冬（東西南北）としては設定していないのだが、紫式部は新たな構想として六条院世界に春夏秋冬の一年間の循環する時間というものを組み入れて、そこに桃源郷のような理想郷を作り上げようとしたのだった。ただし、その季節の循環は寝殿作りの形では可能だが、それをあえて四つの町にしたところに45度の方向のずれが生じてしまった原因がある。

『うつほ物語』の「藤原の君の巻」では、「藤原の君」こと源正頼の一大邸宅の様が詳細に語られている。この四町にわたる大邸宅のあり様を六条院と比較検討してみたい。

源正頼は嵯峨院に婿取られて娘の女一宮を妻としている。一方では太政大臣にも婿取られてその姫君を妻とした。それぞれに男女合わせて多数の子どもたちが生まれ、さらには娘たちの成長後はそれぞれに婿を取り、孫たちも出来る、長女が東宮に入内してまた多数の宮たちも生まれた、という子孫繁栄にいたり、そこで女一宮の母后が所有していた「三条大宮のほどに四町にて厳《いか》めしき宮」を修理して、四つの町に自分の大家族を――同腹ごとに一つの町に、という形で住まわせることになった、というのが彼の大邸宅であった。

四つの町のなかの「おとど町」（四つの町のなかのどの位置にあるのかは不明）は女一宮とその子ども、および孫たちの住まいなのだが、その居住形態は図―Cのようになっている。

この図―C（次頁）を図―Bと見比べてみると、家族の配置が極めてよく似ていることが分かる。『源氏物語』は『うつほ物語』を範として書かれたためかもしれないが、そこに当時の居住形態としての原則が見られるのではなかろうか。たとえば姫君とは寝殿に住むもの、というのも一つの原則であったろうか。『うつほ物語』ではあて君という姫君を中心としてその同母妹たち、さらに女御所生の姫宮達が寝殿に暮らしている。つまり寝殿とは姫たちの住む世界であったと言えそうである。同じく六条院においても明石姫君の住まいは南の春の

図―B

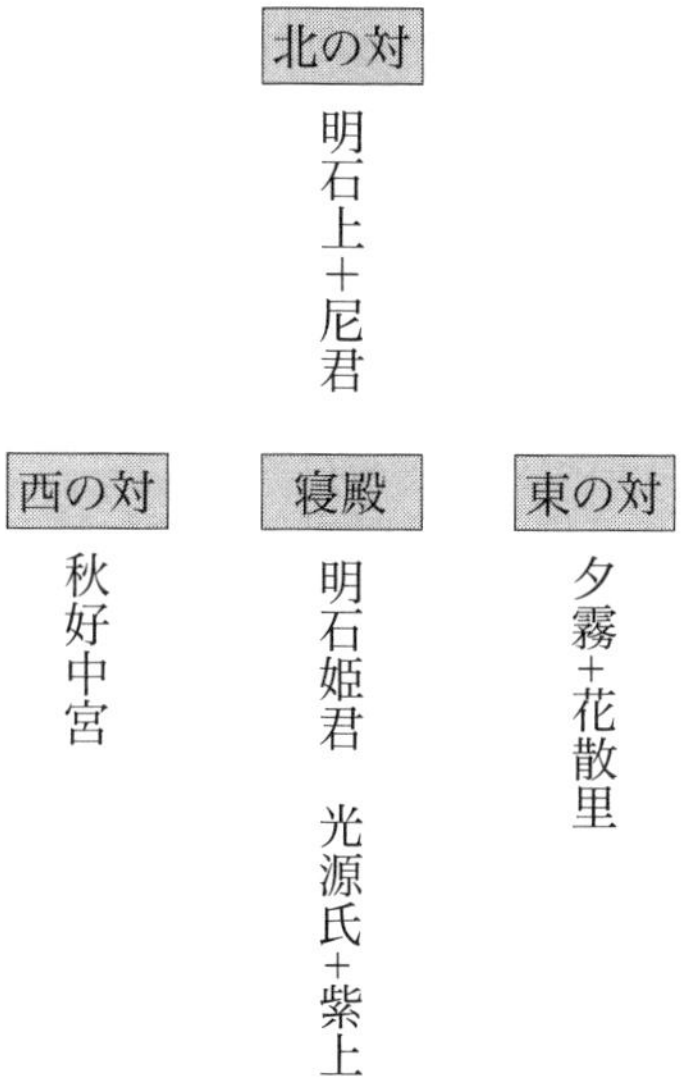

図—C

北の対
父・祖父—正頼
母・祖母—女一宮

東の対
女御の男宮たち

寝殿
姫君たち
女御所生の女宮たち

西の対
東宮女御

町であり、さらに寝殿であった。

　次に、『うつほ物語』では入内して東宮の女御となった長女の姫君は西の対に住んでいるのに対して、同じく六条院の秋好中宮も西の町を住まいとしている。また東が男君たちの住まいであるのも共通している。光源氏の息子の夕霧が夏の町（東）に住み、さらにはその東の対に住むのも、これも男子は東に住むという一つの原則であったのかもしれない。そして『うつほ物語』の女一宮は、姫たちや孫の姫宮たちの母・祖母に当たるのだが、北の対を住まいとしているのは、やはり北に住む六条院での明石上とその母の尼君に相当するだろうか。母・祖母という母系の祖がともに北に住んでいることになる。

　この図からは、明石上が『うつほ物語』の女一宮と同じ位置にあることが見えてくるのだが、このことから明石上が本来の北の方ではないか、六条院の正妻が、これまでも論じられてきたように明石上ではないか、という問題が見えてくるのだが、明石上は身分格式の低さから正統な妻としては扱われず、また姫君の母としても正統ではなく、あくまで卑母としての扱いであった。しかし、祖母、母から寝殿に住む娘の姫君へと繋がっていく女三代の母系の系譜が『うつほ物語』の世界からも、また六条院の世界からも窺われるのであり、明石上の生母としての重要さが見えてくるのである。明石上は正式な妻としての待遇は受けてはいないのだが、〈隠された正妻〉と言うべきであろうか。

また光源氏はこの家族の〈父〉として君臨しているのだが、彼は南の春の町（あるいは図―Bの寝殿）に住んでいるのであって、北の明石上とは同居していない。これが『うつほ物語』における正頼邸との大きな違いである。

もう一つの大きな違いとして、紫上と花散里の存在の不思議さが浮き上がってくるように思う。この二つの邸宅における家族の配置を比較すると、この二人は〈余分なもの〉としてこの家族の中に入り込んでいるかのように見えてくる。

『うつほ物語』の世界にはこの二人のような養母というものは存在しない。この二人は養母と言う資格で、この家族形態に闖入しているかのようで、『うつほ物語』の世界を原則とすれば、この二人は原則から外れた存在だと言えそうである。

さらに言えば、六条院の世界そのものが通常の家族形態ではなかった。

父と母がいて、その血筋の同腹の子どもや孫たちがいるという一つの家族形態が『うつほ物語』の世界であるとすると、光源氏の世界はその通常とも言える理想の家族形態から大きく外れている。六条院はいわば孤児たちの寄せ集めの世界なのだ。実母のいない夕霧、光源氏の実子ではなく父の皇太子も母六条御息所もいない、さらには子どものいない秋好中宮、そして身寄りがあまりない上に子どもがいない、さらには正妻とも言えない紫上、同じく身寄りもなく子どものいない花散里。このように六条院の世界とは、血の繋がらない、血縁とは言えないものたちの寄せ集めの〈家族〉なのだった。そのなかでただひとつ『うつほ物語』の正頼邸の世界と共通するのは、北に住む祖母・母から南の姫君へと繋がっていく血縁による女の系譜だけである。

『うつほ物語』の家族の居住形態を仮に原則的なものとしてみると、六条院世界はその原則を基底としていることが分かるものの、そこから大きく外れたものが見えてくるのであり、その外れたものにこそ六条院世界が表そうとしている理念があるのだということになる。

『うつほ物語』の家族形態を仮に原則として六条院の世界を捉えてみた時、紫上と花散里の居場所は本来ならばいったいどこにあるべきなのだろうという疑問が起るほどで、むしろどこにもないのではないかとさえ思えてくる。この二人は養母として闖入者であるかのようにひとつの家族に加わっているかのようであり、家族構成としては紫上と花散里は余分の存在であったと言えるかもしれない。しかし、この余分かもしれない二人の存在が、六条院世界の理念を表わすものとして重要だったのだ。『源氏物語』はこの余計者かもしれない二人を逆に正統な妻として六条院に据えたのである。紫上は六条院世界を象徴するヒメとして、花散里はヒメに従う分身のオトヒメとして。この二人を象徴的な意味での〈女はらから〉であったのだと捉えると、そこに二人が対立する関係ではなく、同調・協力する関係であったことの意味が見えてくるのである。

紫上のオトヒメ性、あるいはヒメ性

紫上はヒメであると当然のように述べてきたのだが、彼女もある意味ではオトヒメでもあったと言える。

『源氏物語』のなかでの呼称に注目すれば、若紫として物語に現われた時点では彼女はまだ母方の邸宅に祖母とともに暮らしており、その呼称は若君であったのだが〈若君とは〈まだ姫君ではないがいずれ姫君になる〉という存在である)、それが光源氏の二条院に引き取られた時点で呼称が若君から姫君へと転換している。彼女は光源氏の世界に彼の娘であるかのようにして引き取られた結果、光源氏の擁する姫君となり、そして〈二条院の姫君〉となったのだと言える。

姫君とは権威・権力ある父に擁せられ、そしてかしづかれるものと規定して見れば、若紫そして成長後の紫上とは光源氏の世界を活性化する大いなるヒメであったのだと言えようか。

しかし、若紫は、そもそもがその登場の時点から藤壺の分身であったのも確かで、光源氏が本当に獲得したかったのは、そして獲得できなかったのは藤壺であった。その藤壺の分身が現われ出たのが若紫巻での北山での場面である。

垣間見をしている光源氏の視界に現われた一人の少女――それを見た光源氏は彼女から目が離せなくなった。

限りなう心を尽くしきこゆる人に、いとよう似たてまつれるが、まもらるるなり、と思ふにも涙ぞ落つる

――限りもなく思いを尽くして恋している人に、大層よく似ているから見つめてしまうのだ、と思うにつけても涙がこぼれる

「限りなう心を尽くしきこゆる人」――すなわちどうしても手に入らない女である藤壺と似ているからこそこの少女に惹きつけられ、目が離せなくなったのだ。そしてどうしても何があってもこの女児を手に入れようとする、というのが、若紫が光源氏に引き取られた経緯なのだが、ここからは分身を手に入れることが藤壺の持つヒメの威力を手に入れることに繋がるのだという神話的思考が見られるのである。分身とはつまり形代の

ことである。

藤壺は手に入らないが、分身の女児ならば無理を侵してでも、理不尽であろうが何であろうが手に入れる、ということの形は、遡ってみれば、かの神話におけるヒメとオトヒメの関係に相当するのではないか。イワナガヒメと妹のコノハナサクヤヒメ、そしてトヨタマヒメと妹のタマヨリヒメ、この二つの姉妹のうち、事情はそれぞれ異なるのだが、姉は獲得できなかったが（あるいはイワナガヒメの場合は、獲得したくなかった）、代わりに妹を獲得したという構造は同じで、つまりはオトヒメとは姉のヒメの分身であり、形代なのだと言える。

しかし分身として登場したとはいうものの紫上はその分身としての役割を越えていく存在だった。二条院に引き取られた時点で彼女の呼称が若君から姫君へと転換しているのだが、この〈姫君〉への転換は、彼女が光源氏にとって絶対的な存在となったことを表わしていて、若紫はその時点で分身・形代から脱皮したのだと考えられるのである。若紫、そして成長後の紫上は、形代から脱皮した輝きを放っている。光源氏は藤壺の〈分身〉としての紫上を愛したのではなかった。

＊分身として現われた女君が、その分身・形代の位置を乗り越えて〈姫君〉となった例としては、夕顔の分身であった玉鬘、そして大君の分身であった浮舟がいる。
玉鬘は六条院に引き取られる以前は主に呼称は主に若君であったのだが（姫君の例も少しある）、六条院に入ってからは一貫して姫君へと変化している。夕顔の忘れ形見としての位置を超えて輝くものが玉鬘にはあったのであり、光源氏は決して分身＝形代としての彼女を愛したのではなかった。

また、浮舟は薫君にとってはあくまで亡き大君の形代に過ぎなかった。浮舟には手習巻以前には原則として姫君の呼称がない。薫にとっての姫君とは大君の方であったのだ。それが手習巻において、小野の世界に物語が転換した時点で浮舟の呼称は姫君へと転換している。浮舟は小野の世界に姫君として降臨したかのようである。小野の世界でも、尼君の娘である亡き姫君の形代として現われたはずだったのだが、浮舟にはその形代の位置を乗り越えるものがあった、それが観音霊験譚による「この人は観音の申し子なのか」という尼君の意識と、「この人は天女か」と思わせるようなあまりの美しさにあった。浮舟を見る尼君はじめ周囲の人々の「この人は私の世界を輝かせてくれる存在なのだ」という認知が姫君というものを作り上げていくことが分かる。

紫上はこのように大いなるヒメへと変化したのだと言えるのだが、その一方、紫上には養母としての一面がある。明石上の産んだ姫君を彼女が引き取り、養育していくところに、タマヨリヒメの乳母としての要素が見られるであろうか。

比喩的にではあるが「海竜王の娘」（若紫巻）として物語に現われた明石上には、海神の娘であるトヨタマヒメのイメージが課せられているのだが、その子（明石姫君）を引き取り養母となった紫上には、神話の視点からはタマヨリヒメでもあったのだということになる。むろん明石上は紫上の姉でもなく、おそらくは同族でもないと思えるのだが、このような神話の世界が交錯したようななかで紫上やさらには花散里の人物が造形されていったように思える。

紫上は、藤壺の分身のオトヒメでもあり、さらにはトヨタマヒメの子を養育するというオトヒメの役割もあり、さらには光源氏の世界の中枢たるヒメでもあったのだということになるのだが、そこに六条院世界での彼女の存在の難しさが生じているように思える。正妻でもなく、しかし〈正妻であるかのような〉存在であり、さらに光源氏に誰よりも愛される女君であるという、いささか混乱した矛盾が生まれてくるのである。

六条院には、正妻としての紫上がいる。しかし、それはあくまで〈正妻であるかのような〉存在に過ぎないというところに、正統なるヒメではないがヒメに準じるという形でのオトヒメ性が表れ出ていると解釈できるかもしれない。また、花散里も、イワナガヒメの要素も湛えながらもオトヒメとして六条院に組み込まれたが、ヒメであるかのような紫上とともに、いわばペアとして六条院世界の理念を作り上げていく存在であった。つまりは六条院とは、正統なヒメは存在しないが、オトヒメ格として紫上と花散里の二人がいる世界と言えるかもしれない。——「六条御息所論」と「末摘花論」でも述べたように、六条院とは正統な姫君が〈光源氏の妻〉としてはいてはならない世界だというテーマにこの点は合致するのである。

オトヒメ理論を踏まえての花散里考察

花散里という女君の登場は甚だ抽象的であり、ある意味では大変印象深いと言える。そこには彼女の〈その後〉を思わせる儚さが漂っている。

花散里巻は、賢木巻から須磨巻へと展開する政治的危機を語る物語のはざまにふっと入り込んだような抒情的な内容が語られている巻である。そこに現われた一人の女君が花散里である。儚くて淡い存在感、それが花散里であった。

その儚くて淡い存在感が、光源氏の妻としてのあり方そのものであった。彼女が光源氏の妻としてどのような位置にあったのかが花散里巻ですでに決定しているように思える。

光源氏をめぐる女君の一人として

初めて登場する花散里巻では、彼女の状況はかなり明確に設定されている。光源氏をめぐる女君の一人として、さらには光源氏が愛し、大切にした女君の一人として、彼女がどのような状況にある人物かが設定された。その上でそのような状況にある女君への愛し方が物語では展開していくことになる。それが花散里という女君のテーマであったのではないかと思える。
いかに愛し、大切にするか、その方法も様々であり、六条院や二条東院の女君ひとりひとりに対するそれぞれの愛し方があったわけで、その方法は一つではない。「愛し方」、つまり愛のあり方を分類して、女君の一人一人に適した愛し方——、それは妻としていかに待遇していくかという問題になるのだが——それを展開していったのだ。

桐壺院崩御の後、対立する右大臣一派に追いやられ、排除されようとする政治的危機の状況の中、光源氏はふっと花散里を訪問する。そこが彼にとって心を休めてくれるような安らぎの場でもあり、あるいは精神的な救いの場でもあっただろうか。花散里とは〈女はらから〉二人が住まう女たちの家だった。
女主人の麗景殿女御は桐壺院在世中の女御であったことが分かるくらいで、具体的な出自は分からないのだが、桐壺院や光源氏と大変近い立場の人であったことが想定される。

麗景殿と聞こえしは、宮たちもおはせず、院かくれさせたまひてのち、いよいよあはれなる御ありさまを、ただこの大将殿の御心にもて隠され過ぐしたまふなるべし。

——麗景殿女御と申し上げた方は、お子様たちもいらっしゃらず、桐壺院が崩御なさったのちは、ますます寂しくお気の毒なありさまでいらしゃったのを、ただ大将殿（光源氏）のお心遣いのお世話で過ごしていらっしゃったようだ。

この女御には後見人と言えるような有力政治家がいなかったものらしい。父がすでに他界しているのか、さらに皇族の宮家の出自であったのではないかと想像される。ただ光源氏だけが後見としてお世話をしているというところから、光源氏とは身内のような近い関係が想像されるところなのだが、具体的には分からない。一説には、桐壺更衣亡きあとこの女御が光源氏の代理母であったのではないか、と言われているのだが、桐壺巻にはその記述はなく、あくまで可能性に過ぎない。

ただここで設定されていることは、桐壺院や光源氏と大変近い関係の人で、光源氏が立場上放っておけない人であること、さらに、この右大臣一派の時流に乗ることもない（あるいは乗ることもできない）、体制から外れた立場の人、それもかなり落魄していると言う他はないような哀れな立場の人だということであろう。そして光源氏とは桐壺院在世時代の〈昔〉を語り合うことができる懐かしいところであった。このような設定のもとでこの〈女はらから〉が、そしてその〈女はらから〉の「御おとうと」（＝妹）として後に「花散里」という通称で呼ばれることになる女君が登場する。この女君は次のように紹介されている。

御おとうとの三の君、内裏《うち》わたりにてはかなうほのめきたまひし名残の、例の御心なれば、さすがに忘れも果てたまはず、わざとももてなしたまはぬに、人の御心をのみ尽くし果てたまふべかめるをも——中略。

妹の三の君とは、宮中で儚い逢瀬を時たま持たれたその名残が続いていて、例の「一度逢った女は忘れない」という癖がおありなので、彼女を忘れ果てることもなく、かと言ってきちんとした表立った扱いもなさらないので、彼女はもの思いの限りを尽くしていらっしゃるようなのだが——中略。

彼女の立場がどのようなものであったか。かつて宮中においてほんのときたまの逢瀬があって、その縁が切れそうで切れないまま続いている。「わざともてなしたまはぬ」とあるように正式な妻として公にすることもないまま、ということは、あくまでその他大勢の一人に過ぎないということであろうか。ここからは、光源氏の側からすればそれ程の執着のある相手ではなかった、正統な妻として待遇する程の思い入れのある相手ではなかったのだということになるのだが、もし花散里の父が存在すれば、父との関係からこの関係は婚姻として正当化されるはずではなかったろうか、とも考えられる。

この状況に対して、彼女は、ここはあくまで語り手の推測だが、「人の御心をのみ尽くし果てたまふべかめるを」とあるように、もの思いの限りを尽くしていたものらしい。彼女は光源氏との儚い関係をおおらかに受け入れるという女君では決してなく、内心ではその関係の曖昧さに悩み苦しんで、もの思いをする女君であったと思える。この状況は、あるいは六条御息所に繋がるものがあるのではないか。

姉の女御との対面の後、光源氏は彼女のもとを訪れる。

西面には、わざとなく忍びやかにうちふるまひたまひてのぞきたまへるも、めづらしきに添へて、世に目なれぬ御さまなれば、つらさも忘れぬべし。何やかやと例のなつかしくかたらひたまふも、おぼさぬことにあるざるべし。

寝殿の西面にいる花散里のもとを、さりげなくこっそり、というような感じで入っていらっしゃるのも、久々の珍しさに添えて、光源氏のあまりの美しさに、日頃のつらさもきっと忘れてしまうことであろう。あれこれと、例の光源氏の性分で、慕わしげにやさしく話をされるのも、心にもないことでもないのであろう。

これも語り手の推測だが、彼女が光源氏に心惹かれていること、久しぶりの逢瀬に日頃のつらさも忘れてしまうほどであること、そして光源氏が相手への愛のレベル如何に関わらず心を込めて愛を語ること、それは「心にもないこと」であるとも思えない、などが語られている。光源氏も、心を狂わせるほどの愛があるわけではないけれども、花散里には真心からの思いがあるのだと言えよう。しかしその愛のレベルが花散里の場合は問題なのではあるまいか。花散里の方にはこの儚い関係に対する「つらさ」が、さらに光源氏への思いの深さがあったのである。しかしその〈つらい〉関係性は次のように総括される。

憎げなく、われも人も情をかはしつつ過ぐしたまふなりけり。それをあいなしと思ふ人は、とにかくに変るも、ことわりの世のさがと思ひなしたまふ。

怨みつらみを言い合うようなこともなく、われ（光源氏）も女君もお互いに心遣いをしあって過ごしていらっしゃるのだった。その関係性を不本意だと思う女は、なんやかやと心変わりをする、それもどうしようもない世のならいだと、光源氏は思うようにしていらっしゃる。

文末の心変わりをした女とは、中川の女のことを指しているのだが、その中川の女と比較した形で、花散里は心変わりをしない女として設定されている。

ここは光源氏の視点からの語りで、「憎げなく、われも人も情をかはしつつすぐし」とあるように、女君は心のつらさを赤裸々に訴えるようなことはしない――、これは高貴な女君としての誇りに関わる問題ではないかと思えるのだが、本当の思いを内に隠してさりげなくふるまっているのである。その関係性がいやだ、不本意だと思う女は光源氏から離れていく。花散里という女君は、その関係性を、たとえつらい思いをしてでも受け入れていく女として登場している。しかし光源氏が彼女の内面に気づいているのかどうかは、はなはだ疑問ではある。

須磨退去の折に

光源氏をめぐるその他大勢の一人に過ぎなかったと思われる花散里が、その中から大切な人として浮き上がり、その存在価値を明らかにしていく。そのプロセスが花散里巻に続く須磨巻において語られている。

須磨へと退去するにあたって光源氏がなすべきことはさまざまの人々との別れであった。権力から排除された、いわば敗北者である光源氏が誰と別れを惜しむのかは、その後の物語展開の上で重要であろう。また誰が別れに訪れたか、あるいは誰が見舞いの和歌を贈って来たか。彼が京へと復帰し、権力の座に返り咲いたとき、その人々は光源氏にとって〈裏切らなかった人〉として大切な人となるのである。それに反して、たとえば紫上の実父である兵部卿の宮などは右大臣一派の力を恐れて、見舞いの訪問もなく、便りすらない。

光源氏が別れを惜しむのは、まず紫上、花散里、左大臣家の人々（もと左大臣と若君の夕霧、そして夕霧の乳母たち）、朧月夜の君、そして藤壺である。

花散里に関する記述は紫上の次に来るので、ここでも二人はワンセットと言えるのだが、もっとも紫上との別れがここでは重要なものとして語られていて花散里はそれに付随するという形であろうか。さらに花散里には愛情問題だけではなく経済的な事情もあった。紫上との別れは切実な愛のつらさだけがあるのだが、花散里に関してはそうではない。

かの花散里もおはし通ふことこそまれなれ、心細くあはれなる御あり様をこの御蔭に隠れてものしたまへば、おぼし嘆きたるさまもいとことはりなり。なほざりにもほのかに見たてまつり通ひたまひし所々、人知れぬ心を砕きたまふ人ぞ多かりける。

かの花散里の君も光源氏がお通いになることこそ稀ではあったのだが、心細く頼りないお気の毒な暮らしぶりが光源氏の庇護の御かげでなんとかなっていらしたので、今回のことをお嘆きになっていらっしゃるのも当然のことである。（このように）ほんのわずかの逢瀬でお通いになっておられる所々、人知れず心を乱しておられる女君たちが多いのだった。

先に紫上と花散里はワンセットになっていると述べたが、むしろ花散里はその他の多くの女君たちの代表と言うべきなのかもしれない。中心が紫上であって、プラスαの部分が花散里その他、ということになる。さらに光源氏が援助・庇護しなければならないのは、彼女よりはむしろ姉の女御の方であったろう。

光源氏は須磨退去に当たって財産などはすべて紫上に託しているので、紫上には経済的な心配はなく、彼女にはただ別れの哀しみだけが問題だったのだが、花散里の方は光源氏の庇護のもとにあったのだから彼の不在は死活問題となる（この点は末摘花も同じなのだが、末摘花に関しては光源氏は全く忘却しているらしい）。

光源氏が須磨に到着の後、京から送られてくる紫上や朧月夜君、藤壺からの文、さらには伊勢にいる六条御息所からの文などを受け取るのだが、それら文には別れの哀しみ、光源氏の不遇への痛みなどが溢れていて、

〈あはれさ〉と真情が満ち満ちたもので、光源氏はそれらの文を「いづれもうち見つつなぐさめたまへ……」と繰り返し読んでは心を慰めていた。ところが、その中の花散里からの便りを読んだ光源氏は慌てたかのように援助の手配をする。その便りにある和歌は次のようなものであった。

荒れまさる軒のしのぶをながめつつしげくも露のかかる袖かな

荒れまさる軒の忍ぶ草を嘆き嘆き眺めくらしながら、露も涙も私の袖にふりかかって濡らしているわ。

この歌は、花散里が詠んで贈ったものかどうか断定はできないが（姉の女御の可能性もある）、本人としては光源氏流謫の事態を嘆き悲しんでのものであるに違いないのだが、結果的に暮らしの窮状を訴えるものとなってしまっているのだ。そこで光源氏は京にいる家司に命じて邸宅修理の手配をすることになる。花散里の〈女はらから〉とは、どうしても光源氏が庇護しなければならない女君なのだということになる。

花散里との別れの場面は、紫上との別れに続いて語られている。

花散里のこころぼそげにおぼして、常に聞こえたまふもことはりにて、かの人も今ひとたび見ずはつらしとや思はむとおぼせば、その夜はまた出でたまふものから、いとものの憂くて、いたうふかしておはしたれば、女御、「かく数まへたまひて立ち寄らせたまへること」とよろこびきこえたまふさま、書き続けむもうるさし。

花散里に住む方たちも大層心細くお思いになって、常にお便りをなさるのも無理からぬことで、かの妹の君も、今一度逢わねばつらいことだと思うだろうとお思いになるので、その夜はお出かけになるつもりではあったのだけれども、たいそう大儀な感じで気が進まない、それでかなり夜が更けてからいらっしゃると、女御の君が「このように人数に入れていただいて立ち寄りなさったこと」と喜び申し上げなさるさま、あれこれ書き続けるのも面倒だ。

花散里の方からは光源氏を案じてつねに便りがあるものらしいのだが、それが姉の女御からなのか、あるいは妹の方からなのか、判然とはしない。この二人はワンセットになっていると考えるべきだろう。もう一度逢わねばかの人も私のことを薄情だと思うだろうから、という思いで光源氏は訪ねていくのだが、「いとものうくて」とあるようにそれほど積極的ではない。渋々という訳ではなかったのだろうが、かなり夜更けになってようやく訪問している。光源氏が須磨への退去に当たってしかるべき人々と別れを惜しむ、その人数の中に入って光源氏が別れを告げに来てくれたことを女御も、そして後述することだが妹の君も喜んでいる。彼女たちには、自分たちは、人並ではない、人数にも入らないのだという、権力の中枢から外れた周縁の位置にいる弱者意識があったことが窺われる。

次に光源氏は西面にいる妹のもとへと行く。

彼女との別れは大変美しいもので、その内容からは、彼女がいづれ光源氏の正式な妻として遇されるであろうことが推測される。つまり彼女の妻としての待遇が決定している場面であるように思える。

花散里の君は「かうしもわたりたまはずやとうち屈しておぼしけるに」（このように私のところに来て下さらないのでは、とふさぎ込んでいらしたところ）とあるので、自分は人数にも入らないから、光源氏は別れにも来てくれないだろうという思い、つまり引け目のようなものがあった。それが来てくれたのである。

「（光源氏が）いと忍びやかに入りたまへば、（花散里は）すこしいざりいでて（二人は）やがて月を見ておはす」

大変静かな、情緒のある場面で、ここからは二人のあいだにしみじみとした、しかし溢れる思いがあったことがうかがわれる。二人で語り合ううちに「明け方近くなり」、さらに「鶏もしばしば鳴けば世につつみて急ぎ出でたまふ」とあるので、別れを惜しんでぐずぐずとしているうちに時間が過ぎてしまったらしい。

別れに際しての和歌は次のようなものである。

　月かげのやどれる袖はせばくともとめても見ばやあかぬ光を
いみじとおぼいたるが、心苦しければ、かつはなぐさめきこえたまふ。
　ゆきめぐりつひにすむべき月かげのしばし曇らむ空なながめそ
思へ、ばはかなしや。ただ知らぬ涙こそ心をくらすものなれ

　月の光が映っている私の袖は狭くともその光を袖にずっととどめておきたい。見飽きることのないその光を
大層悲しいと思っておられるのがいじらしくて気の毒なので光源氏は一方ではお慰め申し上げなさる。

空を行きめぐってついには澄むはずの月なのだから、その月の光がしばらくは曇ることがあっても空を眺めてもの思いなどはなさらぬように。――やがては共に住むことになるのだから。

思へばはかないことだ。本当に住めるようになるのかどうか。ただ未来の分からぬ涙だけが心を暗くする。

光源氏の流謫を止めることのできない哀しみを月の光になぞらえて女君が歌を詠み、それに答えて、月の光が曇ることはあってもいづれはまた澄むのだ、そのようにあなたと住むようにもなるのだから、と光源氏がひたすら慰めの思いを詠む。ここで、もし戻ってくれば共に住むことになるのだから、という将来の約束がなされたことになる。ただ本当に戻って来れるかどうかが問題だったのだが、一応は、この女君がこの先重要な登場人物になるのだという設定がなされたのである。

ところで、この和歌は花散里の方から歌いかけたものである。花散里と光源氏の和歌の唱和はここを含めて四か所あるのだが、すべて女君の方からの詠みかけである。和歌のやりとりは男からするのが原則、という点から見ると、花散里の場合は異例という他はない。女君から先に詠みかけるという数少ない例は、六条御息所にもあるのだが(賢木巻において伊勢に去るにあたって光源氏との別れの場面)、先に歌を詠むというのはそれだけ女の方が思いが深いということではなかろうか。六条御息所には伊勢に去るに当たってさまざまに煩悶する思いがあったのであり、またそこには光源氏との関係を断つのだという切実な決意があった。しかし、そこにあるのは光源氏を上回る思い、切っても切れない執着心だったのだと思える。

花散里に関しても、同じことが言えるのではあるまいか。それほど深く愛されているわけではないという思いがある反面、切っても切れない執着する思いが彼女にはあったのだと思える。この深く執着する思いがその後の彼女を支えていたのではないか。穏やかで嫉妬もしない、儚い関係であったとしても光源氏を受け入れていくという彼女の生き方を支えていくものがこの執着する思いであったと考えてみれば、六条院における花散里の妻としての個性もまた見えてくるのである。この、歌を女君の方から先に詠みかけるという点に、花散里の思いの強さ、あるいは積極性を読み取ってみたい。

ところで、オトヒメの延長線上にあると思える中世の語り物の世界の乙姫というものも考慮に入れてみたい。乙姫というものもなかなか積極的なのである。中世の語り物や御伽草子などでは、姫君と乙姫の区別は明確なものがあって、乙姫とはどういうものなのか、つまり乙姫性と言えるものが物語の伝統として成り立っていたのではないかと想定したいのだが、とにかく乙姫とは、恋人に対して情熱的でかつ積極的、そして恋人に殉じる女だった。

説経の『しんとく』では、ヒロインは乙姫として登場する。彼女には姉のヒメはいないのだが、兄たちがいてその末っ子として「乙姫」と称されているのは、その頃はすでに本来の意味から外れて「可愛い末っ子の女の子」というような意味になっていたものらしい。この乙姫は一度恋文を貰っただけのしんとく丸をわが夫と決めて、行方不明のしんとく丸を追いかけてゆく。そして天王寺で乞食となっていたしんとく丸を救出し、大切に世話をして育むというあたかも母であるかのように献身する女なのだった。

さらにしんとく丸の継母も「六条殿の乙の姫」として出てくる。この継母の乙姫は継子のしんとく丸を追い出した張本人ではあるが、家の没落後も実家には戻らず、夫の信吉殿から離れることはなく流浪の行をともにしている。これも乙姫なればこそ、と言えるだろうか。さらにこの乙姫は、最後には継子のしんとく丸によって殺されてしまうという、夫のためにまた家のために犠牲になった女だった。

また同じく説経『をぐり』の照手姫は、これも姉がいない、にもかかわらず大勢の兄たちの末っ子の姫ということで「乙の姫」と称されている。照手姫は、これも夫のをぐりに献身し、守護しようとする女である。父や兄たちのいる生家を出て、をぐりのためにさすらうことになる。

これらの乙姫に対して、たとえば『あいごの若』に現われる姫君は、結婚したものの継子の若君（あいごの若）に恋をしてしまう女であった。彼女は「八条殿の姫君」として登場するが、「八条殿」とは父のことであろう。彼女は夫に従うどころか、夫を裏切ってしまう女だったことになる（ちなみに江戸時代の『摂州合邦辻』のヒロイン玉手御前はこの『しんとく』の乙姫と『愛護の若』の継母である姫君を合体させたヒロインである。夫の高安殿に命がけで尽くす女であり、継子の俊徳丸に恋をして追っかけまわす（これは見せかけだの恋だと後で分かることになるのだが）女でもある）。

これらの例から見ると、姫君とは父の家に属する姫君として生きていて夫の世界には属そうとしない女、乙姫とは父や兄、生家を捨てても恋人を追いかけてゆく、それどころか苦境にある恋人を守護し、献身し、時には、しんとく丸の継母のように犠牲になってしまう女、とかなりおおざっぱではあるが、区別することができそうに思う。

この乙姫のあり方に関しては、当時の婚姻形態の変化が反映しているのではないかと推測されるのである。つまり鎌倉時代から室町時代にかけては婚姻形態が婿取り婚から嫁取り婚に変化していった時代であった。家の継承者が女子であった時代、姫君が婿を取るという時代から、男子が嫁を取るという時代に変っていったのである。ただ中世の語り物のなかには弟の男児がいるにも拘らず姉を嫡子とするものもあり（たとえば説経「かるかや」では姉の千代鶴姫が「嫡子」と称されている）、女系相続の根強さも見られる。したがって「姫君」というものは父の家の継承者だとする見方もあったのだと思える。だからこそ、嫁に迎えるとすれば、家の継承者かも知れない姫君よりも、妹の乙姫の方こそがふさわしいのだということになる。嫁に迎えるからには、夫の家に従属して、夫や家に尽くしてくれる女の方がいいのだ、というところから、主人公の男を思い続け、その恋に殉じる乙姫性が重視されたのだと考えられる。

ところでこの考え方は、光源氏の世界にも当てはまるのである。光源氏は正妻であった葵上の死後はどの家の婿にもならなかった、つまり姫君とは結婚しなかったのである（例外が、女三宮と末摘花である）。自分の世界に、自分が個人的に愛した女君だけを迎え入れるという婚姻を遂行していったのが光源氏であり、それが六条院世界であった。いわば彼はのちの嫁取り婚を先取りする形で紫上や花散里という乙姫たちを迎え入れていったという解釈もできるのである。姫君であった末摘花が光源氏の世界では笑い物でしかなく、姫宮であった女三宮が、本人にその気はないものの、密通事件・出家によって光源氏に背くような結果になってしまったのは、彼女たちが姫であったからだ、と言えようか。

中世の語り物や物語は『源氏物語』よりはるか後世のものなのだが、そこにみられるヒロインとしての乙姫性は、いわば物語の伝統として『源氏物語』の世界にもすでにあったのではないかと想定してみると、花散里の個性が乙姫性として浮き上がってくるのである。乙姫性とは、いわば神話以来の物語の伝統、いわば約束事として把握できるのではあるまいか。ここにははるか昔の神話世界のタマヨリヒメ以来の伝統が投影されているように思える。また『古事記』においてヤマトタケルノミコトを自分を犠牲にして守ったオトタチバナヒメもオトヒメであった。ヒメの威力を身に帯びた乙姫が男たち（兄弟や夫・恋人）を守護するというこの思考はのちには柳田国男の言う〈妹《いも》の力〉として民俗の基底を流れ続けたのである。

『源氏物語』の花散里にもこの物語の伝統としての乙姫性が反映しているのだと考えてみたい。恋人である光源氏に対する思いが深いからこそ自分から和歌を詠みかける、そして光源氏の世界に積極的に従属していこうとする、光源氏を母であるかのように守護しようとする、——光源氏の代わりに息子の夕霧の養母となった——このような点に注目したい。しかし問題は、彼女の思いが深いにもかかわらず、そして光源氏からは正式な妻として大切に遇されているとはいうものの、光源氏からの愛は、後述するところではあるが、表面的なものに過ぎなかったのではないか、ということである。「しんとく」の乙姫も「をぐり」の照手姫も後には主人公の男とともに力を合わせて自分たちの家を築き上げていくのだが、花散里の場合はそうであったとも言えるし、またそうではなかったのだとも言える。そのあいまいな所を花散里は生きなければならなかった。

『源氏物語』にはこのような神話の型が基底として見られるとは言え、そこから外れていくものがあって、むしろそのような人間世界の現実を描くことに眼目があったのだと言える。

光源氏帰京後

須磨への退去からおよそ三年を経て光源氏は京へと帰還した。明石巻末では帰京した光源氏と都の人々との再会が語られる。二条院の紫上、さらに兄である朱雀帝、東宮（光源氏と藤壺との密通によって生まれた子）や藤壺との対面である。帰京後の光源氏は大変忙しい。そのせいもあってか花散里を訪れることはなかった。明石巻は次のような文で締めくくられる。

花散里などにも、ただ御消息などばかりにて、おぼつかなく、なかなか怨めしげなり。

花散里などにもただお手紙などを送られるだけであって、彼女からすれば何とも気がかりで心もとなく、お手紙のせいでかえって怨めしいお気持ちのようだ。

花散里には一応は便りを送っているのであるから、帰京の喜びを分かち合う相手であったことは確かなのだが、急いで会いたい、あるいは会わねばならない相手ではなかったということになる。人数には入っているがその最末端であったろう。花散里は「怨めしげ」であると、これは語り手による推測なのだが、帰京の喜びはあったろうが、それよりもむしろ身の上の曖昧さを思い嘆くことの方が強かったのではなかろうか。

光源氏が帰京したのは八月なのだが、彼がようやく花散里を訪問したのは翌年の五月である。光源氏がすぐにも花散里を訪れなかった理由としては、実は様々な忙しさがあったからでもあるが、その間実に数か月に及ぶというのは花散里の心境にある変化を及ぼさないわけにはいかなかったのではあるまいか。その変化というのは花散里の心に起るであろう諦念である。自分が光源氏にとってそれほど大事な存在ではないということがまざまざと明らかになっていく、その時間が帰京後の長い空白の時間だったのではないか、とも想像できる。

ただ光源氏が訪問しないことに関しては致し方のない理由もあった。帰京の翌年、東宮が即位して冷泉帝となると、光源氏はその後見人であったし、内大臣となり、多忙であった。また明石において姫君誕生という慶事があったがその反面、紫上の心境を思いやって他の女君訪問を控えなければならないということもあった。

帰京翌年の五月、珍しく暇の出来た光源氏はようやく花散里を訪問する。

かく、この御心とりたまふほどに、花散里を離れ果てたまひぬるこそ、いとほしけれ。公事も繁く、所狭き御身に、おぼし憚るに添へても、めづらしく御目おどろくことのなきほど、思ひしづめたまふなめり。五月雨つれづれなるころ、公、私もの静かなるに、おぼしおこしてわたりたまへり。

このように紫上のご機嫌をとっておられる間に、花散里からすっかり離れ果てていらっしゃるのはお気の毒である。政務も忙しく窮屈な御身分なのであちこちのお通いなど憚りがあるのに加えて、女の方からも目新しく驚くような便りもないので、訪問は慎重にしておられた。五月雨のつれづれの頃、公私ともに暇が出来た折、思い立って花散里のもとを訪れなさった。

光源氏の訪問がないのにはそれだけの理由があることにはあったのではあるが、その間、花散里からの便りがそれほどなかったということは、花散里にしては珍しいように思える。花散里は光源氏の忙しさを考慮して遠慮していたのかもしれず、あるいはあきらめの境地へと向かっていたのかもしれない。また引き続いて次のように語られている。

よそながらも明け暮れにつけてよろづにおぼしとぶらひきこえたまふを頼みにて過ぐいたまふところなれば、今めかしう心にくきさまにそばみうらみたまふべきならねば、心やすげなり。

――訪問はなくとも日頃からあれこれとお世話申し上げるのを頼みとしてお過ごしの所であるから、今風に相手の気を引くようにすねたり恨んだりなさるはずもないので、光源氏は気楽に思っていらっしゃる。

先の引用では花散里は「うらめしげなり」とあったのに、ここでは「そばみうらみたまふべきならねば」とあるのは、いささか齟齬があるように思える。これは共に語り手の推測ではあるが、花散里の立場としては、光源氏を恨むべきではない、恨んだり拗ねたりできるものではないのだということではあるまいか。その理由としては、彼女たち――花散里の女はらから二人――は光源氏の支援を日ごろから受けているのであるから、ということになる。彼女たちは光源氏にとって気を遣う相手ではなかったのである。

「女御の君に御物語聞こえたまひて、西の妻戸に夜ふかして立ち寄りたまへり」とあるように、まず姉の女御との対面があってから妹の方へと行くのはいつもの通りなのだが、ここでは女御との「御物語」の内容は具体的に語られず、話題はすぐに妹の方へと移っているのは、重点が妹の女君の方に移ったからであろう。事実、この女御の登場はここが最後である。

再会の場面は実に美しく語られており、光源氏の姿は「月おぼろにさし入りて、いとど艶なる御ふるまひ、尽きもせず見えたまふ」とあるようにその美しさが際立っており、それに対して花散里の方は「いとどつつましけれど」（ますます気がひけるのだけれど）とあるのは、彼に対する引け目であろうか。光源氏からそれ程愛されているわけではないという引け目があるに加えて、光源氏のあまりの美しさにますます気がひける。しかし彼女は「のどやかにてものしたまふ」（物静かにお迎えになる）のであり、怨み嘆きを言う訳でもなく、おっとりとしている。しかし、ここでも和歌は彼女の方から詠みかけている。

水鶏《くひな》だにおどろかさずはいかにして荒れたる宿に月を入れまし

いとなつかしう言ひ消ちたまへるぞ、とりどりに捨てがたき世かな、かかるこそなかなか身も苦しけれ、とおぼす。

おしなべてたたく水鶏におどろかばうはの空なる月もこそ入れ

うしろめたう

水鶏が鳴いてるわ。戸を叩いているようなその鳴き声が知らせてくれなかったら、どうしてこんな荒れた家に月のようなあなたをお招きしましょうか。

たいそう慕わしげに、しかし言葉を濁すように言いさしていらっしゃる、そのさまにどの女君にもとりどりに捨てがたいものがある、だからかえって私も苦しいのだと光源氏はお思いになる。

戸を叩いているような水鶏の鳴き声でいちいち戸を開けていたら、上の空の月のようないい加減な男が入ってくるかもしれないよ

そんなことになったら気がかりでね。

歌から察すると〈あなたが来るとは思いもしなかった〉というのが彼女の怨みの籠った諦めの本音であろうが、それを「なつかしう言ひ消ちたまへる」のだった。思いの深い方が先に歌を詠みかけるのだと推測して見れば、ここでも彼女の方に歌いかけずにはおれない訴える心があるように思える。

光源氏はこのような、恨みがあるとしても「おいらかにらうたげ」（おっとりとしていたわってやりたいような愛らしさ）であった彼女を評価して、その後のことになるのだが正統な妻の一人として二条東院に、さらには六条院へと迎え入れることになる。光源氏が愛した女性には、夕顔にしても紫上にしてもおよそ「らうたし」が用いられているのが共通する。愛らしく弱々しく護ってやりたい、というような女君を彼は愛したように思える。

花散里は、光源氏が護らねばならなかった女君であった上に、また「年ごろ待ち過ぐしきこえたまへるも、さらにおろかにはおぼさざりけり」とあるように、政治的弱者に落ちていた光源氏を裏切ることも見限ることもなく、「待つ」ことで誠意を示した人間として、光源氏は彼女を評価した。考えようによっては花散里はさまざまの難問をクリアして光源氏の評価を得た、ということになるのだが、このことは逆に言えば彼女の立場の弱さを表わしているのではないか。彼女は決して光源氏の方から愛され求められたのではなかったと言えるのであって、光源氏が身を狂わせるほど恋い焦がれ、何としてでも手に入れようと執着した女君ではなかったということになる。あくまでその他大勢の中からその人間性や身分・立場によって光源氏の評価を得て、選抜された女君ということになる。あるいは、世から忘れられたかのような落魄の女君が、光源氏のような身分高く優れた権力のある男から妻として遇されるという僥倖の物語として花散里の物語を読むことができるのかもしれないが、そこに現実の問題としてあるのは、花散里の心の中にあるもの思いの深さであったかと思える。

花散里には光源氏への思いの深さと愛着があるとはいえ、そこには諦めの思いがあったことも分かるのである。そして、この諦念がこの後の彼女の支えとなり、さらには、後述するところであるが、後には「これが私の宿世なのだ」という宿世観に繋がるのである。

宿世を生きる

松風巻で二条の東院が落成してその西の対に花散里は迎えられた。その時光源氏は三十一歳。花散里とは桐壺帝在位のころからの関係であるので、およそ十数年に及ぶものであったと思える。桐壺帝譲位は光源氏が二十二歳のときであるから、二人はそれ以前の、光源氏がまだ十代の頃が馴れ初めであったろうか。花散里の年齢は正確には分からないが、光源氏と同じくらいか、あるいは年上であったかもしれない。いずれにしてもお互いすでに若いとは言えない年齢になり、ようやく落ち着いた関係になったのだ。

二条の東院は次のような構成になっている。

東の院作りたてて、花散里と聞こえし、うつろはせたまふ。西の対、渡殿《わたどの》などかけて、政所《まんどころ》、家司《けいし》などあるべきさまにし置かせたまふ。東の対は、明石の御方とおぼしおきてたり。北の対はことに広く造らせたまひて、かりにてもあはれとおぼして行く末かけて契り頼めたまひし人々つどひ住むべきさまに、隔て隔てしつらはせたまへるしも、なつかしうみどころありてこまかなり。寝殿は塞ぎたまはず。（松風、冒頭）

花散里の住まいは西の対であり、その辺りに政所が置かれた。東の対が明石君の住まいなのだが、政所や家司が花散里側にあることから推察すると、東院の中枢は花散里にあると言える。二条院が紫上の住まいであるとすると二条東院は花散里の住まいということになり、二人に対する処遇はかなり対等なものと言える。

年開けて、新春。

二条院は、前年の暮れに引き取られた明石姫君もいて華やいでいる。東院はその隣であるから光源氏も気軽におりおり訪れることも多くなり、また夫人としての待遇も紫上に劣るものではなかった。しかし、花散里のもとに泊まることはないのだという。

のどかなる御暇の隙などには、ふとはひわたりなどしたまへど、夜立ちとまりなどやうに、わざとは見えたまはず。ただ、御心ざまのおいらかにこめきて、かばかりの宿世なりける身にこそあらめと思ひなしつつ、ありがたきまでうしろやすくのどかにものしたまへば、をりふしの御心おきてなども、こなたの御ありさまに劣るけじめこよなからずもてなしたまひて、あなづりきこゆべうはあらねば、同じごと人参りつかうまつりて、別当どもも事おこたらず、なかなか乱れたるところなく、めやすき御ありさまなり。（薄雲、p159）

特に用もないお暇な時にはふっとお渡りになるなどなさるが、夜お泊りになるといったような殊更めいたお渡りはなさらない。ただ、女君のお人柄がおっとりとして子どものように無邪気で、「わたしはこの程度の宿世であったのであろう」と思うようにしていらして、この上もなくおっとり、のんびりと振る舞うようにしておられるので、光源氏は日頃の暮らしぶりもこちらの紫上に劣るようなことがないようにしておられる。そのために世の人々も花散里を蔑ろにするはずもなく、紫上に対するのと同じようにお仕え申して、政所の別当なども仕事を怠ることなどなく、諸事万端順調で、見ていて安心な御有様である。

花散里がいかに安心できる状況にあるかが語られている大変めでたいような部分なのだが、ここでは光源氏と花散里のあいだに夫婦の関係、つまり性関係がないことが示唆されている。夫人の一人として、紫上と同じように扱おうとする光源氏の誠意はまぎれもないのだが、それは格式として、経済的なこととして厚遇するということであったのではないか。花散里という女君は決して蔑ろに扱うべき人ではないとはいうものの、妻として性愛の対象になる女君ではないのだということが明らかになっている。

その事態に対して、花散里は「かばかりの宿世にこそあらめ」と思うようにしているのだという。その思いがあるからこそ「ありがたきまでうしろやすくのどかにものしたまへば」というように、おっとりとして悩みがないように振る舞っているのだと読めるところである。彼女はこの事態を「宿世」と捉えて、それを受け入れていこうとしている。

宿世とは、前世からの因縁、あるいはその運命のことを言うものだが、およそは現在のあまり肯定的に捉えることができない事態に対して、これは宿世なのだと捉えるものである。そこにあるのは諦念であろう。自分の運命が決していいものだと肯定することは出来ないのだが、それをあえて肯定的に受け入れて行こうとするもの、それが宿世であった。

その後の二人の関係は大変安定したものなのだが、その安定性は常に光源氏側からの視点で捉えられ、そして語られているところに注目したい。光源氏はいつも花散里のことを安心できる、人柄のよい人、つつましい人と誉めて評価し続けるのだが、光源氏の語りの中から浮き上がってくる二人の関係性は必ずしも安定したものではなかったように思える。

薄雲巻で、斎宮女御（六条御息所の娘で、冷泉帝の妃となっている）を相手に光源氏が様々語る場面があるのだが、この光源氏の語りからは、花散里をなぜこれほど紫上にも劣らぬほどの重々しさで夫人として正当に待遇しようとするのか、という謎に対する答えが窺われるのである。この語りはかなり長いので要約しながら説明すると次のようなものである。

さるまじきことどもの心苦しきがあまたはべりしなかに、つひに心も解けず、むすぼほれて止みぬること二つなむはべる。

あってはならない、申し訳なかった、と思うようなことが私にはあまたございましたが、その中にとうとう最後まで許していただけず、心が絡まりあったまま終わってしまったことが二つあります、と光源氏は語り出す。その二つのうちの一つが亡き六条御息所とのことであった。またもう一つは「今一つはのたまひさしつ」であって、語らない。これは藤壺との関係を言っているのだろうが、六条御息所と藤壺との関係が、相手から到底許していただけないであろう生涯の痛恨事であったということになる。悪かった、申し訳なかったと言っているのである。

しかし、明石から帰京後、藤壺との秘密の子である皇太子が無事即位して冷泉帝となり、さらには六条御息所の娘をその冷泉帝に入内させた。つまり光源氏を恨んでいたであろう女二人の息子と娘を天皇と将来の后としたことでこの償いが出来たということであろうか、光源氏は次のように語っている。

中ごろ、身のなきに沈みしほど、かたがたに思ひたまへしことは片端づつかなひにたり。

あれこれ思っていたことが叶った、というのだが、私を許しては下さらなかった藤壺も六条御息所も私を許して下さるのではないか、という思いが光源氏にはあったのであろうか。——しかし、二人が彼を許すようなものではなかったことは後々明らかになるのだが。

その次に花散里の話が出てくるのである。

東の院にものする人の、そこはかとなくて、心苦しうおぼえわたりはべりしも、おだしう思ひなりにてはべり。心ばへの憎からぬなど、われも人も見たまへあきらめて、いとこそさはやかなれ。

東の院に住んでいる人が、私との関係も曖昧なままでずっと申し訳なく思い続けておりましたが、ようやく安定したものと思えるようになりました。お人柄がよくて、私も相手もよく分かりあっていて、たいそうさっぱりとしていてね。

花散里に関しても大変申し訳ない有様のままだったのだが、今では正当な夫人の一人として待遇できるようになり、大変良好な関係だと光源氏は語る。この場面の語りの流れから見ると、花散里との関係も冒頭の「さるまじきことどもの心苦しきがあまたはべりし中に」の中に入るもの、光源氏が悪かった、申し訳なかったと思う出来事の一つであったと捉えられる。藤壺と六条御息所に関しては生涯許してもらえないままだったが、何とか罪の償いは出来たのではないか、また花散里に関してもようやく償いが出来たのだ、と語っている。ここから考えると、花散里に関しては、藤壺、六条御息所ほどではないにしても、その次くらいに光源氏が罪を感じ、そして怨まれても仕方がないのだと思う女君であったと言えよう。二条の東院、そして六条院における待遇は彼女に対する贖罪だったのだと考えられる。だが、それにしても、光源氏はなぜ彼女をかつては正当に待遇できなかったのであろうかという疑問が残るのである。六条御息所と藤壺に関しては物語の中で様々に物語られており、そのいきさつは読者にとっても明らかなのだが、花散里に関してはその経緯は明らかではない。ただかつて宮中での馴れ初め以降、曖昧な関係のまま続いていたという経緯が語られているだけであり、ただ花散里巻にあるように、「さすがに忘れも果てず、わざともてなしたまはぬに、人の御心をのみ尽くし果てたまふべかめる」という状況であった。花散里の君は「わざともてなしたまはぬ」という光源氏の仕打ちにもの思いの限りを尽くしていたのである。

ところで、光源氏はなぜ彼女を正当に扱おうとしなかったのか、つまりなぜそれほど本気で愛せなかったのか、というその根拠が語られていない。彼女は、父もいない、経済的にも社会的にも弱者であったのだろうが、身分格式も高く、正当な妻として待遇すべき人であったはずである。また光源氏が何度も語るように人柄もよく、つつましやかで、また須磨巻での別れの場面や明石巻での再会の場面にも見られるように、みやびでたしなみのある人でもあった。にもかかわらず「わざともてなしたまはぬ」その根拠をそれまで明確にはしなかった。これについては憶測と想像だが、作者はこのあたりでその根拠を明らかにしなければならないという必然性に迫られたのではないかと思える。その結果、急遽浮かび上がってきた根拠が花散里の美しからざる容貌であったのではないか。少し後の少女の巻で、子となった夕霧の視点から赤裸々にその醜い容貌が語られることになる。

それにしても、六条御息所と藤壺に対する贖罪があったとしても、二人にとってはそれは決して許しとなるものではなかったことが後に明らかになる。次の朝顔巻では、夢に藤壺が顕われて光源氏に怨みを言っているのだが、たとえわが子が帝になったとしても藤壺の心はそれで癒えることはなかったのである。また六条御息所の怨霊が顕われるシーンでは、怨霊は次のように語っている。

中宮の御ことにても、いとうれしくかたじけなしとなむ、天翔りても見たてまつれど、道異《こと》になりぬれば、子の上までも深くおぼえぬにやあらむ、なほみづからつらしと思ひきこえし心の執なむ、とまるものなりける。

わが娘の中宮の御後見のことは、大層嬉しくありがたいことだと宙をさまよっていても思い申し上げているが、幽冥隔たっているので、子どものことまでは深くは心に響かないのか、やはり自分がつらい、怨めしいと思い申すその心の執念が今も心に残るものだった。

光源氏が後ろ盾となり娘を引き立ててくれるのは嬉しい、とは言っているのだが、また、そのことはどうでもいいのだ、とも言っているようである。それよりもつらい、怨めしいの思いの方が強いのだ、と怨霊は語る。藤壺にしても、私はつらい、苦しいのだと夢に顕われて訴えているのは、彼女の心にある癒えない苦しみと悲しみからであった。

光源氏にとっての生涯の痛恨事であった二人の女たちの苦しみと怨みは、光源氏の贖罪を経ても、どのようにしても晴れるものではなかったのである。それに対して花散里はどうであったのだろうか。六条院の夫人の一人として厚遇を得ていても、彼女はそこに自分の「宿世」を見なければならなかった。穏やかでつつましく、あくまで「らうたげ」に生きようとする彼女の宿世が六条院世界での生き方であったのだと思える。

光源氏が何故花散里にそれ程執心していなかったのかという理由が、少女巻における夕霧のまなざしのなかでまざまざと明らかになる。それは花散里の容貌の美しからざることであった。夕霧はそれまで三条殿で祖母の大宮の膝下にあったのだが、花散里を養母として二条の東院に引き取られることになった。

それにしても、今までその片鱗も語られることがなかったというのに、ここでいきなり花散里の醜い容貌があきらかになるというのは作者が必要に迫られて急遽捻り出した「理由」ではないかと疑いたくなるのだが。通っている女君との関係をなかなか正当なものに出来なかったというのは、六条御息所にもその例があるのだが、六条御息所の場合には特に取り立てて明確な理由というのはなく〈妙に打ち解けられず、しっくり来ない〉というようなあくまで心理的なものであった。そこに葵上のもののけ事件によって二人のあいだに決定的な亀裂が起るという経緯があった。しかし、人柄の良い、つつましげでみやびな花散里には、これという難点を性格や人柄に求めることは出来なかったということかもしれない。

光源氏から息子の夕霧を託されることになった花散里は「ただのたまふままの御心にて、なつかしうあはれに思ひあつかひたてまつりたまふ」というように、夕霧の世話を「なつかしうあはれに」行なっていく。「のたまふままの御心」とあるように、光源氏の言う事を素直に受け入れて彼女は動くのである。光源氏と一体化し、協力しようという生き方が彼女の場合は一貫しているのだが、そこに乙姫性があると言えようか。あるいは彼女は諦念、さらに宿世の思いから仏教における悟りの境地にまで行ってしまったのだという捉え方も出来るのである。自分のことはどうでもいいのだ、といういわゆる無我の境地が彼女の素直でおおらかな、すべてを受け入れていく生き方に繋がっていったのではないか。『源氏物語』よりかなり後の物語だが、中世の語りの世界では、乙姫が献身的に主人公の夫や恋人に尽くすその姿は菩薩の化身として捉えられているのであり、乙姫性とは菩薩道に繋がるものであった。

菩薩道とはいわば慈悲の心の実践と言えるもので、それはおよそ喜んで（喜心）、親心のように（老心）、山や海のようおおらかな心ですべてを受け入れていく（大心）ことで実践していくものとされる。、相手から愛されようが愛されまいがおかまいなく無我の境地で相手を尊重し、大事にしていくというものである。花散里の六条院でのその後の生き方は、結果的にであるのかもしれないが、なにやらこの菩薩道に繋がるものがあるように思えるのである。

夕霧は花散里の容貌をちらりと見て、次のような感想を持つ。

ほのかになど見たてまつるにも、容貌のまほならずもおはしけるかな、かかる人をも人は思ひ捨てたまはざりけり、など、わが、あながちに、つらき人の御容貌を心にかけて恋しと思ふもあぢきなしや。心ばへのかうやうにやはらかならむ人をこそあひ思はめ、と思ふ。また向ひて見るかひなからむもいとほしげなり。かくて年経たまひにけれど、殿の、さやうなる御容貌、御心と見たまうて、浜木綿ばかりの隔てさし隠しつつ、何くれともてなしまぎらはしたまふめるも、むべなりけり、と思ふ心のうちぞ、はづかしかりける。

――ちらりと隙間から花散里を拝見なさるにつけても、「お顔立ちがあまり整ってはおられないのだな。このような人も父上はお見捨てにもならなかったのだ」などお思いになる。また「わたしが無闇にあのつれない雲居の雁の御顔が恋しい、忘れられないなど思うのもつまらないことだ。御心がこのように柔らかな人と思い合いたいものだ。かと言って向き合って見るに堪えないのも相手が気の毒だ。こうして年月が経っておられるが、殿がこのような御容貌をそういうものと心得て、几帳などを隔ててお顔を見ないようにしてあれこれと紛らわしておられるのも、もっともであったなあ」と思っている夕霧のお心はなかなか大したものである。

まだ十二歳の少年である夕霧の批評眼はなかなか大したものだと語り手は評価しているように、彼は父の光源氏と夫人たちとの関係をかなりきちんと観察する子供であったらしい。

夕霧の観察では「容貌がまほならず」であった。顔立ちが整っていないということなのだが、このような美しくない人でさえわが父光源氏は見限ることなく妻として丁寧に待遇しているところに父の心の広さを見ている。さらに、花散里の人柄の良さ——心ばへのやはらかならむ——を評価してこのような人こそ妻にすべきだと思うのだが、その一方で、父が花散里と向き合う時には几帳を隔てるように顔を直接見ないようにしていたが、その理由がこれだったのか、と思い当たるのだった。

ここから分かるのは、花散里は光源氏にとって直接向き合っているには耐えられないような美しからざる女君であったということになる。このことは、かつての須磨巻での別れの場面や、また明石巻での再会の場面の美しさとは齟齬するように思えるのだが。それに関しては続いて「もとよりすぐれざりし御容貌の、ややさだすぎたるここちして、痩せ痩せに御髪少なななる」とあるのが理由になるだろうか。彼女はもともとがそれほど美しいわけではなかったが、それに加えて年を取ったのだ、ということになる。

花散里の、まるで菩薩のような無我の境地は、六条院においても一貫している。六条院移転の時は、「例のけしきばまぬ花散里ぞ、その夜（光源氏と紫上の一行に）添ひて移ろひたまふ」とあるように、彼女は光源氏たちと一緒に移転したのだが、「例のけしきばまぬ」とあるように、気取ることなく自分の立場や意向などあれこれ主張することはない。自分の優位性などはどうでもいいのだと放念しているかのようである。

また、玉鬘を光源氏の依頼を受けて引き受けるときも「いとおいらかに」というように大層おおらかで、こだわりも何もない。彼女は玉鬘の後見――つまり養母となることをさらに「うれしかるべきことになむ」と喜んで引き受けるのだが、まさに親心であるかのようである。

このような花散里の姿からは、どのような現象が起ろうがそれをおおらかに、あるいは喜んで誠心誠意受け入れていこうとする彼女の心が窺われる。いわば菩薩道における喜心・老心・大心である。それは生来の人柄の良さによるものでもあったろうが、それよりも諦めと宿世の思いから来るものであったのではないか。かつては怨めしく思い悩んだこともあったというのだから、彼女にもの思いがなかったわけではない。しかしもの思いの果てのもの狂いに落ちることなく、諦念の果ての無我の境地を実践しているのではないかと捉えてみたいのである。

認識者として

花散里を諦念の人、また宿世を生きる人としてこれまで捉えて来たのだが、蛍巻に至って彼女にはまた別の面があることに気づく。別の面というよりは彼女の心の基底にある本質が表れていると言えようか。

蛍巻において、五月五日、花散里の町のすぐ横にある馬場で騎射の催しが行われたその夜、光源氏は珍しく花散里のもとに泊まることになった。その折り、光源氏が兵部卿宮（光源氏の異腹の弟）について次のような批評をした。

兵部卿宮の人よりはこよなくものしたまふかな。容貌などはすぐれねど、用意けしきなどよしあり、愛敬づきたる君なり。忍びて見たまひつや……。

兵部卿宮は他の人よりはこの上もなく優れていらっしゃるなあ。容貌などが優れているわけではないけれど、態度やご様子などが立派で、魅力のある人だ。こっそり御覧になったか。

このように尋ねた光源氏に対して彼女は次のように答えている。

御弟にこそものしたまへど、ねびまさりてぞ見えたまひける。年ごろかくをりすぐさずわたりむつびきこえたまふと聞きはべれど、昔の内裏わたりにてほの見たてまつりしのち、おぼつかなしかし。いとよくこそ容貌などねびまさりたまひにけれ。師の親王《みこ》よくものしたまふめれど、けはひ劣りて大君けしきにぞものしたまひける。

あなたの弟でいらっしゃるけれどかえって大人っぽく立派におなりになったとお見えね。この年月このような催しのある時には必ずお渡りになって親しくなさっておいでだと伺っておりますが、昔、宮中でちらりと拝見申し上げてのちは、お見かけしていないのだけど、容貌などは年とともに立派におなりになられたこと。

師の親王もよろしくていらっしゃるけれど、御様子があまりご立派ではなくて、諸王レベルの品格でいらっしゃるわね。
──

花散里は兵部卿宮については立派だと誉めている。光源氏は兵部卿宮の容貌については「すぐれねど」と言っているが、彼女は、その容貌も年を取るにつれて「ねびまさり」、つまり良くなってきたと言っているのである。兵部卿宮の容姿に関してはその前に「御けはひなどのなまめかしさは、いとよく大臣の君に似たてまつりたまへりと、人々もめできこえけり」（蛍巻p65）と記されているように、光源氏によく似ていると女房たちも褒めそやす美貌の人であったようなのだが、「けはひ（様子）」は美しいが「容貌（顔かたち）」はそれほどでもないということか、光源氏からすると特に際立った美貌という訳ではないということらしい。兵卿宮はこの時玉鬘の求婚者の一人であったので、光源氏が「あの人はどうだろうか、あなたはどう思うか」と話題にしたのであろう。次の「師の親王」ももしかしたら、話しの流れから見ると玉鬘求婚者の一人であったのかもしれないが、ここにだけ名前が出てくる人物。彼に対しては、身分に相応する品格がない、とかなり手厳しい批評をしている。

この批評には光源氏は「ふと見知りたまひにけり」と思ったとある。一目見てこの人の人格を見抜いた、という訳である。

花散里のこの批評は、彼女が人や物事をよく観察して、認識する人であったことを表わしていると思える。花散里には批評者としての、それもかなり辛辣な批評者としての知性があるのである。

しかし、「師の親王」に対しての批評は、批判でもあり、また悪口のようにも取れるのは、日頃の彼女の

「おいらかでらうたげ」な無邪気な、あるいはお人好し過ぎる人柄とは矛盾するようなのだが、これが彼女の本質としてあったのだと理解したい。彼女は、穏やかでつつましく、どのようなことも善意で受け入れていこうとする人として生きている。しかし、その底にあるのはこの認識者としての知性、もしくは理性であったのではないか。決して生来のお人好しなどではないことが分かる。

この花散里の〈批評もしくは批判〉に関しては、作者である紫式部の『紫式部日記』における述懐記事が想起されるのである。

『紫式部日記』は批評精神に溢れていて、批評もしくは批判をこの手記の中において、なにやら不平・不満そして愚痴と言ってもいいほどの思いを込めて書き連ねている。さらに悪口と捉えていいような記事もある（もっともそれも批評精神の表れと取れるものだが）。しかし紫式部は最後に出家の志を仄めかしていて、このようにあれこれ思い悩む罪深い私はたとえ出家をしたとしても救われないのではないか、と悩んでおり、手記の最後は次のように締めくくられる。

かく、世の人ごとの上を思ひ、果てにとぢめはべれば、身を思ひ捨てぬ心の、さも深うはべるべきかな。なにせむとにかはべらむ。（『紫式部日記』新潮日本古典集成、p100）

——このように世の中の人のことばかり気にかけて、この手記を閉じるのですから、我《が》を棄てきれない心とは、なんとも深うございます。まぁどうしようというのでございましょう。

批評精神であれこれ記してきたことをみずから悔いるようなまとめの文章なのだが、彼女には「身を思ひ捨てぬ心」があるのだという。その〈心〉とは我《が》が捨てられぬ心であろう。「身を思ひ捨てる」とは我を捨てて無私の境地にいたることを言うのだろうが、紫式部は「私は自我のこころが捨てられないのだ、無私の境地にはなれないのだ」と言っているのだ。とは言うものの、一方では紫式部は手記の中で、〈おいらかものとして生きる自己〉をも書き記している。今の私は「私は、私は」と自己主張することなく、穏やかに、おっとりと振る舞って生きている、だからこそこの厳しい世の中を、そして宮廷を生きることができるのだ、と記しているのである。「おいらかもの」とは「おっとりとして素直、平静なありさまの者」をいう。私は本来の我が捨てられず苦しんでいるのだが、それでもこの宿世を生きる為に無我の境地を志しているのだ、という紫式部の思いが記されている。その思いは花散里にも投影されているのではないか。おっとりとあたかも無私であるかのように生きている花散里にもやはり捨てきれぬ〈我〉があるのだと思える。

花散里のこの批判精神がもう一か所発揮されている場面がある。

ずっと後の夕霧巻。光源氏もすでに五十歳の頃で、花散里もかなり年を取ったころのことである。

夕霧巻は、夕霧の女二宮（落葉の宮）への恋の経緯を物語る巻なのだが、夕霧はこのことでもとからの妻である雲居の雁の怒りにあって困り果てており、さらには父の光源氏がこの件について夕霧にいろいろ諫めたりするものだから、夕霧はまた困って、養母である花散里にいきさつを語る場面である。その夕霧に対して彼女は次のように語る。

（光源氏が夕霧にいろいろ諫めることに対して）さて、をかしきことは、院のみづからの御癖をば人知らぬやうに、いささかあだあだしき御心づかひをば大事とおぼいて、いましめ申したまふ、後言《しりうごと》にも聞こえたまふめるこそ、さかしだつ人の、おのが上知らぬやうにおぼえはべれ。

それにしても面白いことは、院（光源氏）が自分の色恋沙汰の癖を棚に上げて、あなたのいささかの恋愛沙汰に大騒ぎなさって、あれこれとお諌めになるし陰口などもおっしゃる、それはもう、しっかりしていると思っているつもりの人が自分のこととなると分からないという、その喩えのように思えますね。

花散里ならではの光源氏への批評と言えようか。彼女は光源氏に対してこのように客観的に、冷静に判断して批判する人であった。「さかしだつひとのおのが上知らぬ」、それが光源氏だといささか厳しく言っているのだが、いささかのユーモアが感じられる。ユーモアとは心の余裕がなければ生まれないものだが、花散里はすでに〈もの思い〉の苦しみなどは超越する域に達していたのかもしれない。

この花散里の批判に対して夕霧は「さなむ」（その通りです）と大いに同意して、「げにをかしと思ひたまへり」とあるように、花散里の批判を面白がっている。二人の観察者が光源氏批判で盛り上がった、と言えるだろうか。

光源氏との夫婦関係

蛍巻で、前述のように光源氏が花散里のもとに泊まった折、二人の寝床は別々であったと記されている。すでに性がない夫婦関係であった。

今はただおほかたの御むつびにて、御座《おまし》なども異々《ことこと》にて大殿籠る。

今はただ表面的な御夫婦仲であって、寝床などは別々にしてお休みになる。

このような関係を光源氏は当然のこととして考えているわけではなく、「などてかく離れそめしぞと殿はくるしがりたまふ」とあることから見ると、二人の間に性があってしかるべきなのだがそれがない、という点についでは光源氏は心苦しく思っているようなのである。この「性がない」という点に関して、〈三十歳お褥辞退説〉の論がしばしば見受けられるのだが、確かに花散里は三十歳をはるかに超えてはいるのだが、その論理はここには当てはまらないのではないかと思える。そもそも光源氏は二人が共寝しないという事態を当然とは思っていない。だからこそ、申し訳ないと思っている。またこの〈三十歳お褥辞退〉は江戸時代の将軍家の大奥での慣習であったというから、大奥といういわば〈将軍後継者の製造装置〉においては寝所に伺候する女性には生殖能力の高さが求められたものであろう。

この寝所を別にすることに関しては花散里の方は「何やかやともそばみきこえたまはで」（何やかやと拗ねたりもなさらず）とあっさりと受け入れている。それよりもこの日の騎射の催しが自分の丑寅の町で華やかになされたこと、そこに参加できたことに対して「この町のおぼえきらきらしとおぼさる」とあり、それが喜びだったのである。その思いを和歌によって光源氏に詠みかける。ここでも、唱和は花散里の方からである。

その駒もすさめぬ草と名に立てる汀のあやめ今日や引きつる

――馬も食べない草だと定評のある水際のアヤメ、そのようにあなたには相手にもされない私だけれども、今日は五月五日の菖蒲の日だから、そのアヤメを引き立てて下さったのね。

「駒もすさめぬ草」とは男に相手にされない女の比喩としてよく用いられるものだが、そこには性的なニュアンスも込められている。この歌を詠んだ花散里の心を斟酌するに、共寝はもはやありえない関係だとしても、そういう女である自分を自虐的に詠まずにはいられない。この歌には諦めと哀しみの宿世を生きるこころが籠められているように思える。

この歌に対しては光源氏は「何ばかりのことにはあらねど、あはれとおぼしたり」（とくにどうという歌ではないのだけれども、この歌にはしみじみとなさった）という。「あはれ」の解釈はいろいろとあるのだが、ここでは何か胸がきゅんとするような感じというようなものだろうか。光源氏は彼女のことを、申し訳ない、可哀そうだ、と思っているのである。

御几帳引き隔てて大殿籠る。気近くなどあらむ筋をば、いと似げなかるべき筋に思ひ離れ果てきこえたまへれば、あながちにも聞こえたまはず。

――御几帳を隔てにして二人はお休みになる。花散里は共寝などはたいそう似つかしくないものとすっかり諦めきっておられるので、光源氏も無理にお誘いすることもなさらない。

この引用によれば、花散里の方は「共寝はありえないから」ともう諦めきっている、しかし光源氏の方は

「共寝はすべきなのだが、もうこういう関係になっているので仕方がない」と思っている、と、このように取れる。

光源氏の花散里への思いについては、彼女に対する贖罪の思いがあったのではないかと先に述べた。彼女につらい思いをさせて申し訳なかったという思いである。その上で、花散里を評価して夫人の一人として大切にしているのだが、そこには「申し訳ない」という思いに加えて、彼女に対する愛が確かにあったのだろうと思わせるものがある。その愛とは慈悲の心と言ってもいいような、あるいはキリスト教で言う「神の愛」、すなわちアガペーのようなものではなかったろうか。ラブやエロスとはまた違うその〈愛〉つまりアガペーとは、相手を大切にする、尊重するというものだが、光源氏はラブやエロスによって彼女を愛することは出来ないのだが、しかし彼女に対する尊敬があるのだと思う。彼女のこれまでの生き方、人柄、人格に対して敬意を抱いている。つまり尊敬し、敬愛するという思いが光源氏にあるからこそ彼女を愛そうとする。しかし、そこには、例えば紫上を愛するようには彼女を愛せないという苦衷の思いがあったのではないかと思える。そしてまた花散里の方は、その光源氏の苦しい思いをありのまま受け入れて光源氏のその〈愛し方〉を尊重したのだと言えるだろうか。二人の関係は、そして花散里の宿世は、このような結末に至ったのだと思える。

その後の花散里

六条院での彼女の暮らしぶりは安定したものだった。

梅枝巻では、遠慮がちながら「荷葉を一種合はせたまへり」というように薫物《たきもの》合わせに参加。また、光源氏の四十の賀の際、その竟宴を夕霧が催した折には装束などの用意を花散里が引き受けている。また夕霧の子ども（典侍腹）を孫として引きとって養育を行うなど、夕霧の縁で祖母の役割をもこなしている。自分の妻としてのあり方にこだわることなく、誠心誠意役割を引き受けていこうとする彼女の生き方が表れているように思う。

光源氏との最後の交渉は幻巻で語られる。

紫上が亡くなった後、光源氏は紫上への追憶の中にだけ生きており、何を見ても紫上のことが思われてならない。女三宮や明石上のもとに行ってみたりするのだが、かえって紫上への思いがつのるだけであった。そのような折、四月になって花散里から夏の装束が届く。〈夫〉の衣裳の世話をするという妻としての役割を彼女は律儀にこなしているのであろう。

装束に添えられた和歌は次のようなものである。

夏衣裁ちかへてける今日ばかり古き思ひはすすみやはせぬ

――夏の衣裳を新しく仕立て下ろした今日だけでももう昔のことになってしまった私への思いが湧いてこないことがあるかしら。私のことを思い出して。

この和歌に対して光源氏は次のように返歌する。

羽衣のうすきにかはる今日よりは空蟬の世ぞいとど悲しき

薄い羽衣のような夏衣裳に変る今日からは、蟬のぬけ殻のような空しいこの世がますます悲しく思われるのだよ。

花散里の歌は、紫上を失った光源氏の哀しみを慰めようとするものではなく、私を思い出してくださいという歌である。花散里への訪問はまったくない、そのような光源氏に対しても彼女はやはり思いがあるのである。自我を捨てきっているのではないことが分かる。この歌には光源氏への訴えがあるように思う。

しかし光源氏はそのような彼女の思いに答えようとはしない。このような夏の衣を貰ってますますこの世が空しいだけだ、と答える。光源氏は紫上への思いにだけ浸っていて、花散里を思うことはないのだ。

花散里の〈物語〉をずっと読んでいくと、ここが彼女と光源氏の関係の終焉として浮かび上がるのだが、彼女の思いに光源氏が何らかの形で報いていれば予定調和的に物語が完遂したのだと言えそうな気がする。しかし、それがないのだった。そこには読者の期待を裏切るような、寒々とした空虚感がある。光源氏への花散里の思いは宙に浮いたままなのである。

幻巻では、明石上、女三宮訪問もあるのだが、そこにもこの寒々とした空虚感があるだけであり、それは彼女たちが光源氏の紫上喪失の哀しみから隔たっているからと言えるのだが、彼女たちからすれば紫上のことなどはどうでもいいのである。それは花散里にしても同じではなかったろうか。しかし光源氏は紫上以外の女君たちを思いやることなどは出来ないのだった。ここにはどこか大きな穴が開いたような、埋めようのない欠落感を残したまま、という終わり方がある。それは「夢浮橋巻」の終焉のあり方にも繫がるものであろう。何か腑に落ちない、納得できないような終わり方なのである。それはあるいは人生の終り方と似ているかもしれない。予定調和的、かつ円満な終わり方などないのだ、というのが現実なのである。それを物語においても決して〈物語的に〉終わらせることなく宿世の厳しさを貫いて描いたのが『源氏物語』なのだと思う。

花散里は、光源氏から返ってくるものがないとしても、受け入れなければならなかった。光源氏との歌のやりとりはここを含めて四か所あるのだが、すべて花散里からの歌いかけであることは述べたが、そのすべてに光源氏への思い、自分から働きかけていこうとする彼女の思いがあるように思う。光源氏から返ってくるものはなくとも彼への思いを貫こうとするところ、何があっても光源氏から離れることなく妻として生きようとするところに花散里の宿世があったのだと言えようか。

光源氏の死後は、「東の院をぞ御処分所にてわたりたまひにける」とあり、二条の東院を相続して移り住んだことが分かるだけで、彼女の死は語られることはない。また彼女が出家をしたかどうかは分からないのだが、女が出家するとは女であること妻であることを止めることでもあるから、彼女は出家することなく光源氏の妻であり続けたのではないか、とも思える。

桐壺帝時代の若き光源氏との馴れ初めから始まって、彼の死に至るまで、あるいはその死後も、離れることなく光源氏を思い続けた唯一の人が花散里であった。

Ⅳ

『とはずがたり』後深草院二条論——さすらいの母

後深草院二条のさすらいの根拠――子どもの事

『とはずがたり』の記述を信頼するならば、著者後深草院二条はその人生において子どもを四人出産している。一人目は、父は後深草院で、生まれたのは男児だった。しかし、その子は一年後に亡くなっている。二人目は女児であった。その父親は、西園寺実兼かと推測されていて、『とはずがたり』においては〈雪の曙〉という通称で登場する人物である。三人目は、男児。父は〈有明の月〉という通称で登場する。四人目も、父は同じく〈有明の月〉で、男児であった。〈有明の月〉が誰であるのかはいろいろ論があって判明しないのだが、おおよそは後深草院の異母弟である性助法親王かと考えられている。性助法親王は宝治元年（一二四七年）生まれで、弘安五年（一二八二年）に三十六歳で亡くなっている。二条よりはおおよそ十歳年上である。彼は仁和寺の中御室として、宮廷という政治権力に対抗する宗教界の中枢権力の位置にあった。

二条が幼い時から二十六歳（推定）まで過ごした宮廷生活は、彼女自身が赤裸々に書いているように、主君の後深草院との性関係だけではなく常に複数の男性との性関係を余儀なくされるというもので、その間に妊娠や出産の記述が挟まっているというところから事態はかなり錯綜している。にもかかわらず、二条は自分の子どもの出産記事に関しては、子どもの父は誰であるのか、そしてどのような状況で生んだのかをかなり詳細明確に書いている。生まれた時期に関しては虚構があるにしても、その出産の状況、さらに出産後はその子はどうなったか、特に子どもの父が誰であるかに関しては詳細である。これだけは明瞭に書いておきたいという二条の思いが伝わってくるところである。

『とはずがたり』は、彼女がおそらくは五十歳を過ぎたと思われる時点で自分の人生を回想という形で書き綴ったものだが、その記述に関してはさまざまの虚構化や物語化がなされていると想像されるものの、子供の記述に関しては、これだけは正確に書いておきたいという意思が明確にあったように思える。これを〈母としての思い〉と言ってしまうのは簡単なのだが、あえて言えば〈生んでしまったものの責任〉と言えるものがそこにはあるように思える。女が五十歳を過ぎて自分の過去を顧みるときに、出産というもの、自分の産んだ子供というものが〈抜き差しならないもの〉として立ち上がって来るのが一般的ではないかと思われるからである。もっともこれはあくまで一般論として言えることであって、個人によって差があるのは当然なのだが。

『とはずがたり』には二条の恋愛関係・性関係がさまざまに記されているのだが、その関係以上に重要な事項として出産が浮かび上がってくる。性関係があれば結果的に妊娠・出産が起ってくるものだが、出産とは、つまり子を生んでしまったこと、あるいは命を生み出してしまったことであり、あえて言えば〈取り返しのつかぬこと〉と言えるのではあるまいか。また、それ以上に二条が引き受けざるを得なかった事態（どうしようもない事件と言えるものだ）の結果として出産があり、生まれ出る命がある。

産んでしまった以上はその子は自分の生を生きていかなければならないし、産んだものとしては、その生をどのような形であれ、引き受けていかなければならない。子どもと離れて別々になったとしても、子どもがどのように生きていくのか、その生を心の中でどうしても背負わざるをえないのが産んだ者としての思いではないかと思うのである。産んでしまったのは失敗だったから取り止めにしよう、とはいかないのである。夭折した第一子の皇子を別にして、生まれた子供たちが無事成長したと仮定すれば、『とはずがたり』執筆時点では、三人の子どもたちはそれぞれ成人に達しているはずである。彼女にはその子どもたちの現在の姿が明瞭に把握できていたのではあるまいか。

『とはずがたり』の記述から言える確実なことは、三人の子どもの内のひとりは西園寺家の姫君として育てられたこと、次の一人は後深草院の皇子の一人として育てられたことである。最後に産んだ子供だけは、二条が手許で育てたのではないか、あるいは乳母に預けていたか、と推測されるのだが、そのことはまた後述したい。少なくとも二条は子どもたちのその後を、直接に会うことは叶わないにしても知っているはずである。

二条は、現在の自分、そして現在のわが子の状況、それらを視野に入れて過去を「あれはああだった、こうだった」と解釈をしつつ『とはずがたり』を書き記していったと思う。回想録や自伝というものはそのように現在と過去とが心の中で交錯するものであろう。人は何故「回想録」や「自伝」を書くのかを考えれば、現在の〈私〉の状況の根拠が過去の中にあると思うからであり、現在の〈私〉がこのような状況にあるのは、過去のあのことが原因であるとか、過去がああであったから今の私がこうなのだ、などと過去の中に自分の根拠を見ようとする試みが〈回想〉という行為にはあるように思う。二条は自己語りの形で回想を物語として作り上げていった。老媼の昔語り、と言えるものがそこにはあり、さらには語りの文学を作り上げるのだという創作者意識もそこからは窺われる。

『とはずがたり』巻四・五によると、二条はその人生の後半においてかなり大がかりな諸国行脚の旅を続けた。漂泊、さすらいというものを二条は実践していった。そのさすらいに二条を掻き立てたものは何であったたのか。原因はいくつもあったと言えるのだが、その一つとして〈子どもゆえの思い〉というものを想定してみたい。時代は少し下がるが、能における〈さすらい〉に繋がるものが二条のさすらいにもあったのではないか。能における〈もの狂いの母のさすらい〉とは、子を失った喪失感の為に心が狂ったような〈もの狂い〉となり、子を探し求めてさすらうというものである。女を旅に駆り立てるやむにやまれぬものがそこにはあった。

『とはずがたり』の前半――巻一から三――は一般に「愛欲篇」と称されるように後深草院だけではなくその政治上に関わる様々な男との性関係に翻弄された宮廷生活が記されており、妊娠・出産とはその性関係のいわば必然的結果である。宮廷生活が男たちの政治的な歪《いびつ》な闘争そのものであったと考えれば、彼女の産んだ子供たちはその男たちのゆがみや歪さが生み出したものと言えるのである。

『とはずがたり』後半、巻四・五における漂泊の旅が前半の宮廷生活からもたらされた結果であるとすれば、子どもというものも彼女を旅に駆り立てる重要な要素であったと言える。宮廷生活の中で醸成された「やむにやまれぬ思い」がそこにあったことを考えてみるべきだろう。

中世以前においては、さすらうのは魂だけであった。やむにやまれぬ思いがあって身体から遊離した魂がものにあくがれるようにしてさまよって、揚句に何かに憑依する、というのが『源氏物語』などに見られるもののけであり生霊であった。したがって魂、そしてもののけとは目に見えるものではなかった。ところが中世においては、魂だけではなくその魂を抱え込む身体そのものがさまよい出したのである。魂と身体は一体化している。つまりはさすらい、あくがれる魂があるから、それに駆り立てられて身体もさまよい出る。そしてそこから〈漂泊の旅〉という一つの文学的、さらには哲学的な一つの概念が立ちあがってくることになった。漂泊者とは、つまりは何かに憑りつかれたような〈もの狂い〉のもの、さらに漂泊者そのものが〈もののけ〉なのだと言えるのではあるまいか。古代においてはさすらう魂は目に見えぬものであったが、中世にいたっては目に見える現実の人間の姿として、漂泊者として立ち顕れたのだった。つまりは〈もののけ〉の可視化がなされた。

〈やむにやまれぬ思い〉を抱えた一人の女がその思いに駆り立てられるようにして、あるものに焦がれるように追い求めて流離っていった。その物語を自己語りによる文学として立ち上げていったのが『とはずがたり』という作品なのだと考えてみたい。

先に二条は自分の子どもに関しては明瞭にすべて記していると書いたが、実は一人だけ不思議な子ども――Xが存在する。妊娠した記事はあるのに出産の記事が無い、という事例である。そして、その子の父が誰であるのか、記載がないし、その子がどうなったのかも記されていない。つまり、謎の子どもがひとりいる。その子――Xの妊娠に関しては建治三年（一二七七年）三月ごろの記述に次のように記されているだけである。

よきついでに憂き世を逃れむと思ふに、師走のころよりただならずなりにけりと思ふ折からなれば、それもむつかしくて、しばし隠ろへ居て、このほど過ぐして身々となりなばと思ひてぞ居たる。

この頃、二条は宮廷における女楽事件の屈辱から宮廷から失踪して、乳母の母親が尼になっているところに逃れて隠れ住んでいた。彼女はいっそ出家をしようかと考えたが一二月頃から妊娠の兆候があるという。出家云々は出産を終えてからにしよう、と考えていた。しかし、その後、後深草院からの迎えもあり、宮廷に戻った彼女は四月の末ごろに「着帯」を御所で行っている。「着帯」とは妊娠五か月の戌の日に安産を願って腹帯を締める儀式の事である。

つごもりごろにや、御所にて帯をしぬるにも、思ひ出づること数々多かり。

御所で着帯をしたのであるから、子どもの父親は後深草院であると見なされたのだろうと想像されるが、そのことに関しては二条は何も語らない。〈有明の月〉との性関係は前前年の一二七五年から始まっており、その翌年の一二七六年もその関係は続いている。その合間に〈雪の曙〉とも、記述はないのだが、付き合いはありそうであるし、院との関係も当然あったと想像される。しかし、妊娠に至るまでの経緯が何も記されていないのである。読者としてはこの子どもの父親が誰であるかは分からないし、二条も何も語らない。四月の末の着帯のときが妊娠五か月であるならば受胎は前年の十二月かその翌年の一月ごろ、ということになるのだが、その時期の記述は何もない。この「何も語らない」という事態が『とはずがたり』における子どもに関する記述としては大変珍しい。二条は子供に関して、またその出産状況に関しては、これまで述べてきたように詳細・明確に書いているのである。

この記述の後、『とはずがたり』には三年間の空白があり、出産はその空白期間の事となるのだが、実はこの「三年間」という空白も暫定的に「それぐらいではないか」というレベルの曖昧なもので、年代設定が実に曖昧なのである。そこに事実を朧なものにしておこうという二条の意図があったという可能性もある。

この子供の出産に関する記述は何もなく、この子供がどうなったのか、また誰であるのか、分からない。つまりは〈謎の子ども〉なのである。この空白は、もともと存在した巻が欠けたものか、なぜ空白なのか、よく分からないのだが、二条はそこに敢えて謎の空白期間を置いたのではないかと考えてみることも出来よう。つまりは、物語化、虚構化に際しての意味のある空白というものを考えてみたい。

ところで『源氏物語』においても空白の四年間というものがある。第二部の若菜巻、六条院における蹴鞠の会のさなか、柏木が女三宮の姿をたまたま見てしまうという事件があった。その結果、柏木は恋に落ちてしまった。その事件から実際の密通に至るまでが空白の四年間なのだが、この四年間の時間の蓄積の中で柏木の心の中にやむにやまれぬ鬱屈したような思いが醸成されていくのだった。『とはずがたり』における〈空白〉というものをこの視点から考えてみることも可能かもしれない。

その空白の後に、『源氏物語』の柏木の物語と同様に、二条と〈有明の月〉との本格的とも言えるようなドラマが始まって行くのである。〈有明の月〉との再会、そしてその経緯が詳細に記され、そして彼女は彼の子どもを出産する。さらに〈有明の月〉の死へとドラマは展開していく。

〈謎の子ども――X〉とは何だったのか。それを一つのヒントとして捉えてみたいのである。二条が敢えてそこに置いたヒントなのではないか。回想を書くに際しては、意味のないことは書かないのではないかと思えてならない。ささやかなことであろうが、心に残って今も何かを訴えかけてくるものだけを〈意味を込めて〉書いていくものではないかと思う。この謎の子どもXに何かの意味が込められているとすれば、これも二条からのメッセージなのだと受け止めてみることも必要であろう。この記述は、「わたしはこの時期に本当は子どもを生んでいるのだ」という二条からのメッセージだったのではないか、子どもの存在を仄めかすように書き記しておいて、後は謎として残しておいた、とこれはあくまでも想像なのだが、そのように思わせるものがある。

〈母と子〉の物語――大念仏供養の世界から

鎌倉時代中期の弘安二年（一二七九年）三月六日、律宗の僧、導御《どうぎょ》上人によって嵯峨の清涼寺において融通大念仏会《だいねんぶつえ》が行なわれた。大念仏の行事そのものはそれ以前からあったものらしいが、この時期から全国的に流行することになる。大念仏会とは要するに大勢の人々が群集してともに「南無阿弥陀仏」を合唱・念仏するというものであった。そして、念仏の合間に猿楽・狂言などの芸能も行われたのではないかと推測されており、現代にも伝わる盆踊りの起源とも言えそうなものであって、五来重氏の研究によればこの大念仏会は鎌倉期から南北朝・室町期にかけて全国的に大流行したものであるという。

この大念仏を行った円覚十万上人導御という人物に関してはさまざまな物語・伝説がある。導御は一二三三年生まれで亡くなったのは一三一一年であるから、一二五八年生まれと推測される二条とは同時代を生きた人であったことになる。ちなみに嵯峨清涼寺の大念仏のあった年は（例の空白期間に当たる）、二条は二十一歳。前述のように例の謎の子を生んでいたかもしれない時期であった。

導御はその後、正安二年（一三〇〇年）三月、京都の壬生寺においても融通念仏を始めた。それが今に伝わる壬生大念仏狂言である。『壬生寺縁起』によれば都からも鄙からも大勢の人々が集まってきて、念仏の合間には猿楽などの芸能を楽しんだとのことである。宗教性と大衆芸能性とが混然となった大きなエネルギーが沸き起こっていたのだった。

この導御上人という人は、もともとは東大寺の傍らに捨てられていた捨て子だったという。それが東大寺に拾われて成長後は僧となった。五来氏によれば勧進聖として活動した人であったという。また、勧進の目的以外にも、彼が清涼寺において大念仏を始めたのは、母と再会したいという彼の思いがきっかけであったと言われる。伝によると、導御は法隆寺東院の夢殿に参籠し、生母に再会したい思いを聖徳太子に祈願したところ、多くの人々を集めて大念仏を行い、融通念仏を人々に広めよ、そうすれば母との再会が叶う、というご託宣が降りた。それが京の清涼寺における大念仏会に繋がった。その後導御は無事に母と会えたのだ、とか。

導御が母に捨てられたのは、父が早くに亡くなり、母ひとりの手では子の養育が思うに任せぬところからやむなく子を捨てざるを得なかったのが原因だと伝には記されているが、その背景には壮絶なる飢饉の実態があったことを考えてみたい。鎌倉時代は飢饉が大変に多かったのである。飢饉というのは歴史上いつの時代にも繰り返し発生し、さまざまな悲劇を惹き起こすものだが、この鎌倉時代には歴史上最大と言われる飢饉が何度も発生している。

その一つは〈寛喜の大飢饉〉と言われるもので、『気候で読み解く日本の歴史』（田家康著　日本経済新聞出版社）によると、天候異変は一二二〇年代半ばから続き、ある年は長雨、ある年は日照り、巨大台風、一二三〇年はとてつもない冷夏、米の不作となり、寛喜三年（一二三一年）には餓死者は全国の三分の一に及んだとのことである。

また、〈正嘉の飢饉〉は一二五七年から一二六〇年に及ぶもので、大干ばつ、大地震、疫病によって餓死者無数という事態であったという。その結果、道端に死体は捨てられ、人身売買、捨て子、さらには社会不安による事件が次々に発生したとのことである。導御に限らず、子捨て、親兄弟との死に別れ、生き別れの悲劇があまたあったであろうことは想像できるのだが、導御が捨て子であったという事実もこの時代を背景に置いて見ると、この悲劇は導御に限らず社会全体におよぶもの、つまりは当時の人々の共通感覚としてこの捨て子の問題があったはずである。そこから生まれる、母と子の生き別れ、そして再会の物語は当時の人々にとってはあまりにも身近な、そして身につまされるような物語として広範に流布したのではないか。導御のおこなった大念仏会は、生き別れの母に再会したいのだという彼の思いも一緒になって人々に広まって行ったのであろう。つまりは大念仏の流行とともに、母と子の再会の物語も一緒になって世の中に広まって行ったと思われる。事実、この大念仏会はその後全国的に大変流行するのである。

この母と子の再会の物語は、能にも多く取り入れられた。その中のひとつが「百万《ひゃくまん》」である。百万というのは南北朝期に奈良に実在したと伝えられる女曲舞《くせまい》の名手の名前である。

この曲舞の名手、百万は生き別れになったわが子を求めてもの狂いの女となって奈良から京へとさすらって来たのだが、それが大念仏の場に出会って、彼女はそこでわが子との再会を果たしたのだった。二条の生きた時代より（『とはずがたり』執筆は内部検証によって一三〇六―七年頃であろうと推測される）二・三十年ほど後の物語ということになるのだが、このような母と子の生き別れから引き起こる悲劇の物語は二条の生きていた時代にもすでに人々の間で膾炙されていたのではあるまいか。もの狂いのさすらいを続ける芸能者百万、さすらいの旅を続ける二条の姿、この二人の姿には重なるものがあるように思う。

二条のさすらいの根拠として、この百万のようにもの狂いの女になって子を求めて流離う母の思いというものに注目してみたいのである。『とはずがたり』を読みつづけていると、「私はさすらわなければいけないのだ、それが私の宿命なのだ」という二条の思いが切々と伝わってくるものがあるのだが、その根拠に関しては何も語らない。また二条自身は、子のゆえに流離うのだとは記していない。西行法師の絵巻を見た幼いころから漂泊への憧れがあったのだと『とはずがたり』では述べている。そもそも西行が何故出家・漂泊の人生に突き進んだのかは明確ではないし、諸説もいろいろあって判然とはしないのだが、やむにやまれぬ思いに突き動かされての出家であることは間違いない。西行もやはりやむにやまれぬもの狂いの思いがあってさまよう魂に突き動かされたのであろう。その思いというものを幼いながらも二条は感じ取っていたのだろうか。二条自身も、西行とは根拠は異なっているにしても、やむにやまれぬ思いというものを同じように抱え込むようになったその時点で、かねてから心の中に潜んでいた漂泊へのあこがれが具体的なものとして湧き起こってきたのではあるまいか。

二条の生きた時代、それは天変地異、災害、飢饉などによる世の中騒然たる時代であったろう。その中から社会不安が生まれ、そして親鸞、一遍、日蓮などの鎌倉新仏教の動きが起ってきた。人々の悲しみ、不安、怒り、苦悩、生きるか死ぬか分からぬようなぎりぎりの状況を掬い取って行くものとして新しい宗教活動が生まれて来たのである。

二条がこの嵯峨の清涼寺の大念仏を弘安二年の時点で見たのかどうか、それは分からないのだが、新しい時代の動きとして彼女はそれらの風潮を知っていた可能性もあるし、それを自分の問題として感じ取っていたのではあるまいか。彼女の生きた時代の背景にあったものとして、この大念仏と母と子の物語を捉えてみたいのである。少なくとも彼女は、百万と同じようにさすらいの旅に出たのである。その行方に何を見ていたのか。

能「百万」は二条より少し後の成立の物語ではあるのだが、二条の時代にもすでにこのような子を求めて流離《さすら》う母の物語や母と子の再会物語などが人々の間で流行していたと想定するのは決して無謀ではないと思える。

ところでもの狂いとは、神や霊が憑依したことによる神がかりによる狂気とは異なっていて、原因はあくまで心の問題であった。何か確かな原因があってものに憑りつかれたような状態になるというのがもの狂いである。能の物語ではこのもの狂いの原因となる要素としておよそ二つの点が挙げられる。ひとつは「百万」「桜川」「三井寺《みいでら》」「隅田川」に見られるように子供への思いに駆られるというもの。あともう一つの要素は別れた恋人・夫を探し求めて、というもので、家族や子ども、夫・恋人へのやむにやまれぬ恋慕の思い、執着、愛執の思いというものが女をもの狂いにさせ、さすらいの旅へと駆り立てるのだった。

この二つの思いは『とはずがたり』においても主要テーマとして取り上げてもいいように思える。『とはずがたり』においても主君にして愛人であった後深草院に対する思いが『とはずがたり』全体を貫く大きなテーマであったと思えるからである（拙著『女神の末裔』「さすらいを生きる――とはずがたり」参照、二〇〇九年）。

謎の子――X

正応二年（一二八九年）の二月二十日余のころ、すでに出家をして尼となっていた二条は都を後にして東国へと旅立った。およそひと月後の三月二十日余、江の島に到着、そして翌日、鎌倉に入った。鎌倉にはその年の十二月まで滞在している。その滞在期間中の十月、当時十三歳であった久明親王（後深草院皇子）が鎌倉新将軍として下向するという出来事があった。その折、二条は都の名門貴族出身の有識者でもあったのだから、新将軍を迎えるに際しての儀式・衣装などの準備にあたって協力・指導を行っている。これは、たまたま二条が鎌倉にいたからその依頼があったと言えるかもしれないし、あるいは二条に対する要望があってわざわざ鎌倉へ下向したのだと推測できるかもしれない。二条の旅の目的は、この新将軍下向と関わりがあったのではないか、と推測したくなるところである。二条は、新将軍到着の様子を見聞したのち、十二月には鎌倉を出て川口（現在の埼玉県川口市）の善光寺に滞在、そして翌年二月信濃の善光寺へと出立した。

二条の旅の目的は、鎌倉にあったのか、あるいは善光寺にあったのか。この善光寺にも秋になるまで数か月も滞在していたのであるから二条にとっては大切な〈行くべきところ〉であったに違いないのだが、鎌倉での滞在の意味をもう少し重要なものとして考えてみてもいいかもしれない。つまり彼女の旅の目的は、この久明親王にあったのではないか、という問題である。これを一つの仮説として、二条の子どもに対する思いというもの、そして二条のさすらいを考えてみたいのである。

ちなみにこの久明親王が京へ戻ったのはこの元応二年から十九年後の延慶元年（一三〇八年）のことである。これは『とはずがたり』の最終記事である徳治元年（一三〇六年）七月十六日の後深草院の三回忌仏事から二年後のことである。推測すれば、彼女の『とはずがたり』執筆時期は久明親王の京帰還時期と重なっていると言えそうである。

これは推測になるが、久明親王の京への帰還が『とはずがたり』執筆の動機になったのかもしれない。二条の漂泊の人生が、十九年前のわが子（であるかもしれない）久明親王の鎌倉への〈流離〉がきっかけとなって始まったとすれば、その終焉はわが子の京への帰還であったということになる。わが子の流離・さすらいが終わった、と同時に母である二条の漂泊も終わりを遂げたのだ、と考えることもできそうである。わが子が京を離れて異郷の鎌倉に流離っている間、母である二条も諸国行脚の漂泊の旅を続けたということになる。母と子の二人の流離・漂泊が同時進行する形でそこにあったように思える。

この久明親王が謎の子―Xであるという可能性を考えて、その父である〈有明の月〉＝性助法親王と二条との間にあった〈物語〉を次に見ていくことにする。

〈有明の月〉と二条の物語――「源氏取り」から　その1

〈有明の月〉との交渉は巻の二から始まり、巻の三に入ると本格的なものとなって、そして〈有明の月〉の死によって終焉に至る。この二人の交渉の経緯が、〈有明の月〉の死に至るまで語られていくわけだが、その死によって物語は終わりになるのではなく、二条には妊娠と出産があり、そして生まれた子供が残されたのである。子どもがその後どうなったかはあまり語られてはいないが、――後深草院に引き取られたことだけが分かる――この二人の物語は結果として子どもたちを生み出したのであり、二人はその父と母として存在する。視点を変えて見れば、この二人の物語は、子どもたちが生まれ出るための物語だったとも言えるのではなかろうか。そういう視点を考えてみたい。

二人の物語は言わば赤裸々な人間ドラマとなって物語化しているのだが、その〈物語〉を簡単に構造化すれば次のようになる。

〈有明の月〉と二条の出会い・葛藤──性交渉──妊娠──出産──〈有明の月〉の死。

このような経緯が二人の物語になるのだが、『とはずがたり』では〈有明の月〉の死後、さらに次の子＝〈有明の月〉の忘れ形見となる男児の妊娠と出産が語られる。二条はつまり〈有明の月〉の子を二人生んでいるのである。その〈子〉のどちらかが〈謎の子─X〉であるとすれば、そのXとはいわば〈運命の子〉であると言えよう。

古来、物語とは主人公の父と母の物語から始まるのが通例である。父と母の運命的出会いと愛・葛藤があって、その運命を背負って生まれ出たのが〈物語の主人公〉というものであった。

『源氏物語』における光源氏も父である天皇と母である桐壺の更衣の宿命としか言いようのない過剰な愛のもとで生まれ出た運命の子であり、また宇治十帖の主人公薫の君も柏木の女三宮に対する過剰な愛着が原因となって生まれた、これも〈運命の子〉であった。この二つの事例に共通するのは、桐壺帝と柏木という男達のあまりにも過剰な、女への愛であり、このあまりの愛が桐壺更衣を死へと追いやり、さらに柏木の場合は自滅としか言いようのない柏木自身の死をもたらしたのだった。そのような状況の結果として生まれ出た子はどのように生きていくのか、というのが次に展かれていく物語の課題だった。従って、物語のその後は、その運命を背負った子がどのように生きていくのかを語る。運命の子、光源氏や薫の君がいかにその宿命を背負って生きていくのか、それが『源氏物語』で語られているのだった。

『とはずがたり』においてもこの問題は考えるべきことである。

〈有明けの月〉は『源氏物語』で言えば柏木であった。彼は、後述するところだが、明らかに柏木のイメージを擬える形で造形されている。二条と〈有明の月〉の物語は「源氏取り」によって物語化されているのである。『源氏物語』第二部では、柏木の理不尽とも言える過剰の執着によって光源氏の正妻、女三宮との間に密通事件が起こり、その結果、男児が誕生した。柏木は生まれたわが子に愛着を残しながらはかなくも死に至る。そして女三宮は出家した、というのが柏木の物語である。生まれた子——後の薫は光源氏の子として育てられ、そして宇治十帖においては愛を求めての魂のさすらいとも言えるような物語が展開していく。柏木の過剰な愛は、この運命の子、薫をこの世に生み出すためのものだったとも言えるのだった。

柏木の過剰な愛着——密通事件——妊娠——出産——柏木の死

この構造は『とはずがたり』においても同様のものだが、さらに、二条は女三宮と同じように出家をする。もっとも出家の動機は女三宮とは違っていたかもしれないのだが、二条は、『源氏物語』における女三宮に擬えられている。『とはずがたり』がこのように源氏取りをしているとすれば『とはずがたり』での記述はないとしても、生まれた子も『源氏物語』を念頭に入れて考えてみる必要があるだろう。『源氏物語』の運命の子、薫に相当する人物は『とはずがたり』の世界ではいったい誰なのか、現実の歴史上の誰に相当するのか、『とはずがたり』の運命の子はどのようにして生きたのか、『とはずがたり』が源氏取りをしている以上、この問題は当然起こってくるように思う。また、二条は「その子はどうなったか」を明らかに記述はしないものの、源氏取りの手法によって、我が子は現在の時点でどのようになっているのかが示唆されているのではあるまいか。源氏取りをすることによって、それが可能になるなのである。

その二人の〈物語〉をまず時系列に従ってみていきたい。年次は『日本古典文学全集』年譜によった。

巻二
建治元年　一二七五年
三月　後白河院御八講のおり、〈有明の月〉に告白される。
九月十五日ごろ　院の平癒祈禱の際、連日、〈有明の月〉と関係を持つ
建治二年　一二七六年
九月　〈有明の月〉と出雲路で会う。この時、訣別
十二月ごろ　妊娠の兆候
建治三年　一二七七年
一月　御所に参上した〈有明の月〉と会う。
四月末　御所で着帯————謎の子　X
八月　伏見殿で近衛大殿と関係を持つ
空白期間　三年くらい？————この間にXを出産？

巻三
弘安四年　一二八一年

二月　〈有明の月〉と再会、後深草院に二人の関係を知られ、いわば院公認の形で二人の関係が始まる。その後、院は二条の懐妊を予告。
七月　御所で着帯（院の子として）
十一月六日　〈有明の月〉の子を出産――――――――子ども　A
〈有明の月〉頻繁に訪問、我が子を膝に乗せて抱く。（その子は院の別の愛妾の子として育てられる）
十一月十三日　〈有明の月〉、訪問（性交渉？）
十一月二十五日ごろ　〈有明の月〉、死去

弘安五年　一二八二年
三月ごろ　妊娠に気づく
八月二十日ごろ　男児出産――――――――子ども　B
弘安六年　一二八三年
七月ごろ　御所から追放されて、退出する。
十一月二日　〈有明の月〉三回忌供養
弘安八年　一二八五年
三月二日　巻三の最終記事

この年譜で、まず、謎の子―Xを見ていただきたい。懐妊を知る少し前に〈有明の月〉とは会っているので父親は〈有明の月〉だと推測することも出来るし、また着帯の儀を御所で行っていることから子は院の子だと見なされたとも考えられる。ともかくもこの子の出産に当たる時期が空白になっているのはたまたま空白なのか、あるいは削除されたか、ということも考えられるが、ここで意味のある空白というものを考えてみたい。回想をあえて虚構化、朧化するにしても〈本当の事〉はどうしても出てしまうものであるし、またこれが二条の意図によるものだとすれば、此処での記事はどうしても譲れない真実があったのだと思われる。

思い切って推理すれば、この〈謎の子―X〉は四年後に出産した〈子ども―A〉と同一人物なのではないか。Aの誕生が弘安四年の十一月ではなく、四年さかのぼる建治三年の秋だとすればいろいろの点で辻褄が合うのである。有明の月、そして後深草院との特殊な三角関係が四年早く建治三年の時点で始まっていたということになる。では、なぜこのような操作を二条がしたのかを考えれば、そこに前述のように『源氏物語』の柏木と女三宮の物語が浮かび上がってくる。密通の結果、子どもの妊娠・出産があり、その挙句、光源氏の怒りに恐れおののきつつ女三宮への執念、生まれたわが子への愛着を残しつつ、その葛藤の中で死んでゆくのが柏木の物語であった、それが『とはずがたり』ではそのまま有明の月の姿となって描かれている。

そこには生と死の交錯があり、執念を残して死んでゆく柏木の姿がまざまざと描かれている。その柏木の死と〈有明の月〉の死を重ね合わせるためには、運命の子の出生は〈有明の月〉が亡くなる直前でなければならない。そこで事実を数年ずらして弘安四年の秋に設定した可能性がある、とはいうものの、現実に、モデルとされる性助法親王が亡くなったのは弘安五年（一二八二年）十二月十九日であるから弘安四年に固執する必要はないのだが、事実とはずらしずらし物語を虚構化していったのだと思われる。

そこで彼女は子の出生をずらした、と仮定したいのだが、このような方法を取ったために二条はかなり無理な設定をすることになってしまった。というよりは、二条は、このAの出産が始めから虚構であると分かるようにこの記事を書いていると思われる。〈子ども—A〉の出産は十一月六日。その一週間後の十三日に訪れた有明の月との間に性行為があったものらしく、それによって二条はふたたび受胎した。その結果生まれたのが〈子ども—B〉ということになる。しかし、出産直後一週間での受胎はあり得るのかが問題になってくる。以前読んだある注釈書では「産科医に確認するとこのようなことは『あり得ないことではない』という返答だった」とあるのだが、このことはやはり「ありえない」ことではなかろうか。医学書によれば「授乳がない場合は、平均的に産後三週間ほどで排卵が始まる。授乳している場合はそれよりも排卵は遅くなる」とのことであるが、二条はこの時の子には自ら授乳しているとあるので、排卵はもっと遅くなるはずである。やはり受胎は無理ではなかろうか。

いくら鎌倉時代の女性とは言え、受胎・妊娠・出産に関する知識は科学的、経験的に当然知っているはずであろう。また他の事例、たとえば『源氏物語』などでも妊娠・出産に関わる記事は幾つか散見する。たとえば藤壺女御が光源氏との密通によって妊娠した折のこと、それが桐壺帝の子であるかのようにいかにして事態を隠蔽して誤魔化すか、側近の女房たちは妊娠の時期や産み月をずらしずらして帝に報告するのに苦慮しているのだが、それなども受胎・妊娠に関する正確な知識が無いと書けないものである。ここは二条による「無理を承知の虚構」、というよりは「虚構であることが分かるような虚構」として捉えるべきであろう。

では、謎の子—Xが生まれたと想定する建治三年の時期に誕生した後深草院の皇子は実在するのか、という問題になるのだが、『宮廷系図集覧』によれば、残念ながら建治三年出生の皇子は存在しない。また弘安四年頃出生の皇子もいない。系図には残らない皇子もいたことだろうと推測されるのだが、建治三年ではなく一年ずれた建治二年誕生の皇子なら二人実在する。そのどちらかが謎の子―Xである可能性を考えてみたい。その皇子とは、一人は深性法親王、もう一人が問題に挙げている久明親王である。久明親王の母は藤原公親の娘、房子である。二条にとってはかつての宮廷内における同僚女房だったことになるのだが、この久明親王はいわば一庶子に過ぎなかったから本来ならば鎌倉将軍の地位に着ける身分ではなかったとされる。彼が鎌倉将軍の地位に着いた経緯はよく分からないが、あるいは本来の父と母であるかもしれない性助法親王（嵯峨天皇の皇子であり、高貴な出自であった）と二条（こちらも村上源氏という名門の出自である）との間に生まれたという高貴性が配慮されたのではないか。二条が鎌倉に下向したのは、あるいは真実を知る後深草院か、あるいは西園寺実兼（〈雪の曙〉という通称で登場する二条のかつての愛人である）の、一つのはからい、がそこにあったことも考えられよう。

二条が執筆時点でのわが子の状況を念頭に起きつつこの物語を書いたとすれば、『源氏物語』の運命の子、薫の姿をそこに見ていたのではないか。有明の月の死にゆく姿は柏木を彷彿とさせるものであった以上、読者は、特に〈源氏読み〉の読者は必然的にその遺児の行く末を想起することになる。鎌倉時代の宮廷は、ことごとく〈源氏取り〉の世界であったのだから、宮廷の人々は『源氏物語』の人々にわが身を擬えて究極の〈遊び〉の生き方や恋をしていたようにさえ思える。

〈有明の月〉と二条の物語――「源氏取り」から　その2

〈有明の月〉と称される人物との関係は、後白河院御八講のおり、たまたまその彼と二条が二人きりでいるときに、突如恋心の告白を受けることからはじまった。それが三月の事であった。次に九月になったころ、後深草院が病気になり、その病気の平癒祈禱のために訪れた〈有明の月〉との間に性関係が生じた。二人の関係はその御修法の合間合間に延々と三七日の結願に至るまで続いたという。

二条が極めて魅力のある女性であったことは疑いがないが、それだけではないものがあったことも考えてみたい。後深草院と〈有明の月〉の男同士の関係、つまり親愛・葛藤・ライバル意識などなどの闘争意識のようなものが二人の間にはあって、それが要因の一つとなって彼が二条に惹きつけられるようなことがあったのではないか。後深草院を皇統の中枢にある権威ある聖なる存在として位置づけてみると、その大きな存在に対する挑戦と言いたいものがそこから窺われるのである。その挑戦というものが、院の愛妾である二条との恋、それも危険な〈不可能の恋〉であったろうか。

二条は院の愛妾の一人、ということになるのだが、その立場は非常に微妙なものであった。父の源（久我）雅忠が存命であったならば、二条は院の正式な妃の一人として遇されたはずなのだが、その父が早くに亡くなり、また二条の一族、村上源氏の一党としては縁の深い後嵯峨院（後深草院の父）も亡くなってしまうという事態に至れば、二条は妃なのかひとりの女房に過ぎないのか実にあいまいな立場の女になってしまった。二条は後深草院率いる宮廷の花であったかもしれないが、同時にそのあいまいさのゆえに後深草院の世界の影も帯びている。その二条を性によって侵すことは後深草院の〈聖なる世界〉への侵犯であるかもしれないが、その侵犯は遊びに過ぎないとも言える。院の正室である東二条院、皇子の母である玄輝門院に対する性の侵犯とは意味が違うのである。

ここは『源氏物語』との比較から考えてたい。

『源氏物語』第二部において、柏木が恋い焦がれた女三宮とはどのような存在であったかが問題になる。女三宮は、光源氏の正妻ではあるが、帝の后ではない。かつて光源氏と、父桐壺帝の皇妃である藤壺との間に生じた密通は、帝の妻を犯すという意味で重大なタブーをもたらすものであったが、柏木と女三宮との間にはそのようなタブーは存在しなかった。ただ問題は、帝という聖なる存在ではないが、この世の権威・権力を集めた絶対的王者であった光源氏に対する挑戦がそこにあったことである。

かの柏木は、女三宮との密通の後に次のように述懐している。

帝の御妻をも取りあやまちて、ことの聞こえあらむに、かばかりおぼえむことゆゑは、身のいたづらにならむ、苦しくおぼゆまじ。しかいちじるき罪にはあたらずとも、この院に目をそばめられたてまつらむことはいと恐ろしくはづかしくおぼゆ。

帝の妃を相手に過ちを犯して、それが表ざたになったとしても、これほどもの思いをするそれが原因でわが命を捨てることになってもそれは苦しいとは思うまい。そのようにはっきりとした罪には当たらなくとも、この院（光源氏）に日を背けられることはそれはもう恐ろしく気もひける思いがする。

光源氏は藤裏葉巻で太上天皇となり六条院の主として、〈院〉と呼ばれてはいるが、正統な〈院〉として捉えるのは微妙なものがあって、たとえば正統な院である朱雀院（光源氏の兄）との呼称の違いは歴然としている。院としての正統性に揺らぎがあるのである。したがって光源氏の正室である女三宮は厳密には「帝の御妻」とは言えない。帝の妻を犯すのであればそれはかつての光源氏の藤壺に対する性による侵しのように――それはいわば皇統を乱すものとなる——大いなる罪であり、禁断のタブー性を帯びるものであった。事実、光源氏と藤壺の密通から生まれた皇子は冷泉帝となったのである。この皇統の乱れを起こした密通事件は、単なる密通の意味を越えて国家に対する反逆という意味も帯びることになる。

柏木の女三宮に対する密通事件は、そのような〈聖なるものに対する侵犯〉には相当せず、いわばその〈もどき〉であった。このような柏木の物語を踏まえて、二条は有明の月との恋を描いていくのだが、それはさらなる〈もどき〉と言えようか。しかし、光源氏は天皇でも上皇でもないとしても、それを超越したような存在であった、だから柏木は光源氏の威力に恐れおののいた揚句に死に至ることになる。

聖なる世界に属する女を性によって侵犯するというのは『伊勢物語』『源氏物語』での大きなテーマとなっている悲劇だが、皇妃とは言えない二条との恋はその悲劇を踏まえた上での、そしてその悲劇性を喚起させながらもあくまで危険性のない遊びの恋だと言える。

『とはずがたり』で赤裸々に描かれている、二条と男たちとの関係は、物語世界の悲劇的な恋を地でゆく享楽的な遊びの恋の世界だったのではあるまいか。男たちは——院も天皇たちも含めて——物語の世界を地でゆくこのような恋を実践していくことに没頭していたのではないかとさえ思える。本人たちは激しい恋を実践するみやびの文化に真剣に大真面目に没頭していたのかもしれないが、手の届かぬ不可能の恋であるからこそ身を焦がすという悲恋に（悲恋とは立派な遊びである、という意見もある）没頭したとすれば、二条とは男たちの物語に対する浪漫を刺激し、かつ誘発する女として存在したのかもしれない。

二条と性関係を持った男たちの眼は、二条の背後に存在する後深草院その人に向けられていたように思う。二条を犯すことは、後深草院に対する挑戦——あくまで遊びの挑戦であり、それは男たちの矛盾に満ちた連帯に繫がっていた。

政治世界の権威と権力の位置にあるはずの後深草院は、当時は上皇とは言っても治天の君の位置にはなく、上皇としては弱体であり政治的には不遇の位置にあった。

後深草院が弱体の上皇であるとは言え、現世の中枢を生きる、また王権を担う存在であるとすれば、一方、皇弟性助法親王は宗教界の聖なる世界を生きる、これももう一つの中枢となる存在であり、そして王権を護持する聖なる威力を放つものでもあった。事実、『とはずがたり』の記事によれば、内親王や院の病気平癒祈禱を行ったりしている。さらには仁和寺御室としての位置は、当時の持明院・大覚寺統の葛藤の中でも重要なものがあったという。そういう人間が二条に懸想をする。これは院の世界と性助法親王の世界との対決とは言えまいか。彼の懸想は院の世界に対する侵犯でもある。この侵犯が常軌を逸したかのような情熱によって遂行されていくのである。

出雲路での再会

前述のように、御八講のおり（建治元年、九月と推測されている）二人の性関係が始まった。その次に二人が逢ったのは翌年建治二年の九月のこと、〈有明の月〉の依頼によって二条の叔父に当たる善勝寺隆顕が仲介を取り、ふたりは「出雲路」で逢った。これは叔父の策略とも言えるものであって、二条は〈有明の月〉と〈心ならずも〉、という気持ちで逢わなければならなかったらしい。二条は〈有明の月〉との関係はもう終わりにしようと考えていたようであり、彼に対する態度は大変冷たいものになっていた。これは前年九月の御八講での情熱を思い起こすといささか不審な所なのだが——たしかに有明の月の情熱に引きずられたような形ではあったが——、二条にもそれに応じるものがあったように描かれているのだ。ところがここではその情熱が冷めきったような二条の態度と、彼に対する嫌悪のような感情が描かれている。なぜこのように彼女の態度は冷たくなったのか。

この劇変の根拠として考えられることは、『とはずがたり』創作上の工夫として、この場面が、かの柏木と女三宮の密通場面を踏まえて描かれていることである。『源氏物語』でのこの密通場面においては、女三宮には柏木に対して嫌悪と恐怖しかなかった。したがって二条にもそれが投影されていると思える。

恨めしく疎ましく思ひまゐらせて恐ろしきやうにさへおぼえて、つゆの御答へも申されで

というように、〈有明の月〉に対しては疎ましく恐ろしくという思いしかなかった、という。その二条に〈有明の月〉は「夜もすがら泣く泣く契りたまふ」とすがりつくように迫り続けるのだが、二条は「今宵ぞかぎり、と心に誓いゐたる」と彼との関係を断ち切ろうと決意している。二人の再会の場面はこのような心の通じ合わない寒々としたものであった。

「せめては見だにおくれ」とありしかども、「心地わびし」とて起き上がらず。泣く泣く出でたまひぬる気色は、げに袖にや残し置きたまふらむと見ゆるも罪深きほどなり

これは〈有明の月〉が部屋を出ていく時の様子だが、二条の打ち解けない態度に打ちひしがれている様、それは二条が「魂を二条の袖に残していらっしゃるのだろう」と思うほど、魂の抜けたような姿であったという。『源氏物語』若菜下巻では、心の通わない女三宮に悄然となりつつ部屋を後にする柏木の様は次のように描かれている。

（女三宮が歌を）はかなげにのたまふ声の、若くをかしげなるを聞きさすやうにて出でぬる魂はまことに身を離れてとまりぬるここちす。

魂を恋しい女のもとにおいていく、というのが共通している。冷たい女と執着する男という型がここに見られる。〈有明の月〉を柏木に擬えるという趣向のために、この出雲路での再会場面を源氏取りの結果、柏木と女三宮との密通シーンを踏まえることになったものと思える。ただ、そのためには、このシーンでの〈女〉は女三宮同様に冷たい女でなければならなかった。そして執着する男、〈有明の月〉の哀しい情熱がより強調されていくことになる。

若菜下巻で、長年恋い焦がれ続けてきた女三宮に柏木はようやく会えたものの、それは柏木の一方通行的な、そして独断的過ぎる想いの発露に過ぎず、その逢瀬は惨めなものに過ぎなかった。女三宮はただ茫然とするばかりで、心が通い合うこともなく、別れの時が来たのだが、柏木にとっての唯一の幸が、女三宮が彼の歌に答えてくれた、ということであった。和歌を詠みかわす、というのが心が通い合ったという証しであり、みやびの心なのだった。

この後、〈有明の月〉は執念の塊と言えるような起請文を寄こし、二条への執着をあからさまにしていくのだが、二条の方は「身の毛もよだち、心もわびしきほどなれど、さればとて何とかはせん」と思うばかりであって、これ以後二人の関係はしばらく途絶える。

翌年（建治三年）の一月ころ、〈有明の月〉が院にやってきた折再会している。その後、妊娠、着帯の記事などがある、というのが巻二でのいきさつなのだが、この妊娠・着帯というのが前述のように〈謎〉なのである。そして、前述のとおりその後しばらくの空白があって（三年ぐらいか）その後の巻三では〈有明の月〉とのドラマが冒頭から本格的に展開していく。

巻三の展開

巻三に入ると、〈有明の月〉との関係が後深草院公認という形で進展していくことになる。その結果、二条は妊娠して、やがて出産という事態になるのだが、この妊娠・出産に至るまでの過程がまことに用意周到に記されていて、確実に〈有明の月〉を父とする子がどのような経過で生まれたかが語られている。院の子ではなく、また〈雪の曙〉の子でもなく、確実に父は〈有明の月〉なのだと二条は強調している。この〈子〉は用意周到に準備に準備を重ねて生まれ出た〈有明の月の子〉なのである。
これは〈謎の子―X〉の妊娠の折の記事とは全く異なっている。〈謎の子―X〉に関しては二条は何も語らないのである。

巻の冒頭、院の姫宮――のちの遊義門院――の病気が重く、その加持・祈禱のために〈有明の月〉が御所を訪れる。その折の彼と二条との会話を立ち聞きした院が、二人の関係を許す、という事態となり、さらに院は不思議な夢を見たのだという。その夢の内容とは、〈有明の月〉が二条に五鈷《ごこ》を与えた、それを二条が懐に隠したのだが、それを院が私の物にしよう、というものだったという。その夢の解釈は、「今宵必ず験あることあるらむとおぼゆるぞ。もしさもあらば、疑ふ所なき岩根の松をこそ」というもので、これは二条が〈有明の月〉の子を宿すであろう、というもので、さらに敷衍すれば、その子は私＝院がもらうことになるという予言であった。

ここにいう「岩根の松」は『源氏物語』の柏木巻に出て来る言葉で、柏木の死後、光源氏がしみじみと柏木のことを思い返し、次のような歌を詠む。

誰が世にか種はまきしと人問はばいかが岩根の松はこたへん

一休、誰が種をまいたのだと人が尋ねたなら、岩の上に生まれ育った松は何と答えるのだろう。

柏木との密通の結果、女三宮は柏木の子を出産する。女三宮の不注意からその関係を知ってしまった光源氏は、柏木の子とは知りつつその子を我が子として受け入れざるを得ない、という苦衷の中にいた。さらに柏木の死と女三宮の出家という事態が起こる。その女三宮に詠みかけたのがこの和歌である。――お前の父は誰なのか、と聞かれたら、この子はいったい何と答えるのだ、というこの和歌は、光源氏の心理の複雑さ、あるいは恐ろしさまでも感じさせる言葉であろう。

『源氏物語』における柏木の物語は、柏木と女三宮という二人の関係だけではなく、光源氏との葛藤も交えた三者の心理葛藤が切迫感を持って描かれているもので、物語のポイントは三角関係にある。柏木は、女三宮の彼方にある光源氏に対抗する気持ちもあったであろうし、源氏に対する藤氏のプライドもあろう、あるいは大いなるものに対する若者の挑戦というものだったとも言えよう。それが、迂闊にも事が進行すればその挑戦が恐怖に変わる、光源氏の大いなる威力というもののまぼろしに柏木は打ちのめされてしまうのだった。

院は、この「岩根の松」の語を使うことで、「私は光源氏の立場に立って、二条と有明の月の関係を見守る。生まれた不義の子は私が引き取る」という意思を表明したのだと思われるが、これは『源氏物語』の光源氏の苦衷を自分が引き受けようというものだった。これは『源氏物語』の世界を自分が実地に実践していく、光源氏の役を私がする、ということに他ならない。この記事が虚構ではなく事実であるとすれば、これほど大いなる〈あそび〉はないと言う他はない。物語世界を実地に遂行していく、そのような生き方が宮廷にはあったということになるのだが、これも著者二条の創作上の工夫であったのかもしれない、とはいうもののこのような生き方に情熱を傾けるものが、かなり退廃的とは言え、この時代の宮廷貴族文化であったのだろうか。

院は自分の見た夢が確実なものになるかどうか、そのためにしばらくは二条と関係は持たないと語る。父が〈有明の月〉であることを確実にするために、である。

さらに二条は、〈雪の曙〉との逢瀬を語るのだが、突如火事騒ぎがおこって、二人はそのまま別れてしまうことになった（つまり性関係はなかった）。これも、子の父が〈雪の曙〉ではないことを確実にするための記事として受け取れる。

このように二条はこの時受胎した子供の父は確実に有明の月なのだ、とまことに用意周到に準備を重ねている。

次に〈柏木取り〉が出てくるのは、二条が〈有明の月〉の子を出産したのち、彼が二条のもとを訪問した時のことである。〈有明の月〉は二条への執念、愛執やみがたく、どうしても二条から離れることは出来ないという思いを延々と掻き口説くように語っていく。その言葉とは次のようなものであった。

なほこの道のなごり惜しきにより、今一度人間に生を享けばやと思ひさだめ、世のならひ、いかにもならば空しき空に立ち昇らむ煙もなほあたりは去らじ。

あなたへの思いがあまりに名残惜しいので、もう一度生まれ変わってもあなたのそばにいたい。ただ世のならいとして死んでしまったなら火葬の煙となってもあなたの傍から離れはしない。——というこの思いは、愛執の思いに捉われた人間の悲しみを描いているのだが、彼の言葉にある「火葬の煙となってもあなたから離れない」は、『源氏物語』、柏木の巻からの引用である。

行方なき空のけぶりとなりぬとも思ふあたりを立ちははなれじ

私が死んでしまって火葬の煙となってしまっても恋しいあなたの傍からはなれはしない。

これは柏木が死の直前に女三宮に書き送った最後の文にある和歌である。この時柏木は病床にあった。死を予感して書き送ったと言えるもので、死んでもあなたから離れはしないという柏木の思いの深さが表されたものである。

〈有明の月〉の言葉はこの柏木の思いの深さを踏まえたものなのだが、此処にこのような柏木の和歌を引用するということ自体に、〈有明の月〉の〈死〉が予感されていると言える。〈有明の月〉はまだ病気になってはいないのだが、病の末にはかなく思いを残して死んでゆく柏木の姿が投影されているのである。柏木もそして〈有明の月〉も滅びへと突き進んでゆく人間として描かれている。

彼らが本当にこのように語ったどうかは不明である。これは二条が年を経てこの〈物語〉を執筆するに際しての手法であったかもしれない。しかし、この時代の宮廷人が『源氏物語』の世界を再現する遊びの中に生きていたと言えるのであって、後深草院が〈有明の月〉の子を我が子として引き受けるというのも、光源氏の屈折した心理を一つの美学として引き受けるということであったのではないか。

ところで、この時〈有明の月〉とのあいだに性行為があったものらしい。二条がそれによって妊娠するという記事があるのだが、これは前述のように〈無理を承知の虚構〉であったという他はない。

この後、〈有明の月〉は流行病のために急死してしまう。二条はそれを機に出家をしようと思うが、いろいろのことを配慮して出家はしばらくは見送ったのだという。その配慮とは、〈有明の月〉は高貴な高僧であったから彼との情事は極秘であり、二条の出家と彼の死が万が一でも関連づけて噂になりでもしたら彼に対して申し訳がない、というようなものであったらしい。

二条の出家はその数年後のこと、出家を果たした彼女は漂泊の旅に出た。出家の理由としては、彼女は予てから西行に憧れていたということは彼女自身『とはずがたり』に記しているのでそれが大きな理由なのだろうが、しかし理由は一つではないだろう。何かの契機と言うものが人にはある筈である。〈有明の月〉の死は、彼女にとって大きな契機の一つであったと思える。

源氏取りの結果、〈有明の月〉が柏木に擬えられているとするならば、二条はさしずめ女三宮であろうか。彼女には女三宮のような生き方が課せられている。女三宮が出家して柏木の冥福を祈ったように、二条も〈有明の月〉の冥福を祈らなければならないのだという命題が当然そこに起ってくるのである。〈有明の月〉との関係をこのように『源氏物語』の〈光源氏―女三宮―柏木〉という三角関係の物語に則って構成している以上、二条も女三宮を生きなければならないということになる。『源氏物語』における女三宮の様子は、あまり自覚もなさそうな頼りない尼姿ではあるにしても、二条の出家、漂泊の姿には女三宮の尼姿も投影されているはずであろう。

ところで二条が最後に産んだ子はどうなったのだろうか。二条は自分で授乳をしつつ養ったと記しているが、その後のことは、つまり二条が出家したのちのことは記されていない。この子は、あくまで想像ではあるのだが、その後東大寺に入ったのではあるまいか。最後の男子が生まれたのは、記事を信頼するならば弘安五年（一二八二年）であり、二条の出家はその七年後の正応二年（一二八九年）のこと、生まれた子は七歳になっており、寺に入るとしてもおかしくはない年齢である。

『とはずがたり』後半を読んでいると二条は奈良を拠点としてあちこちの旅に出ているように読めるので、彼女の本拠地は奈良の地に在ったのではないかと思える。東大寺に入ったわが子の近くで尼として暮らしながらわが子の成長を見ていたのではないか、というようなことを想像して見たくなる。さらに前述のようにわが子（かもしれない）久明親王の鎌倉将軍就任のこともあって彼女は、我が子に関しては「もう大丈夫」という状況になって、ようやく出家に至ったのかもしれない。

〈雪の曙〉との間に生まれた女子の問題

ところで二条にはもう一人の〈わが子〉、西園寺実兼《さねかね》との間に生まれた女子が存在する。この女子が成長の後どうなったか、についてはさまざまに推論されているのだが、歴史上実在する実兼の娘の中の誰であるかを立証することは現実には難しい。有力候補として挙げられているのは、永福門院鐘子《しょうし》（伏見院后）と昭訓門院瑛子（亀山院后）の二人であるが、この二人は年齢に関してはそれほど違わず（昭訓門院は出生年に関して諸説ある）、ともに天皇・院の后となっており、どちらが二条の娘であるかの論証は出来ないように思えるのだが、ただ二条はこの女子の受胎・出産に関してもやはり〈源氏取り〉を行いながら詳細に書き記している。西園寺実兼こと物語内の呼び名〈雪の曙〉とのいきさつは『源氏物語』の夕顔の巻をふまえて、かつさまざまの引用をしつつ〈夕顔取り〉の手法によって描いている。では、その結果生まれた子供は、誰なのか、母親が夕顔ならば娘はさしずめ玉鬘ではないか、という想像は当然起こり得るもので、〈源氏取り〉の手法はそこまで及ぶものがあっただろうと思えるのである。

二条は『とはずがたり』を執筆しつつ、この時生まれた我が子は『源氏物語』で言えばあの玉鬘なのだと示唆していたのではあるまいか、という想像から、二条の娘に関して考えてみることにしたい。

鎌倉時代の宮廷の人々にとって『源氏物語』ほど面白い物語はなかっただろうと思われる。自分たちと同じような身分・境遇の登場人物たちがさまざまの人間関係を結び、そこから生まれてくる恋や執着や苦悩・葛藤が描かれているのである。では自分たちも同じではないか、『源氏物語』の主人公たちになれるではないか、と考えたのも当然だろう。自分たちの宮廷の世界が〈源氏取り〉の世界であり、〈源氏物語の世界〉を自分たちの物として再現することができるのである。『源氏物語』の世界をモデルとして現在の宮廷のドラマを構築する。これほどの究極の遊びの世界はない。

二条を取り巻く人間関係――後深草院と西園寺実兼（雪の曙）、そして二条の三角関係――A系図――ものの見事に『源氏物語』の人間関係――つまり光源氏・頭中将・夕顔――に当てはまるのである。

A系図では、実兼のおばの姞子《きっし》が御嵯峨院の后となって御深草院と亀山天皇を生んでいるので、実兼と後深草院は従兄弟同士である。この関係に相当するものを『源氏物語』の系図で見ると次のようになる。――B系図

A系図

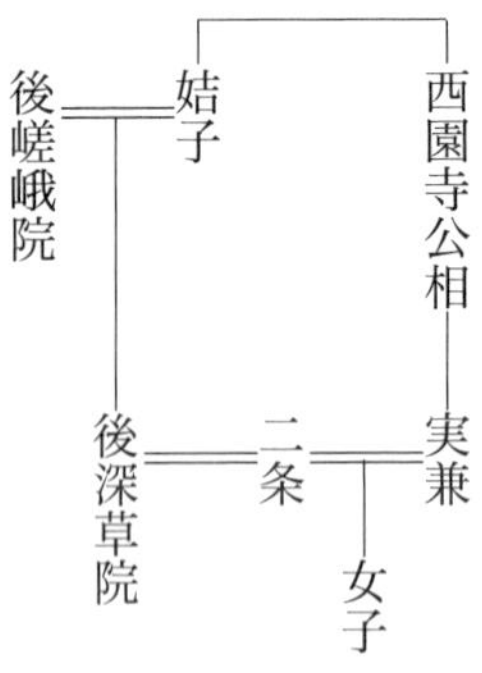

頭中将の母は桐壺帝の妹で物語内では「大宮」と呼ばれている。従って桐壺帝の皇子である光源氏とは従兄弟の関係になる。さらに頭中将の妹、葵上は光源氏の妻であるから、頭中将と光源氏とは義兄弟の関係でもある。この光源氏と頭中将の間に夕顔という女人がいた。夕顔はもともと頭中将が通っている女＝愛人であった、そして二人の間には女子も生まれていたのだが、その夕顔と光源氏の間に不思議な恋愛関係が生まれた、というのが

B系図

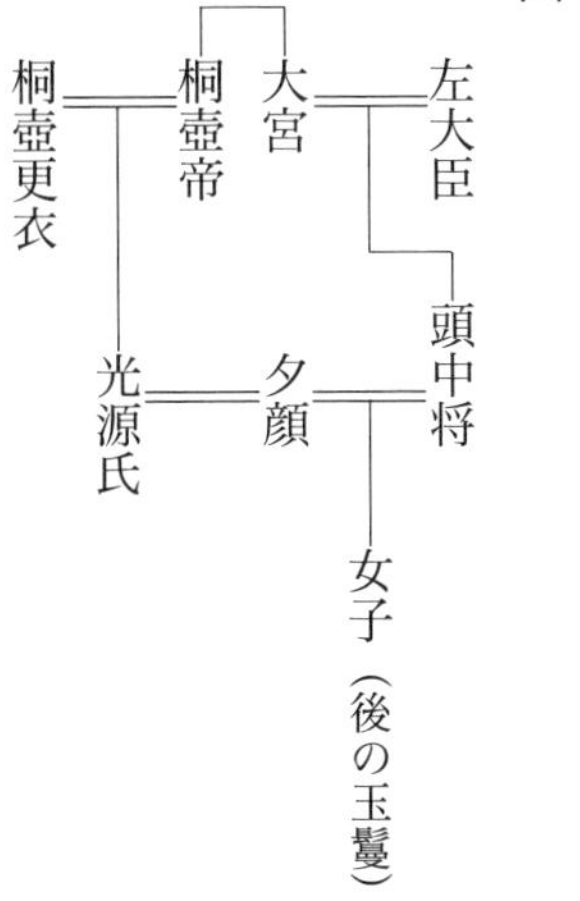

『源氏物語』における夕顔巻の物語である。

これを『とはずがたり』の世界に当てはめると、院と〈雪の曙〉の間に二条がいる。二条は本来、後深草院の愛人である、にも拘らず〈雪の曙〉との間に恋愛関係が生じた、というのが『とはずがたり』のドラマなのだが、『源氏物語』と異なっているのは、二条との関係に於ける院と〈雪の曙〉の位置が逆転しているところである。したがって、『とはずがたり』が〈夕顔取り〉をしているとすれば、夕顔巻における光源氏の役割は〈雪の曙〉こと実兼が演じることになるのである。光源氏ならば〈神の子〉としての〈光〉があるのだが、〈雪の曙〉は臣下、つまり人間であるから、ここは人間ドラマとして多少世俗的であらねばならない、ここは少し『源氏物語』の世界とずらして表現しなければいけない、と考えたのではないかと推測するのだが、この〈ずらし〉の方法がパロディ化だったと思える。『とはずがたり』においては、二条と〈雪の曙〉が密会している様は夕顔の巻を踏まえつつもどこかユーモアがあって、くすりと笑えるようなほのぼのとした楽しさもまた滑稽さも感じさせる。これは〈夕顔取り〉であると同時にパロディとしての〈夕顔巻もどき〉と言いたいような、〈ずらし〉のテクニックであるように思える。

また問題としたいのは、『源氏物語』では、頭中将は光源氏に対して大いなるライバル意識を持っているという点である。従兄弟同士であり、左大臣邸で共に過ごすことも多く、いわば幼馴染の仲の良さであり、学問も遊びも共に切磋琢磨してきたという関係である。頭中将は光源氏に負けまいとする。

この中将は、さらにおし消たれきこえじとはかなきことにつけても思ひいどみきこえたまふ。この君ひとりぞ姫君の御ひとつ腹なりける。帝の御子といふばかりにこそあれ。われも同じ大臣と聞こゆれど、御おぼえことなるが皇女腹にてまたなくかしづかれたるは何ばかり劣るべき際とおぼえたまはぬなるべし。（「紅葉賀巻」）

この中将は、光源氏に圧倒されてはなるまいとちょっとしたことでも負けまいと対抗していらっしゃる。この中将だけが姫君（葵上）と同腹であった。光源氏の方は天皇の御子というだけではないか。私も、父は大臣とは言えど（臣下の身の上）ご寵愛厚く内親王を妻にいただいた。私はその皇女を母として生まれ、またとなく大切にされている、したがって、光源氏にひけをとるとは思っていらっしゃらないのであろう。

光源氏は夕顔巻の時点ではすでに臣籍降下をしていて皇族ではない。しかし帝の皇子である、というのは絶対的な〈光〉であった。しかし頭中将は、自分も母は皇女である、あちらは帝の皇子だというに過ぎないではないか、自分もひけはとらないと考える。この頭中将の思い—対抗心は、『とはずがたり』における〈雪の曙〉の〈思い〉として捉えてみてもいいかもしれない。

頭中将は光源氏に負けまいとはしているが、物語のヒーローとなるのは神々の子孫である、という視点から見ると頭中将はいささかヒーローとしての資格に欠けるものがあるかもしれない。神話や物語のヒーローは本来は神々であるはずだった。その神々の子孫がこの地上へと降りてくると、それが天皇や皇族たち、さらにはその末裔の源氏となる。彼らは神々の子孫なのである。神の子としての威力を持つ彼らこそが物語のヒーロー、あるいはこの世のヒーローとしてふさわしいのだという認識が古来あったように思う（その認識に従って『源氏物語』『伊勢物語』は描かれている）。

余談だが、この世の支配者は源氏でなければ、つまりは神々の子孫でなければならないという思想から歴史をとらえてみることも出来る。ちなみにかの平家も天皇を祖としている、つまり神々の子孫であるという点で源氏と同格なのだが、かの源平合戦で敗北してしまった。源平合戦は神々の子孫同士の天下分け目の戦いだったのである。神々の子孫である平家の敗北の様を描いたのが『平家物語』だったと捉えることができよう。〈ものがたり〉とは神の末裔たちをヒーローとするのが原則だったと思える。

源平合戦の結果、源氏が覇者となった。その結果、この世の覇者は源氏でなければならなくなった。したがって鎌倉幕府も源氏三代（頼朝・頼家・実朝）亡きあとは実権を握った北条氏が征夷大将軍の地位に着くことはなく、将軍として京都から親王が招聘されたし、足利幕府の足利氏も源氏の一党であり、さらに江戸幕府の徳川氏も系図上は、おそらくはねつ造であろうと言われるが、源氏を名乗っているのである。神の子としてのカリスマ性が要請されたのであろう。

頭中将の光源氏に対する自負とライバル意識、それは〈雪の曙〉こと西園寺実兼にも共通するものがあったのではないかと想像してみる。〈雪の曙〉の、二条に対する過剰な、そして過激なまでの求愛と大胆な密通、そこには院の意向など物ともしない、ふてぶてしいまでの強さがある。そこには余裕すら感じさせるものがあるのだが、これも究極の危険な遊びであったろうか。また、そこには西園寺家の政治的権力の強さが背景にあるのは問違いない。西園寺家は鎌倉幕府との連携が強く、関東申し次の地位にあり、さらには承久の乱を契機として幕府との連携を強固なものとした。その結果、天皇の皇妃はことごとく西園寺家の姫たちで占められるというのが、『とはずがたり』の時代の状況だったのだが、そこには名門村上源氏出身の二条の居場所はないのだった。

二条も村上源氏（村上天皇を祖とする源氏）、つまり源氏の女である。二条は物語のヒーローとなる資格のある神の子だった。

〈雪の曙〉との恋――「源氏取り」「伊勢物語取り」

〈雪の曙〉は『とはずがたり』の始めから二条の恋人として登場する。二条は幼少のころから御所で御深草院のいとし子として院の膝下にあったのだが、文永八年（一二七一年）、院の寵愛を受ける身となった。これは二条の父、大納言久我雅忠に院の方から後宮入りを示された結果であり、父の雅忠からすれば二条が正統な妃となり、皇子を生むことがあれば皇位継承の可能性すらあり、村上源氏の家門の誉れともなることであった。

ところで、この時期に〈雪の曙〉は二条に手紙を送り、さらには衣装までも贈っている。〈雪の曙〉こと実兼と二条はもともと許嫁の関係だったのではないかと言われているのだが、それにしても二条が院の所有物になることが分かっているにも拘らず果敢に行うこの行為は、院への挑戦として捉えてもいいかもしれない。院の〈女〉なのだから自分が手に入れたい、というこのような危険な恋は、つまりは〈不可能〉への挑戦である。

『伊勢物語』『源氏物語』における主人公たちの不可能への挑戦、という文学テーマを〈雪の曙〉も実践していったのだと言えよう。

この〈雪の曙〉との新枕《にいまくら》が交わされるのは、二条が院の所有物となってから一年後のこと。文永九年（一二七二年）八月三日、父の雅忠が亡くなった。そして九月、雅忠の四十九日の法要が営まれる。その後、二条は方違《かたたが》えのために乳母の家にしばらく滞在するのだが、その期間中の十月十日余りの頃、その乳母の家に〈雪の曙〉がやってきて、そこで新枕という事態が起こった。二人の関係が始まったのが父の死後であるというのは示唆的である。〈雪の曙〉にとって二条の父の存在は、あえて言えば邪魔だったのだ。二条の後宮入りに関しては、父の雅忠はいずれは正式な入内の形にしたい、二条を単なる女房や愛人の立場ではなく正統な妃の位置にしたいと思っていたようなのだが、それを具体的に果たす以前に雅忠は亡くなってしまった。雅忠は亡くなる直前、見舞いに来た院に対して、くれぐれも二条を頼むと言い残しているのだが、院にもその意思はあったのかもしれないが、結果的に二条は院にとっての正式な妻なのか単なる女房や愛人なのかよく分からない曖昧な存在になってしまったのである。したがって、父の亡きあと、二条は父がいない女、そして夫もいるようないないような存在となった。庇護者としての〈父〉〈夫〉という男系がいない女が宮廷に一人放り出されたのである。さらに二条には母もなく、本来は庇護者であるはずの母方の人々も二条の庇護者とはなり得ていない。そのような女がこの世においてどのようにさすらっていくのか、というテーマもまた浮かび上がってくる。そして『源氏物語』の夕顔も同じくさすらう女だった。三位中将であったという父、そして母も亡くなり、その後通ってくる頭中将は正式な夫とも言えず、帚木巻によれば夕顔は正式な妻としては扱われてはいないのであり、ここにも〈父〉〈夫〉という男系からはじき出された、そしてその結果行き場を失くしてさすらいに至る女の生が描かれている。

文永九年の父雅忠の四十九日の法要の後、四条大宮の乳母の宿所に滞在する二条のもとを〈雪の曙〉が訪れる。その折りの新枕の様は、ここは〈源氏取り〉ではなく『伊勢物語』を踏まえて物語化されている。

まず乳母の家の築地が崩れていて、そこに茨が植わっているという。その茨を取り除けてくれという男がいた、と下男が言う。ここはゆゆしき通い路になるのだから茨があれば通い路にはなれないのだという。その夜、その通い路を通って〈雪の曙〉はやってきたのだったが、ここは当然『伊勢物語』第五段を踏まえているところで、〈雪の曙〉は後の二条后こと、当時は入内前の藤原高子にひそかに通う男、業平に擬えられているところである。藤原高子はゆくゆくは天皇の后となるはずの、藤原氏にとっては政略上貴重な姫君であったから、業平が手に入れられるはずがない。ここは言わば〈禁断の恋〉がテーマになっている。

『とはずがたり』のこの場面においても二条との恋は禁断なのである。そのタブーを侵犯する男として〈雪の曙〉はやってくる。これは院の世界に対する反逆であるはずなのだが、先に述べたように二条は院の正統な妻とは言えない曖昧な存在に過ぎないからここはあえて言えば〈侵犯もどき〉と言えよう。たとえ本人は真剣に恋をしていたのだとしても、である。父を亡くした二条はそのような危険な恋という遊びにうってつけの女になっていたのだと言えないだろうか。

さらにこの夜、やってきた〈雪の曙〉の様子は次のように描かれている。

子《ね》一つばかりにもやと思ふ月影に、妻戸を忍びて叩く人あり。中将という童、「水鶏《くいな》にや、思ひよらぬ音かな」と言ひて開くると聞くほどに、いと騒ぎたる声にて「ここもとに立ちたまひたるが、『立ちながら対面せむ』と仰せらるる」と言ふ。――中略――かく言ふ声をしるべにや、やがてここもとへ入りたまひけり。

この場面は同じく『伊勢物語』六十九段を踏まえている。六十九段は、業平こと〈昔男〉と伊勢斎宮の夢のように儚いただひと夜の恋を描いているもので、ここでも斎宮という高貴にして侵すべからざる神聖な女に対する禁断の恋がテーマである。『伊勢物語』の場面では次のようになっている。

子ひとつばかりに（女は）男のもとに来たりたり。男はた寝られざりければ、外のかたを見出して臥せるに、月のおぼろなるに、小さき童を先に立てて人立てり。

「子ひとつ」の時間とは、午後十一時から十一時半。『伊勢物語』では斎宮の方から男のもとへやってくる。その姿は月の光がおぼろな中、女童を先に立てて立っている、というもので、この状況は、男と女が入れ替わっているが、『とはずがたり』とよく似た設定である。

〈雪の曙〉がやってきたのは十月十日余りの日の夜と記されているから、月は満月にほど近い、「子ひとつ」の時間なら月は中天に煌々と輝いていたはずである。その月の光のなか、「中将という童」の声に導かれて入ってきた男は、まさに『伊勢物語』の夢のような恋の世界を仄めかせているのだが、「とはずがたり」の方は一種のもどきかパロディでもあるので女童は「いと騒ぎたる声」で二条に報告する、あまりみやびやかではないのである。

次の夜、〈雪の曙〉は再びやって来る。ちなみに『伊勢物語』ではただひと夜の恋が描かれているので「次の夜」というのはない。したがって実兼と二条の〈次の夜〉は『源氏物語』夕顔巻をふまえながらもいささかパロディ化したかのような〈夕顔もどき〉の展開となっている。

この夜の乳母の家は騒がしかった。出家していた乳母の夫がたまたまやってきて、さらに子どもたちも集まって一家で楽しんでいる様子。その賑いのさまが庭を隔てて二条のいるところにまで聞こえてくるのである。乳母が二条の部屋の前まで来て「こちらへお越しください」と言う。皆で楽しく遊びましょうというのである。この乳母は「さしもの古宮の御所に生ひ出でたる者」であるのに、「むげに用意なくひた騒ぎに」という人であった。由緒ある格式のある御所で育った人なのに心得のない大騒ぎをする人だと二条は嘆く。この夜の賑やかさは次のように夕顔の宿りの場面と比較される。

さまざまのこと聞こゆる有様は、夕顔の宿りに踏みとどろかしけむ唐臼の音をこそ聞かめとおぼえて、いと口惜し。

さまざまの音が聞こえてくる有様はあまりにひどいので、これならいっそかの夕顔の宿のあたりにとどろいていたあの唐臼の音を聞きたいくらいだわ、と思われてひどく悔しい。

光源氏が通った夕顔の宿りは、五条界隈の庶民たち――おそらく市の人々だったと思われるが――が暮らすあたりで、みやびならざる非貴族的な世界だった。夕顔は行き場もなくたまたまその小家で逼塞していたのだが、その小家では、朝早くからさまざまの市井の物の音が、唐臼の音であったり、人々の交す言葉であったりするのだが、そのような音が筒抜けに聞こえてくる。これはみやびならざるものたちなのだが、夕顔の巻では不思議に夕顔の世界のわびしさが表れていて、これもみやびな一つの美となり得ている。しかし、『とはずがたり』のこの乳母の家の場面は完璧に非みやびなのだった。さらにその乳母によって二条の酒好きが暴露されてしまった。

「御好みの白物なればこそ申せ。なき折は御尋ねある人の、申すとなれば例のこと。さらばさてよ。」

御好物の白物だから申し上げているのに、ないときは欲しがる人が、差し上げようとするといつものように聞き分けが無い。それならばもういいですよ。

この白物とはお酒の事だという。当時の日本酒は濁り酒が主であったというが女性用にアルコール度の低い白酒もあったらしい。濁り酒も一見したところ白いように思うのだが、二条が好んだ白物とはどちらなのだろうか。酒好きのヒロインというものは王朝みやびの世界にはあまり存在しないように思えるのだが、ここにも夕顔巻もどきのパロディ化が窺われるし、二条が『とはずがたり』の世界で描こうとしたのが非正統のみやびならざる人間ドラマだったからだと言える。二条は正統なる妃となれず、あくまで可能性としてだが、もしかすれば皇統を継ぐこともあったかもしれない皇子を亡くし、遊女のような愛欲の生活を余儀なくされ、あげくの果てに宮廷から追い出された人間である。彼女ほど非正統の人生を歩まされた女人はいないと思える。その果てのさすらい、漂泊があった。

『伊勢物語』や『源氏物語』を踏まえながらもその精神をひっくりかえすものがここにはあるし、それが『とはずがたり』を貫く精神となっているように思える。

秘密の子の出産

やがて二条は〈雪の曙〉の子を懐妊することになった。その子は、決して院の子ではないこと、確実に〈雪の曙〉の子であることを証明するかのごとく詳細にその経緯を記している。その展開はかなりスリリングなものであった。

〈雪の曙〉との新枕からおよそ一年後、文永十年十二月の事、里居をしていた二条は〈雪の曙〉と一緒に過ごしていた。その密会の夜、二条と〈雪の曙〉は同じ夢を見る。その内容は「塗骨《ぬりぼね》に松を蒔きたる扇に、銀の油壺《あぶらつぼ》を入れて、この人の賜《た》ぶを人に隠して懐に入れぬと夢に見て」というものだが、これと同じものを男の方も見たというのはあまりに物語的過ぎる気はするが、この夜二人はあるいは受胎するやも知れないという共通感覚が不思議な夢となって現われたのかもしれない。この夢には、懐妊かもと思わせるもの――扇や松や油の壺など――が懐妊の象徴としてあらわれている。漆塗りの扇の上に（模様は松）、銀製の油の壺が載っている。扇はもともと神の憑代であるし、油の入った壺は、女の子宮を表わしている。そしてその壺の下の扇には松が描かれている。「岩根の松」という言葉があるが、それは岩に根付いた松が岩を抱え込むように大きく成長するさまをいうのであり、また松の根は成長していく我が子にエネルギーを与え続ける命の根源の象徴であった。

この「松の根」に関しては民俗学においてはいろいろな研究がなされているのだが、出産時の胞衣《えな》を地中に埋めてその上に小松を植えるという習俗が中世以来あったことが報告されている。この「松の根」は『源氏物語』にも用例がある。

『源氏物語』初音巻で、生き別れて暮らしていた実母の明石君から贈られてきた細工物に対して——それは五葉の松に鶯がとまっているというものだった——明石姫君は次のような和歌を返しに送る。

ひきわかれ年は経れども鶯の巣立ちし松の根を忘れめや

——離れて暮らして年月は経ったが、鶯のわたしは自分が巣立った松の、さらにその根っこの母を忘れようか。決して忘れはしない。

二条の見た夢、それは油壺の中に、つまり子宮の中に受胎した我が子がいる。その壺の下には、そのわが子に命のエネルギーを与える松、そして根っこがある。それは私の、母としての命なのだ、と解釈できるだろうか。

受胎の時に見た夢としては、『源氏物語』で柏木が密会の折に見た猫の夢が有名である。中国には虎の夢を見ると男子を生むという言い伝えがあるそうだが、虎もネコ科である以上、猫も男子の象徴であったのか、事実その折り女三宮は運命の子である薫君を受胎したのだった。

この夢を見た夜、つまり受胎の時から出産に至るまでの経緯を時系列で次に記してみる。この子を院の子であるかのように誤魔化しつつ、いかにして院をだましつつ出産に至るか、その困難と努力の経緯がスリリングに記されていく。

年が明けて文永十一年正月、院は年の初めから二月二十七日に至るまで法華経書写のために精進の生活に入り、その間、女性との性生活は断つ。従って二条との性行為もない。

二月末、二条はつわりが始まる。（心地例ならずおぼえて物も食わず―妊娠三か月）

同じく二月末、院の御所へ参り通う。（記述はないが、院との性行為があったと推測）

五月、院は二条は妊娠四か月ごろかと推測しているという記事がある。（実際は六か月）

六月七日、〈雪の曙〉、里に下がるように二条に催促。（その時、〈雪の曙〉による着帯が行なわれる。本当は妊娠五か月であった四月にするべきところを世間に知られるのを恐れて六月になったという）

六月十日、院に参上する予定だったが急病のために里にいる。

六月十二日、叔父の四条隆顕が院の命によって着帯の帯を持ってくる。その日、着帯の儀。（実際は妊娠七か月）

二条は院の御所でその後も仕えていたが、妊娠期間二か月のずれをごまかすことがなかなかたいへんであったらしく「いかにとばかり、なすべき心地せず」と嘆いているうちに「『いかにせむ』と言ひ思ふよりほかのことなきに」九月になってしまった。九月と言えばすでに産み月である。お腹の膨らみは、これは個人差のあることだが、六か月、七か月の頃から目立ち始めるし、臨月ともなれば嫌でも目に付くと思うのだが、当時の衣装のせいで何とか誤魔化せたのだろうか。かなり難儀なことであったのは間違いない。

九月二日過ぎ、遂に御所勤めが不可能となったのか、彼女は里に下がる。伝染する病になったと世間や院にも伝えて二条は出産準備に入った。〈雪の曙〉も公には春日大社に参籠すると披露して、二条にピッタリと付ききりの態勢である。

九月二十日余りの曙より、とうとう産気づいた。出産は日も暮れたころである。この出産は一人二人の侍女とともに〈雪の曙〉が大いに奮闘して取り仕切ったもので、〈雪の曙〉の二条に対するひたむきさが窺われるところなのだが、この『とはずがたり』を通して現われてくる彼の人間性、人柄は非常に魅力的なものである。周囲に対する心遣いも行き届いており、自由自在に行動して実現していく力、また心の柔軟性もあるように思える。ひたむきに恋する男というものが描かれている。もっとも〈雪の曙〉こと西園寺実兼のその生涯における政治上の戦略的融通無碍さを考えると、彼は恋する男であると同時に政治家であり、戦略家でもあった。この時生まれた女児はその後西園寺実兼の後宮対策上の有力な持ち駒の一つとなるのである。

灯を近く灯して〈雪の曙〉は生まれた子を見るのだが、その時二条もちらりとであるが見た様子が次の文章である。

産髪黒々として今より見開けたまひたるをただ一目見れば、恩愛のよしみなればあはれならずしもなき。そばなる白き小袖に押し包みて、枕なる刀の小刀にて臍の緒を切りつつかき抱きて人にも言わず外へ出でたまひぬと見しよりほか、また二度《ふたたび》その面影を見ざりしこそ。

産毛が黒々としてもう目を開いていらっしゃるのをただ一目見ると、恩愛のよしみのゆえに「ああ、かわいい」と思わないはずがない。それなのに雪の曙は傍にあった小袖にこの赤子をくるんで、枕元にある刀で赤子のへその緒を

――切ると、そのままかき抱くようにして、人にも言わず、外へ出て行かれた、その様を見ただけでわたしは再びその赤子の顔を見ることはなかった。

生れた子は〈雪の曙〉がどこともしれず連れ去ってしまったのだが、どこへ行ったのかは二条は始めは知らされていなかったらしい。また、院には流産であったと報告して、この秘密の出産は無事に遂行されたのだった。

三年後の建治三年（一二七七年）四月の末、かの女子は満二歳半ごろということになるが、その子が病気であるという知らせが〈雪の曙〉からもたらされた。そこで二条はわが子と対面する。前には「また二度その面影は見ざりしこそ」と書いているのだがここで再び見たことになる。その子は「二月より生ふされけるとて、いこいことある髪姿、夜目に変らずあはれなり」という様で、髪がふさふさとしているというのが美人のしるしというわけで余程特徴的だったのだろうか。「いこいこ」というのは「いしいし」の誤りではないかという説がある。形容詞「いし」は「見事だ、立派だ」の意味である。おそらくその年の二月に髪置の儀が行なわれたのだろう。髪置の儀とは子どもが二・三歳の頃に行われるお祝いで、それまで剃っていた頭髪をその時以来伸ばすのだという。

この折の記事ではじめてこの女児が西園寺家の姫君として養育されていることが明らかになる。

北の方、をりふし産したりけるが亡くなりにける代わりに取り出でてあれば、人はみなただそれとのみ思ひてぞありける。天子に心をかけ、禁中に交じらはせむことを思ひ、かしづくよし聞くも、「人の宝の玉なれば」と思ふぞ、心悪《わる》き。

雪の曙の北の方がちょうどその同じ時出産をしたもののその子は亡くなってしまった。その死んだ子の身代わりにということでわが子を連れて行ったので、人々はみなその子を北の方の子だと思っているのだった。将来は天子の后になるように期待をかけて、宮廷で暮らさせることを考えて大切にかしづいているという話を聞いても、「この子はよその家の宝の玉なのだから」と思ってしまうのも、よくないことね。

〈雪の曙〉の北の方、というのは二条と同じ一門、村上源氏の久我通成の娘の顕子である。二条の父雅忠と通成は従兄弟同士であるから顕子と二条とはまた従姉妹の関係になる。二度と会えないと思っていたわが子に会えたのは嬉しかったに違いないが、二条の心境はいささか複雑なもので「この子はどうせ人の家の宝なのだ」と歪んだようなものになっているのは、この子はもう私とは関係がないとわが子を突き放したかのように見ていると読めてしまうのだが、実際はそういうものではないのだろう。この子が将来どのような人生を送ることになるのか、その様がまざまざと見えてしまうところから来る二条の思いではなかったろうか。わが子に会ったその時点でそう思った、と考えてもいいところだが、この記事を執筆したと推測される徳治元年、二年(一三〇六―七年)の時点での二条の思いがここに現われていると考えるべきだろう。その頃には、わが子がどのような人生を送り、そして現在はどうなっているか、二条にはそれが見えているはずなのである。

二条の娘は亀山院后昭訓門院瑛子か

二条が産んだこの女子はその後どうなったか、そして歴史上の誰であるかを断定することは難しいのだが、西園寺実兼の姫君として育ったのは確かである。そして、西園寺家の人々が、この子をやがては天皇の后にしようとかしづいているという記事から、現実に天皇・院の皇妃になった人物の誰かではないかといろいろ憶測がなされてきた。実兼の娘で皇妃になった人物は前述のように、伏見天皇中宮になった永福門院鏱子、亀山法皇の妃となった昭訓門院瑛子の二人がいる。

わが子を再び見ることはなかったという二条の記事を信用するならば、永福門院は該当しない。再び見なかったとは言うものの実際は二才の頃の顔を見ているのではあるが、執筆時の彼女の心境を思うと「あれからずっと私は娘を見ていない」という気持ちが強かったのではあるまいか。

永福門院鏱子ならば二条はその姿や顔をかなり間近に見ているはずである。よく知られているように、『増鏡』に正応元年（一二八八年）六月、実兼娘の鏱子入内の折、その出《い》だし車に彼女が乗ったという記事がある。その折は女房名が二条ではなく三条になったので彼女は大変に嘆いたのだとか。女房としての再出仕であったというよりは、村上源氏の有力な身内の女としての資格で入内に付き添ったということではあるまいか。鏱子の母は村上源氏の通成の娘顕子であり、顕子は二条とはまた従姉妹の関係である。さらに当時はかろうじて婿取り婚が正統と考えられていた時期であるからあえて言えば西園寺実兼は婿殿、そして生まれた鏱子は村上源氏一族の子という観念がまだあったことが考えられる。その一族の娘の栄えある入内に母方に繋がる縁として彼女も参加したということではなかろうか。『増鏡』では入内後のさまざまの儀式のさまが述べられる中に、重要な役を担う母の顕子や女房の「一条」「二条」の動きも記されているのだが、残念ながら「三条」の名は出てこない。しかし推測するにその人々の中に「三条」も同じようにいたのではないか。
彼女がいつまで女房として鏱子に仕えたのかは分からないが、ほどなく退いて、そして出家をしたらしい。翌年の正応二年（一二八九年）二月、すでに尼となっていた彼女は都を後にして旅に出るのである。想像をたくましくすれば、もしも鏱子が彼女の娘であるとすればわが子が伏見天皇中宮になったことで（同年八月二十日、女御鏱子は中宮になった）大いに満足し、そして先にも述べたようにわが子であるかもしれない久明親王が征夷大将軍となって鎌倉下向が決定する、という事態に対して彼女は出家を決意した、と捉えることも出来そうであるが、すべて憶測であるから何とも言えない。彼女の娘は実兼次女の瑛子であるというのが「大よその定説」になっているのだが、鏱子の可能性も全く無いわけではないと思える。

二条の娘が実兼次女の瑛子であることを岩佐美代子氏が『京極派歌人の研究』（笠間書院、二〇〇七年、改訂新

①後嵯峨
- ②後深草〈持明院統〉――⑤伏見（熙仁親王）――⑥後伏見
- ③亀山〈大覚寺統〉――④後宇多（世仁親王）――⑦後二条

①〜⑦は即位の順

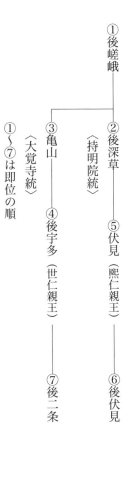

装版）の「西園寺実兼――とはずがたり作者の女児をめぐって」の論の中で、当時の政治体制の状況を踏まえて論証しておられる。

西園寺家の後宮対策としては、持明院統および大覚寺統双方の系譜の皇太子、天皇にそれぞれ姫君を送り込むことが重要だったはずである。そのようにして初めて西園寺家は両方の皇統の外戚となることができる。この時期、入内先としては有力な二人の皇子がいた。それが伏見天皇（熙仁《ひろひと》親王）と後宇多天皇（世仁《よひと》親王）である。実兼の娘たちとは年齢的にも大変釣り合いが取れている。

後宇多天皇（世仁親王）は文永四年（一二六七年）生まれ、文永七年（一二七〇年）に皇太子となり、文永十一年（一二七四年）即位した。一方の伏見天皇（熙仁親王）の方は後宇多よりは二歳年上、文永二年（一二六五年）の誕生。後宇多天皇在位中、西園寺実兼による画策・努力によって熙仁親王の立坊が実現した。このような状況の中、岩佐氏によれば、後宇多が在位中に長女の鐘子を入内させ、次に熙仁皇太子が天皇に即位した時点で次女の瑛子を入内させるのが「常識」であるとされる。そのようにすれば西園寺家の後宮対策は完璧であったのに、後宇多天皇には入内させず、伏見即位の時点で長女の鐘子を入内させた。つまり次女の瑛子を活用しなかったのである。

その理由を、次女の瑛子が嫡妻腹の正統な姫君ではなく、実はわけありの姫君であったからではないかと岩佐氏は推測されている。瑛子が、二条と実兼との間に生まれた秘密の子であったというようなことは、当時公然の秘密のようなものではなかったか、そのわけありの姫を堂々と妃として入内させるわけにはいかなかったのではないかというのである。しかし、そのわけありの次女であっても西園寺家にとっては後宮対策としての重要な持ち駒であったから、この姫君が再び有用となる時期を待つことになった。岩佐氏は「実兼がこの時点で第二女を温存したことは、すなわち彼女がとはずがたりの作者の女児であったことを、明らかに証するものである」と結論付けておられる。

瑛子の活用はそれから十年後の事となる。

正安三年（一三〇一年）正月、後伏見天皇は大覚寺統の後二条天皇に譲位することになった。これは一つの政変であり、持明院統にとっては憤懣やるかたないものであったらしく、治天君であった伏見院は政権を奪われた形となった。弱体化した持明院統をあざむくかのように、実兼は問題の瑛子を、すでに出家していて法皇とはなっていたけれどもまだまだ女性関係が盛んであった、その頃五十三歳の亀山法皇に入内させた。大覚寺統との関係を強化させるためにである。わけありの娘を正統な天皇・院の皇妃にするにははばかりがあるが、法皇ならばかまわないということだろうか。瑛子は、すでに二十九歳になっており、当時としては若いとは言えない年齢であったものの大変美しく魅力のある女性であったのか、亀山法皇の寵愛は並々ならぬものがあったという。

その瑛子の入内は正安三年（一三〇一年）正月の事。「十六日、此の日入道前太政大臣実兼第二女藤原朝臣瑛子廿九歳入法皇院仙洞。」

次に嘉元元年（一三〇三年）瑛子は昭訓門院となり、同年五月九日、恒明《つねあき》親王を出産。嘉元三年（一三〇五年）九月十五日、亀山法皇は崩御するのだが、遺訓としてこの恒明親王の立坊を息子の後宇多院に託したということだが（これは院によって無視されたらしい）、瑛子に対するよほどの寵愛が窺われるところである。法皇崩御の後、初七日にあたる九月二十一日、瑛子は「御髪おろ」して出家をした。

『とはずがたり』の執筆はおおよそ徳治元年（一三〇六年）頃以降と推測されるので、執筆時の二条はこの瑛子こと昭訓門院のこの一連の成り行き・結末を知っていたはずである。もしかすれば彼女の子どもかも知れない瑛子のこの結末を知っての上での『とはずがたり』執筆であったとしたら、彼女の人生をどのように捉えていただろうか。

かつて二歳半だったわが子に対面した折の「この子はどうせ人の家の宝の玉なのだから」という二条の思いは、「だからわたくしには関係ない」と言わんばかりなのだが、瑛子のこの成り行きを知った上での感慨と考えれば、二条にはいささか屈折した複雑な思いがあったことが想像される。この子もわたくしと同じではないかと言う思いである。後宮対策、政治上の戦略上、女子は天皇・院の妃となるべく育てられる貴重なもち駒なのである。瑛子の人生も父の西園寺実兼の政争と戦略のためにあったようなものである以上、男たちの政争と戦略に翻弄された二条の宮廷生活とどこにちがいがあろうか。また、亀山法皇はかつて二条と、これも遊びのような性関係があった相手である。その亀山法皇がわが子（かもしれない）瑛子を寵愛するという事態に対して、二条ははればれと喜ばしいと思えたであろうか。さらに『とはずがたり』執筆時、瑛子はすでに出家して尼となっているのであるから、后妃となったのは喜ばしいことであったかもしれないが、どこか屈折した思いがあったのではあるまいか。

ちなみに二条の漂泊の旅の後半は、乾元元年（一三〇二年）から始まっている。二条はその時四十五歳（推測）、前半の東国への旅とは異なり今度は西国への旅であった。この乾元元年とは、瑛子が亀山法皇に入内をした翌年である。瑛子が二条の娘であるとすれば、わが子の入内がようやく叶ったことで彼女は安心して再度の旅に出たと言えるかもしれない。

〈源氏取り〉の世界から——夕顔の娘、玉鬘

〈雪の曙〉との物語が〈夕顔取り〉であるならば、かの玉鬘に相当する女子はどうなったか、というのは当然の課題ではないかと思える。『源氏物語』では夕顔の死後、かの遺児はどうなったかという要請に応じて玉鬘があらわれたように、『とはずがたり』においてもその点は、明らかに書き記すことは出来ないにしても、私の娘はかの玉鬘のように生きているのだという二条の思いは仄めかされているのではないかと推測してみたい。

『源氏物語』では夕顔の死後、紆余曲折を経て二十年の後、玉鬘は光源氏の娘分として六条院に引き取られた。六条院では光り輝く姫君として光源氏にかしづかれるのだが、この有様が描かれている玉鬘十帖では、この姫君を妻として獲得するのは誰かということがテーマとなっている。さまざまな求婚者が現れるその中で娘分でありながら玉鬘に恋情を起こしてしまう光源氏の心が描かれ、さらに光源氏の弟（実は実子）である冷泉帝からも思いを寄せられるという事態の中、玉鬘は髭黒大将の妻となってしまった。つまり玉鬘は、六条院という院（上皇）である光源氏の妃ともならず、可能性があったのに冷泉帝の妃にもならず、臣下と結婚したというのが結末である。したがって、天皇の后になったと思われる二条の娘には該当しない。

しかし、玉鬘の娘に注目したいのである。夕顔の分身が玉鬘であったように、娘とは母の分身なのだと考えてみることも可能かと思える。玉鬘のその後を語る竹河巻では、夫の髭黒太政大臣の死後、二人の姫たちの処遇に苦慮する玉鬘の様が語られている。

玉鬘には大君・中君という二人の姫君がいた。髭黒の大臣がこの世にあったころは、この大君の入内を望んでいたというのだがそれを果たす前に彼は亡くなってしまった。しかし、天皇の方からはその後も入内の下命が絶えずあるという。この時の帝は、朱雀院（光源氏の兄）の息子であり、その後宮には光源氏の娘の明石中宮がいる。その中宮の威力には並々ならぬものがあったので、玉鬘としては大君の入内に関してはどうしても躊躇してしまう、さらには明石中宮は自分が父とも頼んでいた光源氏の娘である。その明石中宮ににらまれるような事態はどうしても避けたい、という思いが玉鬘にはあった。そのために現在の帝への入内にはためらいがあったのである。

いよいよ並びなくのみなりまさりたまふ御けはひにおされて、皆人無徳にものしたまふる末に参りて、はるかに目をそばめられたてまつらむもわづらはしく

——明石中宮は他の妃たちとは並びようもなく圧倒的な御威勢で、他の妃たちは皆さん形無しで、たとえ入内してもその末席に連なって、はるか彼方から中宮ににらまれ申されるのは困ったことで——。

このような折、冷泉院から申し入れがあった。冷泉院はこの時四十五・六歳、上皇となっていささか気楽な身の上になっていた。妃として秋好《あきこのむ》中宮（六条御息所の女子）と弘徽殿女御（かつての頭中将の娘、玉鬘の異母姉妹に当たる）がいるが、「みな年ごろ経てねびたまへるに」（皆さん、入内して年月がたつのですっかり大人になっていらっしゃって）という状況だった。冷泉院としてはかねてから思いをかけていた玉鬘のその娘ならば、という玉鬘への執着心がこのような申し入れに繋がったのである。

この冷泉院に注目して見れば、『とはずがたり』における亀山法皇とイメージが近いように思える。冷泉院は、光源氏と藤壺女御の間の密通によって生まれた秘密の子であるものの、桐壺帝の子として生育し天皇の地位についたという人物だが、形の上では光源氏の弟にあたる。亀山院も後深草院の弟であり、瑛子の入内のとき亀山院は五十三歳。いささか冷泉院に擬えることも出来そうである。

光源氏から愛されていた玉鬘、そしてその弟の冷泉帝も玉鬘に執着していた。この関係を『とはずがたり』に置いてみると、後深草院に愛されていた二条、そして二条はその弟の亀山院にも愛されていた、となるのだが、そうするとここでは玉鬘とは二条だということになるだろうか。冷泉院の玉鬘への執着が、彼女の娘である大君へと向かったように、同じく亀山院の執着は（二条の娘であるかもしれない）瑛子へと向かったのだと捉えることができそうである。

玉鬘の娘、大君のその後は、『増鏡』などに記された亀山院后昭訓門院瑛子の入内後の経緯ときわめてよく似ている。『源氏物語』の大君は入内時十八・九歳、「いとうつくしげにて盛りに見どころあるさまを見たてまつりたまふは、などてかはおろかならむ。はなやかに時めきたまふ」とあるように、若く美しい大君は冷泉院の寵愛がすばらしかった。入内は四月九日、そして七月、大君は懐妊し、翌年四月姫宮を出産する。さらにその数年後、大君は男宮を出産した。

昭訓門院瑛子も亀山法皇に愛され、そして皇子を出産した。

しかし瑛子のその後は必ずしもはれやかな幸せに満ちたものではなかった。法皇の崩御という事態があり、その結果、瑛子は剃髪・出家に至っている。

一方、玉鬘の娘大君のその後も思いもかけず不遇なものであった。大君が女宮と男宮を生み、それに伴って冷泉院後宮における立場が次第に重くなってゆくにつれて、つまり院の寵愛もますます深まっていったのだろう、冷泉院の妃たちからの圧力が強まって行ったのだという。そのために院の御所に居づらくなった大君は里に下がっていることが多くなった。

冷泉院の妻たちは先にも述べたように秋好中宮、弘徽殿女御である。そもそもこの二人は玉鬘にとっては身内のような女人であったはずなのだが、したがってその身内であるという厚意に甘えてわが娘大君を庇護していただける、あたたかく受け入れていただけると玉鬘は考慮して、熟慮したうえでの大君入内だった。しかし、それは間違いだったと気づいた玉鬘の悩み、嘆きは深いものだった。

『とはずがたり』における〈夕顔取り〉から見えてくること、それは私の産んだ娘はあの玉鬘のような存在なのだ、私の娘は玉鬘のようにこの世に生きているのだというメッセージではなかったろうか。そのメッセージから、彼女の娘はあるいは昭訓門院瑛子ではないかと推測してその可能性を述べてきたのだが、それはあくまで可能性であって断定することは出来ない。

昭訓門院瑛子が彼女の娘であるとすれば、玉鬘ではなくその娘ということになるのだが、大君が皇妃として生きるその栄華の裏側にどれほどの苦しみがあるか、宮廷の生活が政治や人間関係の歪《いびつ》さから来る葛藤にどれほど満ちているか、それを物語は伝えている。昭訓門院瑛子の生涯も同じではないだろうか。

おわりに

『とはずがたり』執筆のころと推測される徳治元年から二年（一三〇六〜七年）の時点に注目してみると、この『とはずがたり』という〈物語〉に登場していた重要人物はほぼその人生の結末が見えてしまっている時期である。嘉元二年（一三〇四年）の一月には後深草院の后東二条院公子が亡くなり、そして同年七月、後深草院が亡くなる。翌年の嘉元三年（一三〇五年）九月、亀山法皇が亡くなった。そしてその二年後『とはずがたり』には記載がないのだが、徳治二年（一三〇七年）後深草院の娘である遊義門院が亡くなっている。二条が宮廷に仕えていた時期、宮廷の中枢として王権を担っていた皇統の面々がこの時期にすべて亡くなってしまったということになる。二条が宮廷に生きていた頃、それは彼女が〈後深草院二条〉として宮廷という世界を生きていた頃と言ってもいいと思えるのだが、その世界の中枢が消えてしまったのである。たとえ非正統として裏面に追いやられた存在であろうと、その王権の世界に生きていた二条にとっては、それは自分の生きてきた世界の喪失に外ならない。その喪失感も含めて、自分の生きた世界がすでに終わったのだという感慨がこの『とはずがたり』執筆として結晶したのかもしれない。

もっとも重要人物の一人〈雪の曙〉こと西園寺実兼は出家はしたもののまだまだ健在なのだが、実兼はあくまで臣下であるから彼女の生きる世界、つまり王権の世界とは関わりがなかったとも言えよう。後深草院二条はあくまで〈王権〉の世界を自分の世界として生きたのである。

また、彼女の産んだ子供たちもそれなりに人生の決着がついた時期でもあった。ここで取り上げた〈謎の子—X〉が誰であるかはあくまで〈謎〉のままなのだが、鎌倉将軍となった久明親王であったかもしれないという可能性を考えてみた。

その久明親王も延慶元年（一三〇八年）、ちょうど『とはずがたり』執筆の頃と思われるのだが、京へと帰還した。昭訓門院瑛子の人生もそれなりに落ち着くところへ落ち着いてしまった。もしわが子であるとすればだが、わが子たちは人生における役割をそれぞれ果たし終えたのである。鎌倉将軍として生きること、後宮対策の持ち駒として生きること、そして入内後は后妃として生きること、それらすべてを果たし終えたのだと言えよう。男子は親王、そして征夷大将軍として生き、女子は亀山法皇の后として生きるというようにそれぞれ王権の中を生きたことになる。王権に翻弄され、そして排除されたかのような二条にとっては本望だったろうか、それともいささか不満であったろうか。

二条の母としての思いに注目すれば、その心情を推測するに、〈生んでしまったもの〉としての重い気がかりが肩にのしかかっていたのが、ようやくに肩から荷が降りた、というようなものであったろうか。自分の生きた皇統の世界、王権の世界の終焉を見届けると同時に、その世界の歪《いびつ》さが生み出したわが子たちの行く末をも見届けたのである。

V

もの狂い考——能の〈もの狂いの女〉

はじめに——世阿弥の〈神がかりによるもの狂い〉排除の思想

〈神がかり〉による狂い舞い、それは土俗的とも言える宗教的なものが根源であったろうが、世阿弥はその土俗的宗教性を取り除きたかったに違いない。神がかりのさまを舞によって演じるというまさに〈憑き物〉のさまが本来の、あるいは古態の能の形だったのだろうが、その宗教的とも言える神がかりの要素を消したかったのではないかと思える。さらに消したかったのは、神がかりだけではなく、神がかりがひきおこす狂い、つまりは狂気であったのかもしれない。この狂気を消していくことが大事だった。その消したところから生まれてくるものを舞台の上に表わそうとした。そこで狂気に代わるものとして世阿弥が立ち上げたのが〈夢〉であった。神がかりというような土俗的要素の強い宗教体験ではなく、人間の心理がひきおこす高次の宗教体験として夢の世界を立ち上げていったのである。それが舞台芸術として高度に完成された〈夢幻能《むげんのう》〉であった。

古来、神がかりを行うシャーマンは、男性のシャーマンも存在するが、神を下す役割を担うものは主に巫女であることが多かった。そこで神がかりを消そうとすれば、それは必然的に巫女による神がかりを失くしていく方向に繫がっていく。その結果、狂い舞いの淵源としての巫女の神がかりを世阿弥は消していったのではないかと思える。

現在の夢幻能の形は、巫女の神がかりが消えたものとなっており、その結果、一般的には次のような構成になっている。

——諸国一見の旅の僧の前に「里の女」が現われてその土地のいわれや由緒を語る。ところで、この里の女は何やら謎めいているのである。そこで疑問を感じた僧が「あなたは何者か」と問う。女は「私は某の亡霊」などと名のって姿を消す。そしてその後の中入りのあと、その亡霊が本来の姿を見せて、語り、そして舞う、という次第になる。

ところで、この能の形態では「里の女」とは実は亡霊であることが後から分かる仕組みになっているのだが、始めのうちはこの女は何者なのか分からず、謎めいているのである。彼女は何故こんなにもこの地の由来に詳しいのか、また、なぜ供養の塚に毎日のようにお詣りをして花や水を手向けるのか、という根拠が分からないのだが、女の「私は某の霊」だという名乗りによって、始めて「そうだったのか」と分かることになる。そこで、この「里の女」は本来は亡霊ではなく巫女であったのだろうと推測するのは可能だ。本来の形とすれば、巫女が現われて土地の由来を語る。そのうちに件《くだん》の霊が彼女に憑依する。憑依して神がかり状態になった巫女が、後場《のちば》で語り、そして舞う、というものであったろうと思われる。そこでは巫女は神や霊が憑依した状態となるのである。

古い時代の、土俗の残る宗教的要素の大きかった時代には、神が憑依した巫女は神々の言葉を伝えるものだった。初期の能の頃には、演者がその神がかりの様を演じるというものであったのかもしれない。そこでは霊は巫女を媒介としてこの世に招きよせられる、そして巫女に憑依した霊が、語り、そして舞う。観客側から見えるのは神がかった巫女の姿だけであり、霊の姿は直接には見えない。

霊というものは本来ならば形のない気配だけのものであるから霊が直接声を発して語るなどしてその意思を人に伝えることは出来ない。伝えるためには誰かに憑依して、その人の身体を借りて意思表示をするしかない。その霊の気配は、もし見えるとしても巫女にだけ見える、あるいは感じ取れる微かなもので、いわば巫女の脳内現象としか言いようのないものであろう。そこで、霊の憑りついた巫女の身体を消してしまえばどうなるか。神や霊やもののけたちが巫女の身体から解放されて、直接その姿を現わして〈見せる〉ことになる。

巫女の脳内現象であったに過ぎなかったものがそのまま舞台に現れ出ることになると、私たちはその姿を直接に〈見る〉ことが出来るようになる。本来ならば目に見えないものが可視化されて、リアルに霊の姿を目の当たりにするようになる。

これは、ある意味では霊たちの解放であり、もののけや神たちを巫女の身体から解放して自由に躍動できるようにしたと言える。霊は、巫女の体内に閉じ込められることなく、自由に生き生きと、そしてヴィジュアル的に躍動することができるようになった。演劇というものが、〈見えないものを見せる〉という形で成立したのである。その演劇の形を推し進めていったのが世阿弥であったと思う。

憑依を演じる

しかし問題はその霊を演者が演じるということである。ここに〈演じる〉という問題が起ってくる。演じるとは、何かの役に〈なる〉というものであるからその何かが憑依するのだと言ってもいいし、そこで演者が霊を憑依させているのだという解釈も起ってくる。巫女を介することなく直接演者が憑依を引き受けて、その憑依の様を表現した、ということになるのだが、そうなるとそれも単なる神がかりに過ぎないし、巫女に代わって演者が神がかりの狂いを引き受けることになってしまう。それでは演者と巫女と何の違いがあろうか、ということになるのだが、しかし世阿弥はそれを神がかりによる狂いとして表そうとすることなく、演じるとは何か、その工夫をさまざまに展開していったのである。霊が憑依したかのように演じるというのが大事だったのだろうが、それは〈神がかりの憑依〉であってはならない、そこで、憑依状態から必然的に生じる〈狂い〉を消していきたかったのだと思える。世阿弥は〈演じる〉というテーマを理性と知性の力で哲学的に構築していったのである。そこには神々や霊に支配されることなく、逆に霊を人間の知力で封じ込め、そして操作していくという思考がうかがわれる。その操作とは憑依であるかのように演じることなのであり、この〈かのように〉であることが大事なのだった。さらに夢幻能では、もののけや悪霊を仏教という宗教の力によって鎮魂、あるいは供養していく、その結果霊たちはこの世に災いをもたらすことなく、無事、この世から消えていく。さらに芸能者も憑依を演じてはいてもそこに狂いはあってはならない、心霊に支配されることなく、しかし脳内においては狂ってしまわぬように自分の身体を徹底的に意識化することでそれを成し遂げていった。それは霊との、さらには狂いとの葛藤であったのかもしれない。

時代の精神は、神々の時代から人間の時代へと転換していく。神々は人間の理性によって制御されていくのであり、そこには人間中心の思想があったように思う。
そもそも世阿弥が表現しようとしたのは〈狂い〉ではなく、〈もの狂い〉とは〈もの〉があるかないかの違いなのだが、この〈もの〉とは何なのかは諸説があって判然としない。しかし、ここではもの狂いとは〈狂いのようなもの〉として捉えておきたい。そこには、神がかりによる狂いではなく、人間の心のさまざまの綾、苦しさ、哀れさ、執着・愛執の思いに憑りつかれて、あたかも狂ったようになってしまう人間の心があらわされる。神がかりではない、あくまでも人間の心なのだった。

巫女の脳内から解放された霊たち、そして死者や神々が舞台に現れるとき、ワキの僧がそれをじっと見ている。そのありさまは、あたかもワキの僧が霊を招きよせたかのようであるし、またそれはワキが見ている夢の中の世界であるかのようだ。神がかりならぬ夢幻の世界が僧という男による、より高次の宗教体験の世界としてあらわれてくることになる。巫女という女の宗教的威力が消えて、そこにあるのは男による宗教と芸術の世界であったと思える。とは言うものの夢幻能の世界がワキ僧の夢のなかの世界であったとすると、これも僧の脳内現象だと言えなくもない。夢のなかでの現象、そこで霊との出会いと語り合いがあるとすると、僧自身がこの時憑依状態にあったと言えるのではあるまいか。ワキ僧の中に神霊が入り、そして語る。その様を〈夢〉としてあらわしていくという現象は、憑依と何の違いがあろうか。しかし、その夢現象にないのは〈狂い〉であった。

世阿弥以前の古い形の能においては、巫女の神がかりの様が演じられていたと思われる。その古態の様をいささか残しているのではないかと思われる能「葵上」では、巫女が舞台にまず出てきて、六条御息所の霊を呼び寄せるさまが演じられている。次に呼び寄せられた霊はちゃんと舞台に姿を現わす。つまり観客に姿を見せているのであるが、問題は、その霊の姿は巫女以外の人には〈見えない〉という設定になっているという点である。現われた霊は、あくまで巫女の脳内での映像なのだ。そこで巫女と霊との問答などがあって、やがて霊は、語り、そして舞う、という状態になるのだが、ここは巫女の憑依状態であるはずのところなのだから本来ならば巫女が狂い舞うべきところを、呼び寄せられた霊自身が舞っている。これは観客にはその霊の姿がビジュアルとして見える、ということであろう。観客が見るのは、巫女の憑依した姿なのか、あるいは巫女の脳内現象をあたかも幻想であるかのように見ているのか、判然としない。ここには巫女の神がかりから自立した霊たちの躍動へと転換していく過度期のあり様があるように思える。

「葵上」は、巫女の神がかりを前提として成り立っており、巫女の威力が濃厚に残っていた時代の感覚がそこにある。

ところが、ある時代から巫女の威力が衰弱していったものらしい。さらには巫女たちの社会的な力も衰微していった。神や霊というものを感じ取れなくなった時代が来たからだと言えるし、さらには聖なる威力を持つもの、特に女の威力が消えていったからだと言える。

霊に対して巫女たちはもう制御するだけの力を持つことはなく、代わりに霊に対処できるようになったのは巫女ではなくワキを演じる僧や修験者であった。さらには、〈もの狂い〉というのは一種の精神錯乱状態だが、そのような狂いを忌避する方向があったと思われる。それは、わけの分からぬモノに対する畏怖が生きていた時代から、わけの分からぬモノを宗教という理性の力で制御する時代への転換であったと言えよう。もの狂いという錯乱状態は、神や霊の力によって起こるのではなく、それは人間の哀れな心によってひきおこされるものなのだという人間中心の精神がこの時代に強固になった。つまりは〈神がかり〉はなくなってしまったのである。

もの狂いとは

能や物語の世界ではもの狂いとなった女は手に笹の葉を持って登場する。笹の葉、それは神の憑代《よりしろ》であった。そして、それを手にすることが神が憑りついているしるし、つまりもの狂いのしるしであった。

能におけるもの狂いとは、狂気の人、あるいは精神的に錯乱状態の人、または何かに憑りつかれてしまった人、というように解釈できるものだが、あるいはその結果、乞食になってさすらう者、もしくは芸能者として解釈できるものまであり、もの狂いとは何かを簡単に定義づけるのは難しい。つまり、さまざまに意味づけの出来るもの狂いが能の世界には現れてくる。しかしそのもの狂いの諸相の中から、当時の人々がもの狂いというものをどのように見ていたかを捉えることも出来る。「あの人は、もの狂いなのだ」という識別が当時の人々には自明のことであったと思える。

ところで〈狂い〉と〈もの狂い〉とは分けて考えるべきだろう。〈狂い〉とは、やはり狂気そのものとして捉えられたのではないか。対して、〈もの狂い〉には〈もの〉がついている。この〈もの〉とは何か、については古来諸説があるので明確に捉えることは出来ないのだが、一応は「……のようなもの」として捉えておきたい。しかし九世紀末成立の『日本霊異記』や十一世紀ごろ成立の『今昔物語集』では、〈もの〉を鬼あるいは霊と解釈して「鬼《もの》に託《つ》く」「鬼《もの》に託《くる》う」という用例があり、〈もの狂い〉とは鬼（あるいは霊のようなもの）が憑依した状態として理解できるのだが、世阿弥は〈もの狂い〉をモノの憑依状態としては表現せず、あくまで人の心の問題として捉えたのだった。

また、〈物語〉とは、〈モノが語っているのだ〉と解釈する説もある。この場合は鬼や神が、憑依した巫女を媒介として神の言葉を語る、つまり託宣だということになる。しかし、現実にこの世に出現した〈物語〉と称される作品──『伊勢物語』や『源氏物語』『竹取物語』などは神々の語りではなかった。神の世界から降りてきて人間となったものたちのドラマを人間による語りとして表していったものだった。〈物語の出できはじめの祖〉とされる『竹取物語』、さらに『源氏物語』などなど、神の世界から降りてきたものたち──それは始源の人間と言えようか、そういう者たちによる人間世界のドラマなのだった。そこには神々の語りの世界から抜け出した人間世界の〈語り〉がある。あえて言えば〈ものがたり〉とは〈かたりもどき〉のようなものだと言えるかもしれない。

もの狂いとは、あえて言えば、狂いのようなものなのだけど、それは憑依ではなくて人間のこころの問題、ということになる。鬼が憑いているわけでもなく、精神疾患でもなく、心が乱れるような悩みのせいで何かが憑いてしまっているようになっている人がもの狂いなのだと把握できる。一見したところ憑依状態のように見えてしまうのである。

能では様々なもの狂いが登場するのだが、彼らは始めから〈もの狂いの人〉という設定のもとに登場するのが特徴だと言える。

例えば次のようなシーンがよくある。

舞台に現われたもの狂いを見て、人々が「やあ、もの狂いが来たぞ」と囃したてるという場面。そのもの狂いは、はじめから〈もの狂いである〉という設定のもとで舞台に現れているので、もの狂いとは役柄の一つとも言える。だからもの狂いとすぐ判別できるような姿をして、あるいは何らかの標識をもって現れる。その標識のひとつが、たとえば笹の葉であった。

さらに人々は「もの狂いなのだから、狂え、狂え」というように囃したてる。それに対してもの狂いは、求めに応じて舞い狂うものもあれば、「わたしは狂わない」と拒絶するものもある。

――このような場面では、もの狂いの人間というものを具体的にはどのような人間を想定すればいいのだろうか。これが芸能者であれば話は分かるのだが、どうしても芸能者とは思えないもの狂い、おそらくは精神錯乱か乞食かとしか思えないもの狂いも登場する。人々はそのような人をからかって「もの狂いよ」と囃したてるのである。

能やその他中世の物語では、人々がもの狂いの人間をからかって囃したてる、というシーンがかなり多いのだが、それに対して現代人である我々はそのような狂気の人をからかったり囃したてたりはしないはずだ、してはいけないのだ、と一応は考える。そこには人権を尊重しようとか、ヒューマニズムに反するとか、さまざまの近代人としての思考がある。

しかし、古代、そして中世においては、障害や異常のある者を人々がからかい囃したてるということが普遍のこととして大いにあり得たものらしいと推測してみたい。たとえば狂言の古い脚本の中には障碍者等に対する差別的なものがあまりに多いために上演不可能のものが多いとも聞くが、その差別的内容とは、身障者をからかったり、もてあそんだりするものである。悲観的に考えれば、我々の心の奥底には、さらに民俗社会の基底には、障害者をからかおうとする心性が根強くあるのではないか、とすら思えるほど民俗の世界では差別は露骨である。

身障者をからかったり苛めたりしてはいけないという倫理規制が現代の私たちには、（あるいは束縛として）あるものかもしれないのだが、その規制が外れてしまえば、あるいは精神的にその規制を外してしまえば、苛めからかいは限りなく起る。人々のからかいもてはやす対象として〈もの狂い〉と称される人々が存在したのではと思われるのである。

また、もの狂いの多くは非定住者であり、さすらい歩く人々であった。

そのさすらい歩き、さらには〈もの狂い〉となった女の例として説経『まつら長者』を取り上げたい。

＊説経『まつら長者』では、ヒロイン「さよ姫」の母が、娘さよ姫を失った悲しみの余りもの狂いとなってさ迷い歩く。さよ姫の家はかなりの豪族であったが、家の経済状態は父親の死後逼迫するに至った。母親の苦労は限りなく、さらに亡き父の十三回忌法要の資金もなく、見かねたさよ姫は母に無断で身売りを決行したのだった。さよ姫が去った後、母親は悲しみのあまりもの狂いとなった。

「あら情なき次第やな。けふはみつ、あすより後の恋しさを、たれやの者を頼みつつ、さよ姫と名付けつつ慰まぬ」。ただ世の常のことならねば、心狂気とおなりあり、屋形の内にもたまらずして、狂ひ狂ひもお

出である。「あらさよ姫こいし」と、つひに両眼泣きつぶし、奈良の都を迷ひ出で、かなたこなたと迷はる
る、御台所のなれの果て、哀れと問はむ人もなし。

娘さよ姫を失った母は、哀しみの余り「心狂気」となり、「屋形の内」にもいられず、「かなたこなた」とさまよい出た。それは能の「三井寺《みいでら》」「隅田川」「百万《ひゃくまん》」「桜川」などの母と同じく子を求めてさすらうもの狂いの姿であった。その様が悲惨なものであったことは「御台所のなれの果て、哀れ」とあることからも察せられるような狂気の乞食と言うべきものであったろう。

この『まつら長者』の物語の結末は母と娘が無事にめぐり会えたことでハッピーエンドとなるのだが、二人が無事再会を果たしたとき、この母親の有様は次のようなものであった。

(さよ姫が故郷に戻ってみると母親は行き方知れずであった)さよ姫由を聞こしめし、これは夢か現かと、かなたこなたと尋ねたまへども、その行き方はなかりける。親子の機縁かや、いたはしや母上は、そでごひされてておはします。わらんべの口々に「まつら物狂ひ、こなたへ来たれ、あなたへ参れ」と子供になぶられおはします。

母親は、狂いまわる乞食となって、子どもたちにからかわれ、弄ばれて、おもちゃにされていたのだった。しかし母のもの狂いは、娘さよ姫との再会によって治ってしまう、さらにはさよ姫が持ち帰った龍の玉(如意宝珠と思われる)の効力によって母の目も回復するというハッピーエンドの結末を迎える。

昔々、悪童たちはこのように世間的には異質と見なされる弱者たちを集団でからかったり苛めたりした。現代でも学校におけるいじめ問題としてこのような事態は起っていると思われるのだが、それでも一応は現代社会では障害者に対する迫害は、あまり見かけない、というよりは人々の目には〈見えないもの〉とされているのではあるまいか。しかし一昔前の土俗の匂いが濃厚に残る社会ではごく普通の光景として表に現われていたのだと思われる。現代でもその片鱗はたしかにあるのだが、見て見ぬふりをするべきものとなっているように思われる。

それにしてももの狂いの人間は、なぜさすらい歩くのだろうか。逆にもの狂いだからこそさすらうのだと考えてみるべきところで、もの狂いの心の中には必ず何か目的があって、ここにはいられない、とにかく探し求めていかなければ、という切迫感があるのではないかと思える。子を探し求めてさすらう母の心の中には子を捜すのだ、子に逢いたいのだ、という思いがあって彼女たちを駆り立てるのだが、それがあてどの無い旅であることも多く、彼女たちのさすらいとはどこやら徘徊に近いものとなるかもしれない。

もの狂い的徘徊とは、心の中の止むにやまれぬ思いによって駆り立てられたものだったと言えそうである。古代のように神や霊が憑りつくのではなく心の思いによってもの狂いが惹き起こされるのだと解釈されたのが中世であった。世阿弥の能における神がかり否定の方法はその一例だったと言える。神ではなく人間中心の時代と言えよう。

昔々の村や町、そして街道筋の宿場あたりにはそのような徘徊するもの狂いたちが、袖乞い、乞食の姿となって数多く存在したであろうし、また下級の放浪芸能者や宗教者たちも乞食と判別しがたい姿で数多くいたのだろう。むしろ、乞食と放浪芸能者は、同じものだったと言えよう。その人々はもの狂いとして認識・分類された。いわば社会の底辺に存在する制度外集団である。だからこそ人々は「あれはもの狂いなのだ」とすぐに判別できたのではなかろうか。

さらにもの狂いを単に乞食として捉えてみると分かりやすいものがある。昭和の三十年代まで日本に存在した乞食、物乞い、おこもさん、などと呼ばれた人々は一目見てその風体・衣装などから乞食と分かったものだった。一般的な貧しい身なりの人々とは確実に違っていた。髪は薄汚れて長く、汚れたマントのようなぼろきれをひきずるようにして着用している、いわば異装というべき〈乞食のスタイル〉があった。したがってそのスタイルを真似れば誰でも乞食に化けることも出来たのである。

夕暮れになると〈おこもさん〉が家々を回っていた。家の前で待っていると遠くの方からおこもさんが来るのが見える。「おこもさん、来やはった」と台所の母に告げると、母は用意していたおむすびや一皿の煮物などをおこもさんに差し上げるのだった。おこもさんは首にかけていた頭陀《ずだ》袋にその食料を入れる。そういう風景が過去の日本にはあった。中世のもの狂いたち、あるいは乞食たちもこのようなスタイルを持っていたと考えるべきだろう。

もの狂いの標識

〈もの狂い〉と称され、さらに〈もの狂い〉という言葉で分類される人々がいた、と考えてみれば、その人々にはすぐにそれと分かるしるしを、先に述べたように身に帯びていたはずである。

さよ姫の母のもの狂いの様は、盲目の狂乱であった。「杖を振り上げ、あたりを払いたまへば」とあるので杖は持っていたことが分かるが笹については記述が無い。ただ、挿絵（新潮日本古典集成『説経集』）には、母が左手に杖、右手に笹の葉を持っている様が描かれている。杖は盲目のしるし、笹の葉は狂気のしるしであろう。もの狂いとはそもそもいかなるものか、障害者ならばおよそ目で見て判断できるのかもしれないが、そうとも言い切れない。目で見て、これはもの狂いだと判断できる標識のようなものがあったわけで、それが「笹の葉」であった。逆に言えば、笹の葉を手にすることでもの狂いになることも出来たのである。

そもそも近代以前の身分・階級制によって成り立っていた社会では、何らかのしるしをつけなければ身分・階級など分かるものではなかったはずである。身分・階級というものは極めて抽象的観念的なものであるから、素っ裸の人間を見てその人が高貴な人かどうかは分かるものではない。身分を表わすしるしを身に帯びていたから分かるものであろう。烏帽子ひとつとっても身分階級によって種類が異なる。女性であれば年齢や未婚か既婚かの区別によって髪形も変り、身分階級によって衣装も変る。イギリスの小説『王子と乞食』のように衣装の交換が身分の交換を引き起こすのである。もの狂いも同じではなかろうか。もの狂いという身分があるわけではないが、ここでは比喩的にもの狂いという種族、あるいは身分というものがあったのだと捉えてみたい。そうすれば、「もの狂いが来たぞ」と人々が言うとき、もの狂いにふさわしい〈なり〉をした人が来たのだと解釈できるのである。従って、逆にもの狂いに化けることも出来る。

次に、このもの狂いに変装した例として説経「をぐり」のヒロイン照手姫を取り上げたい

もの狂いに化けるときの状況は次のようなものであった。

承れば自らは、なりと形がよいと聞くほどに、町屋、宿屋、関々であだ名取られてかなはじと、また長殿《ちょう》に駆け戻り、古き烏帽子を申し受け、丈《たけ》と等《ひと》せの黒髪をさつと乱いて、面《おもて》には油煙《ゆえん》の墨をお塗りあり、さと召したる小袖をば、すそを肩へと召しないて、笹の葉にしでをつけ、心は物に狂はねど、姿を狂気にもてないて、「引けよ、引けよ、子どもども、物に狂うてみせうぞ」……後略。

＊豪族の姫君照手は、夫小栗とも死に別れ（実際は小栗は土の中から甦り、餓鬼となっていた）、流浪の末に青墓の遊女宿で下働きをしていた。その遊女宿の前に変わり果てた餓鬼の姿となって小栗が現われる。小栗は再生を果たすために土車に乗せられて熊野の湯へと送られていくところだった。土車は人々が交代に引いてゆく。人々の善意の協力によって、つまりはこれが仏教的な功徳を積むということになるのだが、餓鬼を熊野の湯に送り込むというシステムがこの時代にはあったものらしい。照手はこの餓鬼が小栗とは気づかず、自分も三日でいいからこの餓鬼の土車を引こうと決心する。そこで土車を引くという旅が始まるのである。ここで引用した部分は、その行為を行うために〈物狂い〉に変身するところである。

まず、烏帽子を被る。烏帽子とは男性のものであるから女が烏帽子を着用するとは性の超越を意味する。次に髪を振りほどき乱れ髪にする。顔は油煙を塗って黒くする。着物の裾を肩までたくし上げる。以上の扮装となって最後の締めくくりが笹の葉である。幣《ぬさ》に笹の葉をつけてというのだから巫女を思わせる。

「心は物に狂わねど、姿を狂気にもてないて」というのであるから、彼女の心はもの狂いではない、問題はあくまで「狂気」をよそおうこと、それが「姿を狂気に」することであった。烏帽子・みだれ髪・色黒の顔・

変装などが狂気のしるし、いわゆる異装として捉えられる。常識的ではない、奇妙な格好をすること、それが制度外の異界の人間なのだと自らを定位する標識だったと言えそうである。

また、自分は姿と「なり」が良いから宿場々々であだ名を取られるかもしれない、だからこのようなもの狂いのなりをするのだと照手は語っている。ここからすると、女が旅をする際には性被害の危険があるが、もの狂いであればそれはない、安全なのだということだろうか。

もの狂いであれば男達からの性的被害は受けない、ということは、もの狂いとは男達には手が出せない存在なのだと言えるかもしれない。もの狂いの女がふらふらとさまよっていればいくらでも男たちによってなぶりものにされる可能性もあり得ると思われるのだが、それが〈ない〉とすればもの狂いとは男達には手が出せない、特殊な存在として捉えられるのではないか。あるいは神が憑りついた畏れのある存在として見られていたのかもしれない。

中世の物語においては、心のもの思いによって錯乱状態になったとして描かれているものが多いのだが、それでもかつての〈神が憑りついた〉イメージを人々はもの狂いの中に見ていたかもしれない、とすればそこには神の姿の揺曳があったと言える。神が憑いている存在に対する畏怖が人々の中にはまだ存在していた、と考えればもの狂いとはその中に神を住まわせている、それゆえに聖なる存在でもあったと言える。その標識がいわば笹の葉であった。実際に中世の町々、村々、街道を徘徊していたかもしれない精神錯乱者たち（もの狂いと見なされた人々）が笹の葉を持っていたかどうかは分からない。しかし、神が憑くことを役割としていた人々、巫女や漂泊の芸能者たちはそのしるしとして笹の葉を身に帯びていたと思われる。もの狂いの人々は、実際には神が憑りついた存在ではないにもかかわらず、「わたしには神が憑りついているのだ」という標識を掲げていたのだと言えようか。

ところでこの笹の葉を持ったもの狂いの源は『古事記』に現われる天《あめ》の宇受売《うずめ》の命《みこと》の神がかりであった。

——天照大御神が天岩戸に閉じ籠ってしまったために、神々は集まって天照を岩戸から誘き出そうと大騒ぎをする。そこで宇受売の命が次のような楽（あそび）を行う

天の宇受売の命、天の香具山の天の日影を手次《たすき》に懸けて、天の真折《まさき》を蘰《かづら》として、天の香具山の小竹葉《ささば》を手草《たぐさ》に結ひて、天の岩屋戸にうけ伏せて、踏みとどろこし、神懸りして、胸乳《むなぢ》を掻き出で、裳緒《しひも》をほとに忍《お》し垂れき。

——天の宇受売の命は天の香具山の蔓草を襷にかけて、天の香具山のかずらを髪飾りとして、天の香具山の笹の葉を手に持って、岩屋の前に伏せておいた桶の上に乗って、それを踏み鳴らして、神が憑りついた状態になって、胸もあらわに、裳緒をおろして陰部もあらわにした。

この天の宇受売の神がかりの様は、異装をしての踊り狂いである。「天の香具山」は高天原《たかまのはら》を表わしており、その香具山由来の日影、真折《まさき》、小竹葉《ささば》を身に付けて踊り狂うのは、神霊を呼び寄せようとするもの、そしてそのような精神状態に自分を追い込むためのものであった。ここにはシャーマニズムの巫女の姿があり、またそこから派生してくる芸能者の兆しも見える。芸能というものが神がかりのような狂の精神から起こったものであることをこの神話の天の宇受売の姿は示してくれる。

小竹葉とはつまり笹の葉のことだが、この天の宇受売以来の伝統として笹の葉は巫女の象徴となった、と同

時に神がかりの象徴でもあり、狂の精神のしるしともなったのであろう。

『古事記』では、この天の宇受売の神がかりと同時に「しかして、高天が原動《とよ》みて、八百万の神共に咲《わら》ひき」（天の宇受売がそのように踊り狂うと、高天原が鳴動して、八百万の神も一斉に笑った）とある。その遊びの場にいた神々が天の宇受売を大いに囃したて、大いに声をあげて笑ったのである。そして、その大騒ぎの威力が天照大御神を天岩戸からこちらへと誘き出す力となったのである。


神々は、なぜ囃したて、大笑いをするのか。

この問題は、もの狂いの人をなぜ人々は囃したて、弄ぶのか、という問題に繋がってくるように思われる。始めに提示した問題、人々はなぜもの狂いの人をからかい囃したてるのか、この問題をこの天岩戸神話の〈神々の大笑い〉から考えてみることが出来そうである。天の宇受売は神がかり状態になって踊り狂う。神々はそれを大いに囃したてる。むしろ周りの神々は一斉に囃したてて盛り上げなければいけなかったのだ、と捉えるべきではないか。それは天の宇受売神を大いにもてはやし、その威力を活性化し、さらに天照大御神の再来を願うというものであったろう。

神が憑いていると見られる人、そのような心に神を宿していると言える人を「もっと狂え、狂え」と囃したてるのは、古来からのそのような囃したてようとする意識の残滓であったのかもしれない。むしろもの狂いの人々を囃したて、からかわなければならなかった。このような意識が古来からあったとすれば、それが人々の囃したてる声となる。

ところでその声は中世では〈子どもたちの声〉となって表れていることが多い。

たとえば照手が土車を引くときの彼女のことばは次のようなものであった。

——引けよ、引けよ、子どもたち、物に狂うて見せようぞ——

ここに出てくる「子どもたち」とはなんだったのか。また、説経『まつら長者』においてもさよ姫の母をなぶって遊んでいたのはやはり子どもたちだった。

「まつら物狂い、こなたへ来たれ、あなたへ参れ」と子どもたちは囃したてる。その子どもたちの行為には、神がかりを囃したてる心性の名残りが見られる。神を囃したてる遊びの心性は、このような子どもたちによる遊びとなって残ったのであろう。子どもたちの〈遊び〉とは、大抵は大人たちの神祭りの模倣から発したと言われる。

現代ではこのようなことは苛め・からかいに過ぎないのだが、能の物語の中で、あるいは中世の物語のなかでもの狂いの人に「もっと狂え」と囃したてる人々の心の中には、神を見ようとする意識が微かに、——古代からの残滓として、残っていたのではないかと思えるのである。

また、このもの狂いたちを乞食として把握すれば、乞食とは何らかの芸をしなければならない人たちであったと言える。乞食とは物乞いをする人々のことである。芸をして初めてその報酬が貰える。狂え、狂え、と人々が囃したてるのは、「なにか芸をしろ、そうしたら何かやるぞ」ということであったろうか。芸能者ならばそこで何かの芸をするところだが、芸能者ではないもの狂いたちも何かしなければならない。従って「三井寺」のシテは鐘を撞き、「桜川」のシテは川に入って網で桜の花びらを掬うという見世物＝芸をすることになる。もの狂いの乞食はじっとしていては何ももらえないから芸をする。その芸が見せ場になるのだった。

もの狂いの母――能「三井寺」

「三井寺《みいでら》」は世阿弥の作品ではない。『能を読む　元雅と禅竹』（梅原猛ほか　角川学芸出版　二〇一三年刊）の「三井寺」の項目には「作者不明、世阿弥の影響を受けた世阿弥周辺の役者の作と思われるが、特定しえない」とあるのだが、もの狂いの母としての要素が典型的に備わっているのでここに取り上げたい。

「三井寺」のシテは、わが子が行方知れずとなったあげくそれが原因でもの狂いとなってしまった女である。彼女は子の行方を探し求める。そこで、まず赴いたのは清水の寺であった。

清水寺の場面では彼女はまだもの狂いではない。手に数珠を持って現れる。なにやら高貴な女のようである。アイの語りによれば彼女は次のように紹介される。

アイ　かやうに候ふ者は清水寺門前に住まひする者にて候。この程当寺参籠の女性上臈に、お宿を参らせて候ふが、やうやう御下向の時分にて候ふ間、お迎ひに参らばやと存ずる。

アイがシテに対して使っている言葉遣いからすると、シテの女は身分卑しからぬ女であることが分かるのだが、それが客人に対する敬意だとしてもシテが身分のある上臈と言うべき貴婦人であることを示している。

シテは参籠の成果があって観音から夢を賜った。それは「わが子に逢はむと思はば、三井寺へ参れ」というお告げであった。アイに「これはめでたき御霊夢にて候」と祝福されたシテはそこから三井寺へと向かうことになる。その三井寺へと向かう間に、シテの女の身の上は激変する。彼女はその間にもの狂いへと変身するのである場面が変わって次は三井寺。そこではシテはもの狂いの女となって現われる。手には笹の葉。そして周囲の人々に例のごとく「もの狂いが来たぞ」と囃したてられ、さらには「お庭に入れてそと狂はせ申さう」ということになる。人々にからかわれ、囃したてられる、なにやら惨めな卑しいもの狂いの女である。そして彼女には〈狂い＝芸〉が期待されている。

前の清水寺での場面と、次の三井寺の場面とではシテは明らかに変化しているのである。始めは手に数珠を持った上臈の女であったのが、三井寺の場面になると手に笹の葉を持ったもの狂いの女になっていた。子を探し求めて心の闇に陥っている女という点では両者に何の違いもあるはずはないのだが、しかし何かが違ってしまっている。

まず彼女の手にしているものが始めは数珠であったのが笹の葉へと変わっているのだ。仏教による観音信仰の世界から土俗的な神がかりの世界へと入ってしまったのだと言えよう。数珠を手にした彼女は参籠によって霊夢を授かった。そこには夢というものを信じる宗教体験の世界があったと思われる。

一方、笹の葉を手にした女はさすらうもの狂いである。この差異が数珠と笹の葉となって顕われていると思われるのだが、それは同時にその背後にある宗教性の違いでもあった。

古来、神がかりになるのは巫女を中心とした女性たちが多かった。とはいうもののシャーマニズムの世界では男性シャーマンも存在する国もあるのだが、日本においては基本的に女性によるものが多く、『日本書紀』や『古事記』に現われる古代のシャーマンたちもまず巫女たちであった。それも単に巫女というよりは氏族の聖性を担う聖なる女王というべき存在であったと思われる。おそらくは古代、例えば卑弥呼のような女王を中枢に据えて国の祭りごとが行なわれていた時代の名残りが見られるように思う。

ところが『日本書紀』では、崇神《すじん》天皇の時代、一種の宗教改革があったらしいことが記されている。巫女とおぼしき女性たちの神がかりの威力に代わって、崇神天皇の〈夢〉による神のお告げが効力を発揮してゆくさまが記されている。

この崇神天皇の時期、飢饉、疫病などによる国の乱れがあった。そこで、それを鎮めるために巫女王と思われる女たちが神を祭祀することになるのだが、巫女王たちは効力を発揮し得ず次々と衰弱してゆくという事態が起こる。巫女王たちの無力・非力が露わになるところである。ところが、この危機のさなか崇神天皇自身が夢によって神のお告げを聞いた。それがきっかけとなり国が再生していくプロセスが語られている。この〈歴史〉の記述から推察されることは、巫女の神がかりがすでに効力を失いかけていること、それよりも霊夢というものが高次の宗教体験として評価され始めたらしいことである。それは、巫女たちによる神がかりを否定していこうとする事態が起こっていたことを表わしているようでもあり、さらにはその神がかりの否定とは、狂いというものを排除していこうという方向性を示しているようにも思われる。それは神がかりの精神を否定することに繋がって行くのではないか。人々は神がかりの中に神を見ることは出来なくなっていたのかもしれない。

また、安定した秩序ある社会や国家の体制が出来上がってくると、神がかりによる託宣とはかなり危険な要素を含んでくることも確かであって、託宣は不安・混乱を招きかねない。神とは全く何を言い出すか分からない存在であった。自然災害や病気、戦乱、混乱を引き起こすものであり、時には反体制的な力を持って社会や政治の秩序を壊しかねない。このような神々をいかに制御するか、というのが問題だった。国というものが成立してある程度秩序が出来上がってくると、統治者はそのような危険を孕んだ神がかりを抑え込もうとする、あるいは追いやってしまおうとする。その結果抑え込まれ、追い込まれるのは、つまりは巫女たちであった。その結果、追いやられ、追放される巫女たちが歴史のなかに現われる――たとえば倭姫命《やまとひめのみこと》は天照大御神を憑依させたまますらい歩き、やがて伊勢の地へと流れ着いたのだった。これは女神の流離とも捉えられるし、神がかりの女の流離とも言える、さらには、さすらう〈もの狂い女〉の原型がそこに見られるのである。神がかりの憑依状態とは、つまりは〈狂い〉そのものであったろうから、〈狂い〉とはつまりは追い払うべきものであった。

神がかりの代わりに重視されたのは、夢による神のお告げであった。それは、巫女王から男性の統治者へと権力と宗教的権威が移って行ったことを表わしているもので、夢によって神の示現を得た男たちは、高度の宗教世界を築き上げたのだった。それは世界に目を広げて見れば、イエス・キリストもマホメットも同じであって、日本における宗教者たち、聖徳太子も明恵上人も夢を見る力を持っていた人々だった。高次の宗教体験として夢が価値を持ったのである。それは同時に〈神に化《な》る〉ことが出来た聖なる女の価値の低下をもたらしたように思われる。その結果、聖なる女は神を背負ってさすらい歩くこととなった。そのさすらう巫女王の末裔であるもの狂い女もさすらい歩くことになるのである。

もの狂いの女はかつての巫女王の末裔、あるいはなれの果てであった。しかし、そのような女神的な要素を揺曳させながらももの狂い女は卑しい者、下賤の者と見なされた。彼女をからかい、囃したてる人々のまなざしには、神がかりそのものを賤しいものとして見ようとする時代の精神が表れているように思える。

ところでこのもの狂いの母は神が憑依しているわけではなく、彼女の心にある「子に逢いたいのだ」という思いが彼女を突き動かしてもの狂い的行動をとらせているにすぎない。そこにあるのは〈心〉の問題であった。能におけるもの狂い女には〈神〉に代わって〈もの思う心の闇〉が憑りついている、そのような人間中心の精神が中世にはあったのだと思う。

もの狂いのさすらい、これは一人旅であるというのが原則である。ただし、能の演目の中には女が二人でもの狂いとなって旅をするものもあるのだが（『花筐《はながたみ》』など）、その場合はもの狂いとなったシテの女に従者の女が付き従っているというものである。しかし、さすらいとはやはり一人の孤独の旅であるべきではないか。落伍者となり果ててしまった、やさぐれたような捨て鉢な精神がもの狂いの女の心には憑りついているのではないか。

中世の頃、女性の一人旅というものは大変珍しかったとされるのだが、もし一人でさまようものがあるとすればそれは乞食であったりもの狂いの者であったり、要するに落伍者のくずれとして見なされても仕方のないものであった。放浪の芸能者にしても二人一組で行動するのが基本であったという。それは女性に限らず男性の場合も同様であったようで、漂泊の旅に出るにしても二人で、というのが原則だったらしい。『太平記』では光厳《こうごん》天皇が出家ののち従僧ひとりをつれて行脚の旅をするエピソードがあるが、それが歴史上の事実であるかどうかはともかく、諸国行脚のスタイルとしてはそれが理想的なものとして考えられたからかもしれない。時代が下って芭蕉の旅となると、それは中世の漂泊の芸術家たちをならっての理想に燃えたさすらいの旅であったが、それも弟子の曽良と同行の二人旅である。

一人でさすらうことは、それが女であれ男であれ異常の者と見なされたのは間違いない。能「三井寺」のもの狂う母の、一人のさすらいの旅、それが清水寺から三井寺までの短い旅であったとしても、それは高貴な貴婦人から下賤の女へと身を落としていく旅であったと解釈できるように思える。また、それは貴種流離の旅でもあった。その流離の果てに三井寺にたどり着いたとき、彼女は立派な〈もの狂い女〉に成り果てていたのだった。

その変化の様は、清水寺から三井寺へと辿っていく、いわゆる道行のところにも表れていて、清水寺から三井寺へ——これは子どもに会うための流離の旅であると同時に、もの狂いに変身していく劇的な要素のある場面なのだが、その劇的なところが謡の節回しに表れている。

雪ならば幾たび袖を拂はまし。花の吹雪と詠じけん、志賀の山越えうち過ぎて、眺めの末は湖の鳰照る比叡の山高み、上見ぬ鷲のお山とやらんを、今目の前におがむことよ。あらありがたの御事や。(——が弱吟、——が強吟)

ここの節回しは弱吟と強吟が交互に現われているのが特徴で、いわば転調の面白さがあるところである。音階で言えば、「雪ならば」は「ララ〜ラララ」と謡いはじめて、強吟の「山高み」のところは「ソソソ〜ソソー」となる。

弱吟とは、なだらかなメロディ中心の謡い方をするところで、この三井寺までの道行はこの弱吟が中心となって謡いはじめているのだが、その中におりおり強吟が挟まる。強吟は、メロディがない。音の強弱で訴えかけてくる謡い方である。

この弱吟と強吟に関して観世銕之丞氏が次のようなことを記しておられるのがとても面白い（『ようこそ　能の世界へ』暮しの手帖社、二〇〇八年刊）。

歌謡曲だけど、美空ひばりなんてそこがとてもうまかったですね。メロディの扱いとその裏にある劇的なもの。たとえば「私は街の子」という歌で、「わたしは街の子」という始めのところがメロディで、それに続く「巷の子」というところで、強吟的な声がでた、そこに真実のドラマを感じさせたのですね。

「わたしはまちのこ」を音符で書くと次のようになる。ここは謡で言えば銕之丞氏の仰るところの「メロディ」で、いわば弱吟に相当する。

ラ　ソ♯　ラ　シ♭　ラ　ファ　レ　ラ

わ　た　し　は　ま　ち　の　こ

次に「ちまたのこ」の部分は、つまり強吟で次のようになる。

ミ　ミ　ミ　ミ　ミ——

ち　ま　た　の　こ——

メロディで抒情的に歌い上げる「わたしはまちのこ」の部分に比べて「ちまたのこ」の部分は一本調子にダダダダーと強吟的に謡うところと言えそうである。銕之丞氏はそこに「真実のドラマ」がある、いわば抒情ではなく真実のドラマがあると捉えられている。

歌謡曲「私は街の子」は戦後、街にあふれた浮浪児たちのことを歌ったものである。浮浪児とは、家が無く、親もなく、街をすみかとして暮らす子供たちのことだが、それは当たり前ではない非常時ならではの危機的な存在だと言える。その浮浪児のことを「私は街の子」とメロディアスに歌いはじめて、次に「巷の子」と言い替えるとき、微妙なずれが生じる。「街の子」は抒情的だが、「巷の子」には、「私は本当は浮浪児で乞食なんだ」という真実が表れ出る。その真実が、ドラマティクに強吟で表現される、と言えようか。

ところで、『三井寺』のシテがもの狂いの女へと劇的に変身していく場面においてもこのように強吟・弱吟が交互に謡われるところに、「私は街の子」との共通性があると思える。もの狂いの女になるとは、所詮は乞食になることではないか。もの狂いの乞食女へ、下賤の者へと成り果てていくそのありさまがこの劇的なドラマ性のある謡い方で表現されていると言えようか。ちなみにこの〈弱吟・強吟の交錯〉はシテの謡にのみ表れて、地謡やワキの方には出てこないものである。もっともこの節回しが世阿弥の時代にあったものかどうかは不明であって、当時は今のような強吟はなかったという説もある。

三井寺に着いたもの狂いの母は、寺の鐘を撞き始める。能のもの狂いの中には女芸能者と思われるものも多く、その場合はその芸能を、たとえば舞を見せるのが狂いの見せ場となっているのだが、この三井寺のシテは芸能者ではないので、いわば〈見せる〉芸が無い。代わりに狂いの見せ場として設定されたのが鐘を撞くという行為であった。その鐘をつく女に対してワキの僧は次のように言う。

やあやあしばらく、狂人の身にて何とて鐘をば撞くぞ、急いで退き候へ。

やあ待て待て、狂人のくせになぜ鐘なぞ撞くのだ、そこをのけ、と言って三井寺の僧はもの狂い女に鐘を撞かせまいとする。一般的に寺の鐘は時を知らせるために撞くのが通常であるから、いつでも誰でもが撞いていいものではなかろう。鐘を撞こうとするそのことがすでに秩序を狂わせるもの狂いのしわざであった。

しかし、シテの女は反論する。

夜《よる》庾《ゆ》公《こう》が楼に登りしも、月に詠ぜし鐘の音なり許さしめ。

その昔のある夜、庾公が楼に登ったのも詩を詠むため、私も月を眺めて歌を詠むために鐘を撞くのだから、お許しあれ、というのがシテの言い分で、いわばこの行為はもの狂いのように見えるかもしれないがそうではない、これは私の風流なのだと言う。しかし風流というのも行き過ぎれば風狂となるようにこの「鐘を撞く」というのはやはりもの狂いの仕業に他ならない。従って、まことの風流人ならば許されようがお前はやはりもの狂いに過ぎないのだというのがワキの僧の反論――「それは心ある古人の言葉、狂人の身として鐘撞く事、思ひもよらぬ事にてあるぞとよ」というものであった。

そのワキの僧の制止にも拘らずシテは鐘を撞き始めるのだが、そのもの狂いの行為がわが子との再会をもたらす結果となった。鐘を撞くもの狂い女、それを見ていた子方が「あれはわが母ではなかろうか」と気がつくのだ。そして女も子どもを見て「あら不思議や、今の物仰せられつるは、まさしくわが子の千満殿《せんみつどの》ごさんめれ」とわが子であると気がつく。気がつく、と同時に彼女は正気に戻るのである。

彼女のもの狂いはわが子とめぐり会えたことでようやく終わりを遂げた、もの狂いからの脱却が物語の結末であった。このように「三井寺」においてはもの狂いというものがいかなる原因と経緯において生ずるものであるのか、そしてそれが何によって解消するか、まことに明晰に分析・解釈している。まず、シテは自分のもの狂いが何によって生じたかを次のように述べる。

なうこれは物には狂はぬものを。ものに狂ふも別れゆゑ。

わが子に再会できたのだから私はもう狂ってはいない。私が狂ったのは子どもを失ったからだというのがシテの述べるもの狂いの原因である。子どもを失った喪失感、取り戻さねば、という焦燥感、恋しくてならない愛執の思い、それらが綯い交ぜになって彼女は憑りつかれたようにさ迷い歩いたのだった。そのように原因がはっきりしているのであるから原因が解消しさえすれば、すなわち子どもさえ取り返せばもうもの狂いは解消されることになるので主人公は正常な本来の私に戻ることになる。もの狂いというのは一つのある〈思い〉に心急かされた精神状態であって精神そのものの異変による狂いではないというところでもの狂いが表現されている。

あふときには何しに狂ひ候べき、これはまさしきわが子にて候。

「逢えたのだからどうして狂うことがあろうか」——彼女は正気のまともで尋常な母に戻ることが出来た。ところでその時、彼女の心に恥の感情が起ったのだった。正気に戻った現在の時点からこれまでのわが身をつくづくと振り返れば、〈もの狂いの私〉とは〈恥〉に他ならないことに気がついてしまうのだ。

うれしながらも衰ふる姿はさすが恥づかしの、漏りて余れる涙かな

子どもに再びめぐり会えた喜びで母は涙にくれるのだが、その身なり・姿はもの狂い女のままで、それは「衰ふる姿」と自らが言うように尋常ではない姿である。注目したいことは、ものに憑りつかれた姿は恥として認識されていること、次にその「恥し」の狂乱のさまを能においては見せ場として設定したことである。狂乱とは恥ずかしいものであるにもかかわらず、だからこそそれを芸能として面白く美しく表現していこうというのが能のもの狂いだった。

次にその〈恥しのもの狂い〉が芸能として表現されているさまを、能「花筐《はながたみ》」と「班女《はんじょ》」「百万《ひやくまん》」を例として取り上げながら見ていきたい。

恋心・やむにやまれぬもの狂い

もの狂いの女はそのさまよいのなかで人々から「狂えよ、狂え」とはやしたてられ、それに応じて「狂い」のさまを〈見せる〉というのが言わば見せ場である。その見せる狂いのあり様が芸として表現されるのが芸能であった。それに関して世阿弥は『拾玉得花《しゅうぎょくとくか》』のなかで次のように述べている。

物狂なんどの事は、恥をさらし、人目を知らぬことなれば、これを当道の賦物に入るべきことはなけれども、中楽事とはこれなり。

もの狂いとは恥をさらすことだという。人目も気にしないようなあられもない姿がもの狂いであるという。そのようなものだからもの狂いというものを芸能の一つに入れるべきものではないのだけれども、しかし中楽とはまさにこれなのだ、と言う。恥をさらすようなもの、それこそが中楽なのだという捉え方がある。中楽とはつまりはもの狂いそのものであるという定義づけがここでなされている。

何かへの思いに憑りつかれて理性を失っている状態は、はたから見れば何とも見苦しくも哀れで、あるいは滑稽であるかもしれない、しかしなりふり構わず——というのは人にどのように見られていてもそれも気がつかないほどわれを忘れているあり様だと言えよう。そのさまは確かに恥をさらしているとしか言いようのないものがある。このもの狂いが起こるとき、それは女性の場合は子どもへの思いに駆られたとき、あるいは恋心に駆られたとき、そこから引き起こるやむにやまれぬ心の闇に陥った時であろうか。そのような恋によるもの狂いが表現されているのが能の「班女」「花筐」であった。美しい女によるもの狂いの様を芸能としたものである。

もの狂いの芸能化について、世阿弥は次のように述べている。

物狂になぞらへて舞を舞ひ、歌を謡ひて狂言すれば、もとより雅《みやび》たる女姿に花を散らし、色香をほどこす見風これまた何よりも面白き風姿なり。

もの狂いそのままをリアルに表現するのではなく、あくまで「なぞらへて」表現すべきなのだという。「なぞらへて」というところに芸能としての表現の工夫があるべきところであろう。現実のもの狂いそのままではただただ見苦しいものに過ぎないのだが、そのもの狂いの姿をみやびやかな女姿で花や色香があふれるような風情で演じること、そこに「面白き風姿」が現われてくるのだという。もの狂いと、芸能としてのもの狂いの間にはそのような大きな差異が本質的にある。

現実のもの狂いとはいわば穢れを帯びた存在として見なされたはずである。しかし、芸能としてのもの狂いがケガレであってはならない。そこで、そのケガレを解消しなくてはならないのだが、その為になされたのが「なぞらへる」こと、すなわち芸能化という虚構の方法であったと思われる。さらに芸能とはハレなるものでなくてはならない。そこで、はれやかな舞と歌によるみやびなる女姿の力によって、そのケガレある姿がハレなるものへと転化することが目指された。社会の底辺のごみ屑のような存在をそのもの狂いのゆえにハレなるものへと昇華させること、それがいわば芸能というものではないかと思える。

芸能者とは、もの狂いに化《な》ることが出来るものであった。「化る」とはつまり変身である。しかし現実のもの狂いに化るのではなく虚構化されたもの狂いに「化る」のではあるが、能の物語の中ではもの狂いと芸能者とは一体化している。人々が「やあやあ、もの狂いが来たぞ」と言うとき、そのもの狂いは本当に狂気の人もあれば、もの思いに憑りつかれて取り乱したに過ぎない者もあれば、またたとえば百万のような女芸能者の場合もあったりする。ケガレをハレへと昇華させる力を持った女芸能者のもの狂いの演技が言わば見せ場となっているのである。

能「班女《はんじょ》」

この物語のシテは美濃の国野上《のがみ》の宿の遊女花子《はなご》である。宿の長《おさ》であるアイの語りによれば、花子は幼いころからこの遊女宿に養われた遊女であった。宿の長は女姿で現れる、それから察するに、宿の長とは中世のころ各地に存在したと言われる遊女長者の類いであろう。その遊女長者の家におりおり宿泊する街道往来の貴人や有力な武士たちにみやびなる遊びの世界を提供するのが遊女たちのくらしであり、仕事であった。性を提供することはもちろんのことだろうが、それ以上に舞と歌、管弦などのあそびが重視されたようなので、遊女は女芸能者としても捉えられる。鎌倉末期に執筆された『とはずがたり』では尼となって諸国放浪中の筆者、後深草院二条もこのような遊女長者の家に宿泊して宿の長者としみじみ語りあっている。さらには遊女たちの舞い・歌などのもてなしも受けているから遊女長者の家は単なる売春宿ではなく、みやびなる遊びの家であり、そして女たちの家であったろう。能「班女」のシテ花子もそのような女芸能者であったと思われる。

その女芸能者の花子、そもそも芸能者であること自体がもの狂いとして捉えられるのに、さらには止むにやまれぬ恋心というもの思いに憑りつかれてしまう。いわば本物のもの狂いになってしまうのである。

ある時、この野上の宿に東国下向の吉田の少将という青年貴族が泊まった。その接待をしたのが花子であった。この時、吉田の少将と花子は恋に落ちたのだった。

アイの語りによれば、去年の春、吉田何某なるものが東に下向の際、この宿に宿泊した。そして花子がお酌などをして接待した由であるが「何と申したる御事やらん。何某殿の扇と花子が扇を取り替へて御下り候ふが、それより花子現《うつつ》なくなり、その扇にばかり眺め入り、扇さばくをのみ致すにより、皆人花子が事を班女と呼び候」という結果となった。恋に落ちた二人はその心の証しとしてそれぞれの扇を交換したのだった。扇とは心の証しとなるべきものであった。というのも古来、扇は神の憑代《よりしろ》ともなる聖なるものとされたのであるから、その扇には、持ち主の魂がこもっている。吉田少将は自分の誠意の証しとして自分の魂を花子に与え、花子も自分の扇に自らの魂を込めて彼に与えたことになる。扇の交換とはつまりは魂の交換であった。吉田少将が東国下向ののちは花子は魂もなくなったように現《うつつ》のありさまとなり、彼の扇に魅入っているばかりであったという。それだけではなく花子は客のお酌に出ることもなく遊女としての役目を放棄してしまった。思うに花子の魂は扇に吸い込まれてしまったのだ。吉田少将とともに彼女の扇もその魂も東国へ行ってしまったのであるから、花子の身体は魂の無い空っぽの状態なのである。

吉田少将との再会を期するのであれば花子はその後も遊女としての仕事を勤めながら待っていてもよかったのではないか、と思えるのだが、彼女にはそのような判断もつかない。彼は都に戻るときには必ずこの宿を訪れるであろうからじっと待っている方が得策なのだが、理性を失った花子にはそれが出来なかった。魂を取られた夢うつつのあり様なのであるからこの時点で彼女はすでにもの狂いであったと思える。つまりもの思いのあまりにもの狂いと化《な》ってしまったのである。

このもの狂いの女は「班女」とあだ名された。班女とは、前漢の成帝の妃であった班婕妤《はんしょうよ》の作った詩「怨歌行」の内容にちなんだあだ名である。詩の内容は、他の妃に帝の寵愛をとられてしまった班婕妤が、秋になって涼しくなってしまったがために捨てられる夏の扇にわが身をなずらえてその悲しみを表わしたものである。扇には棄てられた女の悲しみや、恋の怨みが込められている。まして相手は身分高き人であるから自分の思いや怨みは思いのままに発散できるものではなく心の中に鬱屈するものとなっているのだが、堪え忍ぶ他はない。花子のもの狂いも同様に鬱々とした苦しみ、なかなか戻っては来ない吉田少将に対する怨み哀しみが、つまりはもの思いが昂じて惹き起こったものだった。

このようなもの狂いの女を宿の長者は遊女として置いておくことは出来ず、追い出してしまった。その結果花子は野上の宿からふらふらとさまよい出る。

〈もの狂い姿〉となった花子が次に現れるのは都であった。彼女は笹の葉は持っていない、しかし着物の片袖を「脱下《ぬきさげ》」の風体で現れるので、これがいわば異装であり、もの狂いの標識であった。

そこでかの吉田少将と再会を果たすのだが、実は少将は花子との約束を決して破ったのではなかった。都に戻る帰途、野上の宿に立ち寄った少将は花子に会おうとしたのだが、その時花子はすでに行方知れずであった。そこで宿の長に「花子が戻ってきたら必ず知らせよ」と言付けてもいる。花子はじっと待っていても良かったのだ。

吉田少将とその従者はやがて都へとやって来て、そこでひとりのもの狂い女を見つける。

従者＝ワキツレはもの狂い女に声をかける。

いかに狂女、何とて今日は狂はぬぞ、面白う狂ひ候へ

＊この科白は従者のセリフとしてはいささか奇妙である。「どうして今日は狂わないのか」という言葉は、今日初めてここへやってきたもののセリフとしては受け取れない。かねてからここでの花子の物狂いのさまを知っているものの言葉であろう。ここは本来はその土地の人たちの言葉ではなかったかと思える。

ここにも、もの狂いとはおもしろく狂って見せるもの、という人々のまなざしがあるのだが、それに対してシテの花子は反論をする――私は今は正気なのに、狂えと言うのか。狂ってもいない私に狂えと仰るあなた方の方が狂っているのだ、私に狂えなどと言ってくれるな。

あるいはもの狂いを乞食として捉えてみると、人々は花子に「お前は乞食なのだからなにか芸をしろ」と言っていることになる。しかし花子は「私は乞食などではない、だから物乞いのための芸などはしない」と反論していると解釈することも出来よう。私は乞食などではないのだ、というのは花子の究極のプライドであったかもしれない。この場面には、次に述べる「花筐《はながたみ》」のシテも同様なのだが、乞食のように落ちぶれてはいても「私は乞食などではない」という人間としてのプライドが感じ取れるところがある。

しかしこのあと花子は要望に応えて扇を手にして舞いつづける。それを見ていた少将が「このもの狂い女はかの花子ではあるまいか」、それも花子の手にしている扇を見て花子ではないか、と気づく。それにしても、

彼はもの狂い女の顔を見ているはずなのにそれとは気づかず、彼女の手にしている扇を見て、あれは自分が花子に与えた扇か、と気づくというのはどういうことだろうか。かつての花子はそれほどの変貌を遂げていたということか、もの狂う女とはそれほど常軌を逸した風貌であったからか。少なくとも扇の存在が、この女が花子であることを証明したのだった。

このパターンは説経「をぐり」における小栗判官と照手姫の再会の場面でも同様であって、青墓の遊女宿の下働きに落ちぶれてしまった照手姫と、出世を遂げた小栗が遊女宿で再会した折は、顔を合わせているはずなのになかなか感動の再会とはならない。お互いに自分の身の上を名乗り合った上での、つまり確認をしてからの再会となっている。

ところで能「柏崎」では、再会した母と子の二人が何故すぐにそれと分からなかったかについてそれなりの事情を説明している。それはお互いの変貌が原因であった。三年間鎌倉に滞在していた夫が死去したこと、それを嘆いて同じく鎌倉にいた息子の花若が出家遁世したという知らせを故郷の柏崎で聞いた母親は、息子を探し求めて柏崎から長野の善光寺までもの狂いの女となってやってきた。そこで息子と再会するわけだが、その様子は次のように謡われる。

地謡　共にそれとは思へども、かはる姿は墨染の、
シテ　見しにもあらぬ面忘れ、
地謡　母の姿も現なき
シテ　狂人といひ

地謡　衰へといひ互ひに呆れてありながら、よくよく見れば園原や伏し屋に生ふる帚木のありとは見えてあはぬとこそ聞きしものを、今ははやうたがひもなきその母や子にあふこそうれしけれ。

お互いに、もしや、とは思っていたというのだが、息子は墨染の出家者の姿になっていたからすぐには分からなかったのだという（花若は僧の衣装に角帽子を被っている）。また三年も会っていなかったということであるからすっかり息子は変わっていたのだろう。母親の方は、もの狂いの狂人の姿、衰えた乞食のようなものであったのだろう。そこにはかつての武家の妻の面影はなかった。息子の方も彼女が母親かどうか判然としなかったのだ。

班女も同じように落ちぶれた姿であったろうし、また説経「をぐり」の照手姫も、厳しい労働の中でかつての美しい姫さまぶりを失っていたのだと思える。再会してもすぐにそれとは分からぬほど身の程も姿もすべて変わってやつれてしまった女、いわば落ちぶれ果てた女の姿がそこに浮かび上がるのである。

花子と少将はそこで互いの扇を取り出だし、交換して、二人でしみじみと扇を眺めて、というところで物語は終わる。扇に込められたお互いの魂を、それは変わらぬ恋心と言うものだろうか、その魂を確認し合ったのだった。花子はここで自らの魂を取り戻したのであるから、ようやくもの狂い状態から脱したのである。

能「花筐《はながたみ》」

この「花筐」の能では、二人の女が一緒に連れだってもの狂いとして現われる。シテの照日の前に付き従う形で、侍女がツレとなって越前の国から大和の国の玉穂の都へとともに旅をしてくるのだが、このとき、このツレの女ももの狂いとなっている。

この二人のもの狂いに対する周囲の人々の対応に注目したい。というのもその対応のあり方にはもの狂いを賤民とみなす当時の人々のまなざしがありありと見られるのである。この物語では、もの狂いとは天からの神罰を受けた、異形の穢れあるものとされている。その〈まなざし〉は他の物語ではあまり顕著ではないのだが、この「花筐」の物語ではきわめて明瞭にもの狂いの賤民性が打ち出されているように思える。

時代ははるかに古代、継体天皇の御世のこと。継体天皇は応神天皇の五世の子孫、即位以前は大和の都を遠く離れた越後の国に暮らしていた。名前は大迹部《おおとべ》皇子。照日《てるひ》の前はその皇子からの寵愛を受けている女であった。正統な妃という訳ではないらしく皇子にお仕えしている形での寵愛であったろうが、照日の前という名はいかにも巫女らしい。もちろん『日本書紀』にも『古事記』にも記載されていない虚構の女なのだが、地元の有力な豪族クラスの女にして、神を祭祀する力を持った采女のような女を想定してみたい。

能「班女」では、シテは遊女という芸能者であったからそこに芸能としてのもの狂いを見ることが出来るのだが、それに対して「花筐」のシテには巫女性があると言えよう。そこからは神がかりの要素がほの見える、それがたとえ芸能としてのもの狂いの演技であったとしても、神を憑依させた女の狂いをその根底に見るべきなのかもしれない。しかし、この物語では、この狂いは神がかりなのではなくあくまで恋しさに憑りつかれたが故のもの狂いとして表現される。そもそも〈狂い〉と〈もの狂い〉の相違とは、〈もの〉が付いているか否か、なのだが、そこには本質的な差異があるように思われる。

もの狂いには、なぜ狂乱に至ったか、神霊や何かの霊が憑依したという確かな根拠があるわけではなく、これも心の問題、あるいは気分の問題であったと言えよう。気分が落ち着かず揺れ動いてしまってどうしようもなくなるというものであった。従ってもの狂いの演技表現は狂いそのものであってはならない。花筐のシテ照《てる》日《ひ》の前は、巫女性を仄めかせながらも恋に憑りつかれて落ちぶれて漂泊する女としてのもの狂いであり、そこに〈恋〉という情動が動いている。さらにそこには演技者としての芸能者の一面も課せられている。

大迹部《おおとべ》皇子は即位を要請されて、愛人照日の前には御文と花筐を形見に残して都へ旅立った。皇子は決して照日の前を捨てたわけではなく、秋になれば必ず会えるから頼みにしていてくれ、という言葉を残して急遽に旅立ったのだった。にもかかわらず、彼女は慕わしさに耐えきれずふらふらとさまよい出てしまう。そこには、おそらくはもの狂いとしての心急かれる精神状態が表れていて、恋しさに憑りつかれた女は冷静ではいられずさまよい出してしまう。したがってもの狂い女とはまさにさすらう女であった。そして、そのさすらい、さまよう人間が、ある種の賤民性を帯びてゆくという仕組が見られるように思う。

大和の都へとやってきた二人は、そこで探し求めて来た相手である継体天皇の御幸に行き合った。ワキが現われて次のように述べる。

ワキ　時しも頃は長月や、まだき時雨の色薄き、紅葉の御幸の道のほとりに、非形《ひぎやう》を戒め面々に、御幸《みゆき》の御先《みさき》を清めけり。

季節は長月（九月）。旧暦では十月から冬に入るから、九月とはまさに秋の最後、ぎりぎりの秋なのである。秋になれば再び会えるから頼みにして待っていてほしい、という天皇のあの文の言葉はやはり当てにはならなかったのだろうか。待ちきれずに自ら都へとさまよい出たのは秋の間に会いたい、会えるはずではないかという切なる思いからであった。

ワキは、天皇の御幸の為に道の清掃が行なわれると言う。「非形を戒め」というのは、人ならぬ姿をした異様な風体の者を道のほとりから追い払うことである。道のほとりには乞食などの異様な風体のものたちが蹲っていたのかもしれないし、また穢れがあるとされた病の人たちもいたに違いない。そういうものたちを追い払うこと、それがここに言う清めであった。

そこにさまよい出たのがシテとツレの二人連れである。その二人に対してワキは次のように告げた。

ワキ　不思議やなその様人《さま》に変りたる、狂女と見えて見苦しやとて、官人立ち寄り払ひけり。

二人は「その様人に変りたる」という風体から「もの狂いの狂女」として見なされて追い払われようとされる。彼女たちは先の「非形」と同様に追い払うべきものであったと言うしかない。そこから考えれば、狂女＝もの狂いとはまさに非形のものであり、御幸の道のほとりにいてはならない穢れであったと言えよう。この時の二人の風体は、「班女」のシテと同じく衣装が脱下《ぬきさげ》である。さらにシテは笹を手にしている（その笹には天皇からの文が結び付けられている）。二人はいわば普通ではない異装をしていたのだが、舞台のシテとツレを見ると二人の衣裳は大変優美なものに見える。しかし、この「脱下」が乞食スタイルなのだった。

次にワキは二人を追い払おうとして「そこを退き候へ」と言いつつツレの持っている花筐の籠を打ち落とすのだが、それに対するシテの反論にはかなり激しいものがある。天皇の御花筐を打ち落とすようなあなた方こそがもの狂いなのだ、あなた方の方にこそ罰が当たるのだと言う。シテの言葉に続き、地謡が次のように続く。

地謡　天の咎めもたちまちに罰当たり給ひて、わがごとくなる狂気して、とものは物狂いと言はれさせ給ふな。

この謡の文句からは、狂気とは天から受けた罰なのだという思考がみえる。神聖なる天皇の花筐を打ち落としたあなた方は天からの罰を受けて私たちのようにもの狂いだと人々から言われるようになるのですよ、そんな風に言われたくはないでしょう、というのがシテの言い分であった。

それにしても、ここには当時の賤民に対する意識、穢れを帯びた人々とは天刑（天から受ける刑罰）を受けた人々なのだという意識がまざまざと見られる。ハンセン病を昔々は天刑病と言ったように、狂気のもの狂いもさすらう非定住の漂泊者たちも、さらには乞食、放浪の芸能者たちもこのような天刑を受けた人々なのだというまなざしがあったことがうかがわれる。

それにしても二人はなぜ差別されるもの狂いに成らなければならなかったのか、恋に憑りつかれたシテ照日の前はもの狂いであるから理由ははっきりしているのだが、しかしツレの侍女の方は別に恋に憑りつかれているわけではない。しかしツレはシテの分身なのだった。二人はワンセットになってさまよう女乞食になっていたと考えるのが分かりやすい。

越前から大和まで旅を続ければ垢まみれのよれよれの姿になるであろうし、浮浪者のようであったとしてもおかしくはない。そのような風体も含めて、非定住のさすらう者たち、乞食のような放浪の芸能者のような、さらには病者たち、という一種異様な者たちの存在が浮かび上がる。シテとツレの二人連れは、まさにさすらう異形の者として物語の世界に現れ出たのだと考えられる。

そこには神霊が憑りついたがゆえに神がかりとなる聖なる女のイメージはもはや見られない。〈照日の前〉という名前は聖なる女のイメージは醸し出してはいるものの、聖なる女と言うよりはさすらう歩き巫女のイメージに近い。歩き巫女とは、祈禱や占いを生業とはしつつも同時に売春もおこなう放浪の下級宗教者である。

次にシテは天皇の要請によって舞を披露することになる。ところで天皇はその時は彼女がかつての恋人であることにはまだ気がついていない。

ワキ　いかに狂女、宣旨にてあるぞ。御車近う参りて、いかにも面白う狂うて舞ひ遊び候へ。

シテが帝に舞を披露するのは、彼女が狂人であるからか、あるいは芸能者であるからかは判然とはしないが、放浪下級芸能者としての位置づけが出来るのではあるまいか。少なくともこの物語ではシテは放浪の芸能者と見なされていると思えるのだが、狂人であるからこそ「面白う狂うて舞ひ遊び候へ」と要請される。ここでは「狂へよ、狂へ」というよくある言い方ではなく「狂うて舞ひ遊び」というように「舞ひ遊び」の要素が入っているのが注目される。〈狂う〉だけならば〈もの狂い〉なのだろうが、「舞あそび」が入ると芸能の要素が濃くなるのではないか。

たとえば能「自然居士《じねんこじ》」では、説教師の自然居士（シテ）が人買い商人の要請でさまざまの芸能を披露するのが大きな見せ場となっているものだが、この時人買い商人（ワキ）はシテに対して「一さし御舞ひ候へ」と言っている。決して「狂え」とは言っていない。このシテはもの狂いの人ではないのである。自然居士は舞の間手にしているのは数珠であるというのが狂人との違いである。

この例から考えると、花筐のシテは、もの狂いの狂人であると同時に「舞ひ遊ぶ」芸能者でもあると捉えられる。しかしそれは決してハレとしての芸能者ではなく、あくまで穢れを帯びたものに過ぎなかった、というのも、彼女の舞いは、一種のきよめとして捉えられるからである。古来、清めの役割をするのは賤民と見なされた人々であった。

天皇の前で芸を披露する時、シテはワキに向かって「うれしや」と喜ぶのだが、それに続けてシテ「（ツレとともに）いざや狂はんもろともに。御幸に狂ふ囃しこそ」地謡「御先を払う袂なれ」というところからシテの舞いが始まる。

シテのセリフによれば、彼女たち二人が舞い狂うことが天皇の御幸の道を清めることになるのだった。「御先を払う」とは「お祓い」という浄化の意が込められたもので、芸能者による奉祝であったと思える。

この二人は、恋の為にさまよい出た魂のような存在なのだが、その姿はしがない下級放浪芸能者でしかなく、かつての恋人の聖性の為に今は清めという浄化を行うものになっている。高貴な聖なる存在、天皇へと昇りつめたかつての恋人に対して、女は——かつては照日の前という聖性を帯びた巫女であったろうが、——それがおちぶれた乞食のような姿となっている。この二人の対比がこの場での見せ場であったのかもしれない。

能の「芦刈《あしかり》」においても——男と女の役割が入れ替わっているが——高貴なものへと上昇したもとの妻と、芦を刈る賤しい労働者にまで落ちぶれてしまった元の夫との対比が見どころになっている。

「芦刈」の男は、物語の中では芦を刈る労働者にして、その刈った芦を面白い「売り言葉」で売り歩く者となっていた。そこから考えると芦刈男は一種の芸能者となっていたと捉えられるところで、映画「フーテンの寅さん」のような香具師の面白おかしい芸能者的な「売り言葉」が想起されるのだが、この芦刈の男もその香具師的芸能者の淵源のようなものだったと考えてみてもいいかもしれない。能「芦刈」では男は落ちぶれて逼塞した哀れな男、というよりは何やら芸能性を発揮して生き生きとしている（というよりはむしろウキウキとしている）男のようにも感じられる。その芸というものが能においては必要であった。その芸能の力によって元の妻と再会し、二人はこの「花筐」の二人と同じく無事に元の関係に戻ることになる。これは原作の『大和物語』百四十八段の結末とは決定的に異なっているところで、『大和物語』では二人の関係は元には戻らず、落ちぶれた男はおのれを恥じて姿を消してしまうのである。『大和物語』には芸の要素が無い。それに対して芸の力によってハレなるものへと転じるという発想が能「芦刈」にはある。芸能者、放浪の宗教者の中に聖性を見るという発想は古来からあったものではあるが、それが能という演劇の世界で初めて生き生きと表面化したのである。

女の役割は何だったのだろうか。かつて大迹部《おおとべ》皇子が地方に逼迫しているときには、彼女は彼に仕える女であった。たとえ愛人、あるいは妻の一人であったとしてもその名前「照日の前」からも推測されるように、巫女としての威力を持って皇子に仕える立場であったのだろう。そして皇子を守護し、さらに奉祝する貴重な役割を持っていたと思われる。そこから考えれば彼女は皇子にとっては〈失ってはならない〉存在だというべきではないだろうか。彼女がいなければ皇子の聖性は維持できない。

そして皇子は都へと召喚され、天皇の地位についた。神の位置へと昇りつめたわけなのだが、そこに照日の前の威力が働いたのだと言えるのではないか、と思われるのだが、天皇となった彼はかつての女を放置し、かつは忘れてしまった可能性もある。それは聖なるカリスマ的な王としては〈大切なもの〉が欠損した状態であろう。彼を聖なる力で守っていた巫女の力を失うものであったのかもしれない。とすれば、この物語での照日の前との再会、そして関係修復は、天皇としての威力をさらに大きくなし、かつ保証するものとして意味づけ出来るものである。そのように考えると、この物語での女の巫女性、さらにはその芸能性は、決して失ってはならないものとして立ち上がって来る。王の方こそ彼女を取り戻さなくてはならなかったのである。

かつて大迹部皇子は応神天皇五世の子孫とはいえ王権から遠く放たれて越後の国でいわば逼塞していた不遇のさすらいの皇子にすぎなかった。そして彼女は、その不遇の皇子に仕える女であり、巫女としての威力によって皇子を奉祝する役割を担う女であった。その皇子が周縁の〈流された皇子〉から中枢の〈王〉へと上昇したのである、その事態に際して、彼女はどうすればよかったというのだろうか。

〈不遇の皇子の愛人〉の立場から〈聖なる王の愛人〉へと彼女自身が転換、さらに上昇しなければいけなかったとしたら、そこに彼女のもの狂い的なさすらいの旅も意味を持ってくる。彼女自身が聖なる女へと変身しなければいけないのである。このもの狂いの旅は、この変身のためのものであったと言えるかもしれない。さらにその変身とは聖なる女というハレなるものへの変身であった。その為には、彼女はケガレを引き受けなければならなかったのである。穢れを引き受けること、それが浄化されて、ハレへと転化するという、いわば民俗学で言う〈ハレ・ケガレ〉概念がここで働いているように思う。

また、この「花筐」の古形では、この照日の前はその後女御となり、安閑天皇の生母となったとあるのだが、この部分は室町末期、観世長俊によって削除されたという。穢れあるもの狂い女が天皇の母であるという点が問題だったのだろうか（ただしこの古形は「安閑留」という小書き（特赦な演出）で残されている）。

しかし、この改作・削除はこの物語の重要な点を消してしまっているのである。放浪の下賤なもの狂い女であったからこそ、聖なる女へと変身するのだという視点が本来の物語では確かに見られる。彼女のもの狂いの旅は、女御にして天皇の生母という聖性を得るための試練の旅であったのかもしれない。

別稿で論じたいと思うのだが、鎌倉時代末期に執筆された『とはずがたり』（後深草院二条）の構造もこれと同じであって、なぜ著者の二条がさすらいの旅に出なければならなかったのか、という問題をこの視点から考えてみることも出来る。二条が宮廷にいた時期は、後深草院は上皇としての威力を発揮できないでいるという不遇の時期であった。二条はその院の不遇の時期を、政争に翻弄されながらともに生きた女人だった。しかし、彼女は正統な妃の一人とも言えない半端な愛人の一人として、いささか遊女的ですらあるような存在を余儀なくされていたのである。そして、院との関係は、宮廷から退去を余儀なくされるという、いわば院から捨てられた形で終わりを迎えてしまった。その後、彼女は出家をして漂泊の旅に出る。

『とはずがたり』の結末とも言えるクライマックスのシーンは、漂泊の果ての院との「めぐりあい」となっている。これは「花筐」と同様で、二条はすでに尼となっているから院との愛情生活の再構築はないが、その後院からいろいろのお世話・援助があったことが記される。それは二条の尼としての出家生活を保証するものであった。この援助に関してだが、『源氏物語』『伊勢物語』などからの推測だが、妻が出家をするときには夫がそれなりの仕度をするという習わしがあったらしいのである。高貴な女の出家であるから、仏壇・仏具、尼装束などなど貴族女性としてのそれなりのものが必要だったと考えられるのだが、後深草院は遅ればせながら二条に対してそれらを用意することで〈夫〉としての責務を果たしたのではないかと想像されるのだ。それは二条を、正統な〈妻〉として待遇するという意味を持っていたのではあるまいか。

二条の諸国遍歴のさすらいの旅は、「花筐」の照日の前と同じくもの狂い女の旅として把握できる。さらに二条には能「三井寺」の母と同じように、子を求めてさすらう母のイメージもついて回る。もの狂いを惹き起こす要因が恋心と子を求める母心に在るとすれば、二条のさすらいもまたもの狂い女だからこそ、と言えるのである。

「花筐」のシテは天皇に再度召し抱えられることになった。物語の最後の場面では、舞台では天皇（子方）とワキが橋から幕へと引き上げてゆき、その後、舞台に残ったシテは、再び召し抱えられることになった喜びの舞いを舞う。はれやかな慶びの舞いである。しかし、この場面からは、彼女はあくまで天皇に付き従うだけの下賤の者に過ぎないのだということを表わしているように感じ取れてしまうのだが。これは対等の愛情関係の復活ではないのだと思える。

天皇の側からすれば、〈また召し抱えてやる、捨てることはしない〉というレベルのものでしかないのではあるまいか。このように感じてしまうところに、この物語の悲しみ、痛みがある。もの狂い女、つまり乞食のような芸能者がいかに過酷な現実を生きていたかをこの物語は語っているように思える。

子を探し求める女芸能者――能「百万《ひゃくまん》」

百万というのは南北朝時代に実在したと言われる女曲舞《くせまい》の名手の名である。その当時のアイドルスターとも言える芸能者を主役にして仕立て上げた物語が能「百万」である。その百万が生き別れになった子どもを求めて流離うもの狂いの女として現われる。

舞台は嵯峨野の清涼寺。

そこでは大念仏会《だいねんぶつえ》が催されていた。そこに行方知れずになったわが子を探し求めて百万が奈良からさまよってくる。また、奈良の西大寺で拾ったという男の子を連れたワキも「念仏に参らばや」というわけでやってきた。その男の子こそが百万が探し求めるわが子であった。そこではからずも母と子のめぐり会いが実現するのだが、このめぐり会いはあまりに奇跡的すぎないかという気がするものの、大念仏会とは大勢の人々が念仏のために結集する場であり、そこでは生き別れの人とのめぐり会いが期待されるというひとつの共同幻想がこの時代に存在した。

嵯峨野清涼寺の大念仏会は、円覚十万上人導御《どうぎょ》が創始したと伝えられる。導御はもともとは捨て子であったという。それが寺に拾われて僧侶となった。その導御が生き別れの母と再会したいという願いを込めて始めたのが大念仏会であったという。伝によれば導御はその大念仏会で無事に母とめぐり会えたのだとか。

嵯峨野の大念仏にやってきた百万もその幻想に導かれて、此処ならわが子に会えるのではないか、という思いを込めてやってきたのだった。

ここでの百万は、まことに覇気のある、堂々とした芸能者ぶりである。

大念仏会とは、五来重氏の研究によれば（「日本仏教民俗学論功」一九六二年、『五来重著作集』第一巻所収）、「道俗大衆が多数集まって合唱舞踊することで、これに演劇がつけば融通大念仏狂言となり、やがて盆踊りともなる」というものであった。大勢の人々が南無阿弥陀仏の念仏を歌い上げるその様は「歌声コーラス」のようなものであったらしい。現在の盆踊りでも音頭取りが存在するが、この「百万」の物語でも念仏の歌声の音頭を取る人がいた。

始めは、アイが登場してこの音頭を取っていたのだが、そこへ百万が現われ、手にしている笹の葉でこのアイをぴしゃりと叩き、次のように言う。

シテ　あら、悪《わる》の念仏の拍子や候。わらは音頭を取り候ふべし。

「下手くそ!!　音頭は私が取るわ!」と言っているのである。この場面は、見るとなかなか痛快な面白さがあって、意気揚々たる芸能者ぶりである。さらに笹の葉でアイをぴしゃりと打つさまもいかにも芸能者らしいと言えようか。

この物語での百万は〈女もの狂い〉と人々から呼ばれているが、乞食という訳ではなさそうで女芸能者としての資格で登場している。しかしもの狂いであるからもの狂いの扮装をして舞を舞う。そのもの狂いの扮装とは、次のようなものである。

地謡　もとより長き黒髪を
シテ　荊棘《おどろ》のごとく乱して
地謡　古りたる烏帽子ひき被き
シテ　また眉根黒き乱れ墨
地謡　現《うつ》し心か群鳥

――中略――

シテ　親子の契り麻衣
地謡　肩に結んで裙に下げ
シテ　裙を結びて肩に掛け、
地謡　筵《むしろ》切れ
シテ　菅薦《すがこも》の

おどろおどろしく乱れた長い髪、古くてぼろな烏帽子、眉墨が乱れた奇妙な化粧、筵や菅で編んだ薦のような装い、それが百万の姿だった。これはいわば異装、そして乞食のスタイル、つまりは〈おこもさん〉である（このスタイルは前述の「をぐり」における照手姫と同じである）。
百万の舞いが終わった時に次のような地謡とシテのセリフがある。

地謡　乱れ心ながら、南無釈迦彌陀仏と信心を致すも、わが子に逢はんためなり。
シテ　南無や大聖釈迦如来、わが子に逢はせ狂気をも留め、安穏に守らせ給ひ候へ。

百万の心は子どもに逢いたいがために「乱れ心」となっており、それは「狂気」なのだという。その狂気はわが子に逢えればとどまる。百万のもの狂いは、わが子に逢いたいという思いに憑りつかれて異常な精神状態にあるがゆえの物であり、その異常な精神が舞いとして表われる。ここには芸能の本質が表れているように思う。舞ったり歌ったりすることこそが尋常ではない昂揚した精神状態の現われであり、芸能とはその非日常性を模したものなのである。あるいは芸能者そのものが異常な、何かに憑りつかれた精神の人間と見なされていたのではないか。神霊や悪霊やもののけなどに憑りつかれた状態、いわば神がかりになった姿でもあった。

百万の舞は、神がかりのようなものである、と同時にそれは百万という女曲舞の名手による芸能としての舞なのだった。百万の芸能ぶりを見せるところに眼目があったと言えるもので、シテが登場してすぐに「車の段」「笹の段」があり、さらに長いクセの舞があるというように舞に重点が置かれている。舞の名手である百万にポイントが置かれているのである。

しかし狂ったかのような姿を人々に〈見せる〉こと、それが芸能者のあり様であり、それは世阿弥が述べるように恥をさらすことでもあった。

物狂なんどのことは、恥をさらし、人目を知らぬことなれば、これを当道の賦物には入るべきことはなけれども、中楽事とはこれなり。（『拾玉得花』）

もの狂いの姿を人前にさらすことは恥ずかしいことなのだった。しかしそれをあえて演技として人に見せること、それが申楽というものなのだ、と世阿弥は言う。
探し求めていたわが子と再会が成って、そしてもの狂いの心が消えたとき、彼女の心に起るのはこの恥の思いである。

百万はそのわが子を前にして次のように言う。

心強や。疾くにも名のり給ふならば、かやうに恥をばさらさじものを、あら恨めし。

心強くもっと早くに名のって下さったなら、このように恥をさらすことはなかったものを、あら、恨めしい。

自分が舞う前に、つまり狂いを見せるという恥をさらす前に、自分がわが子だともっとはやく名乗って下さったら、こんな恥はさらさなかったのに、と言う。舞うということは狂いの表れなのであり、それはやはりもの狂いであり、恥をさらすことであった。

注釈によれば（小学館日本古典文学全集『謡曲集』2　p30）、この場面の後、烏帽子と長絹《ちょうけん》を脱いで裳着胴姿になる演出もあるという。烏帽子・長絹はもの狂いのファション、裳着胴姿は尋常なる女の衣裳であるから、彼女の狂いは子とめぐり会えたことでようやく終わりを遂げ、それを機にもの狂いも終ったのだった。

百万のもの狂いは、子を求める母の乱れた心の表現であるとともに、芸能者としての姿を見せることでもあり、この二つが重なり合って醸し出すものがある。もの狂いとは何だったのか、あるいはもの狂いを表現する芸能とは何であったのか、見るものに問いかけてくるものがある。それが能のもの狂い女の魅力である。

おわりに──男のもの狂い

もの狂いの女──その心、というよりは魂と言った方がいいのだろうか、彼女の魂は揺らいで動き出したのだった。その魂につられて彼女はさすらいの旅に出る。子を失ったとか、恋しい人と別れたとか、愛別離苦の思いに駆られた末のやむにやまれぬ思いがあって、そこにもの狂いの女が生まれる。もの狂いの女とは、すなわちさすらう女でもあった。

では、もの狂いの女に対して、もの狂いの男とはどのように描かれているか。もの狂いにはもちろん男もいるのである。

男がもの狂いのシテとなってあらわれる能はいくつかあるのだが、制作されたのは「女もの狂い」より以前であるという。世阿弥は男のもの狂いの方をテーマとして先に取り上げていたらしいのだが、それが女もの狂いの方へ移って行ったということらしい。

古くからあったものを世阿弥が改作したという「丹後物狂《たんごものぐるい》」、世阿弥のオリジナルとして「高野物狂《こうやものぐるい》」「多度津の左衛門」「土車《つちぐるま》」などがある。

「高野物狂」のシテ高師四郎、「土車」のシテ傅《めのと》小次郎は、ともに主君の子どもへの思いに捉われてもの狂いの旅に出るという点が共通する。子どもは子どもでも主君の子なのである。そこには確かに愛情のようなものがあるのだが、夫婦・親子の恩愛とはことなる主君への忠義という倫理が働いている。男は夫婦・親子の愛では狂わないということかもしれない（もっとも世阿弥は男にとっての夫婦・男女の愛執のさまを修羅もので取り上げて描いている）。

「土車」では、主君の深草少将が妻の死を契機に子を捨てて出家してしまう。そこでシテの傳小次郎は残された主君の子どもを車（リヤカーのようなもの）に乗せて主君を探す旅に出る。やってきたのは善光寺の如来堂であった。その時のシテのあり様は「念仏申し鼓を打ち、袖を広げて物を乞ふ」というのであるから、鼓を打つという芸をしながらの乞食であった。そして人々からやはりからかい囃したてられるのだった。

狂言　いかにこれなる狂人、面白う狂ひ候へ。
シテ　いや今は狂ひたうもなく候
狂言　御身はすねたることを申す者かな。物狂いなれば狂へと申す。ただ狂うて見せ候へ。
シテ　いやいや狂ひ候まじ。

狂言方は、からかいの果てに、お前たちはこの如来堂から出ていけ、と言う、さらに、お前たちはこの国にいてはならない、この国だけではなくこの天下にいてはならないのだ、と言い続けるのだが、これは迫害とか言いようがない。もの狂いらしく面白う狂えば良かったのだろうが、シテはそれを拒んだのである。もの狂い＝乞食たちがどのように扱われたかが窺われる場面である。

同様の事は「高野物狂」でも見られる。シテの高師四郎は亡き主人の遺児である平松春満に仕えていたのだが、その少年が出家遁世の意志を持って出奔してしまった。シテはその少年にまた会いたいという思い、そして自分も同じく出家しようという志を持って高野山へとさまよってくる。そこにワキ、高野山の僧があらわれて次のように言う。

ふしぎやな。姿を見れば異形なるあり様なり。この高野への内へは叶ひ候まじ。人に咎められぬ先にとうとう出で候へ。

異形なる姿をしたもの狂いの者は高野山からも排除されようとする。聖なる領域にはいてはならない穢れであったのだ。

「土車」も「高野物狂」も探し求める人と無事にめぐり会えたという幸せな結末となっているのは女のもの狂いの物語と同じである。ところで「高野物狂」では、シテも少年も出家するつもりでいたはずなのに二人とも出家はせずに揃って帰郷する結末となっているのだが、これは江戸時代に入ってからの改変だとされている。武家の後継者が簡単に出家してしまうのは如何なものか、というわけでの改変であるらしい。

男のもの狂いの原因が、主君とその子に対する思いであるという点はこの時代に新たに生じた倫理観によるものであったのではないか。そこにはこの時代に新たに生じた〈家〉の存続にかかわる問題があったと思える。主君とその子――子とはつまりは家の継承者である――そして一族郎党と言えるような男たちによる連帯する世界が浮き上がってくる。同時代の『太平記』『竹むきが記』などには、家の継承がいかに大事なものであったかが描かれている。それも継承者は男児である。亡き主君の遺児を擁して、時には、その遺児の母親を騙してまで家臣たちが遺児を守り抜く様子が描かれている。そこには乳母はあらわれず、家臣の一人が傅《もり》役となって遺児を守り抜くのである。ここには母や乳母という女たちを排してまで継承者を守り抜こうとする男たちの連帯する世界とその倫理、さらには恩愛の情までがあらわれているのだが、この家臣たちの熱い思いは「土車」「高野物狂」とあきらかに共通するものがある。

しかし世阿弥はこのような男のもの狂いの物語をさほど書くことはなく、そこから女のもの狂いのドラマへと移っていった。女のもの狂いの様を、狂気や乞食のありさまから脱却させ、さらに昇華した芸能として展開していったのだった。

Ⅵ

世阿弥レポート

1

中世は戦《いくさ》で明け暮れた。たえず眼前に屍体がさらされる現場に生きた人々がいた。その人々は戦を語るときどのような思いで語っただろうか。

たとえば戦での屍体の様子を語る次のような文章がある。

大の男の肥え太りたるが頸はとられてむくろのうつぶすさまに伏したる上に、砂かけられて折ふし村雨のふりかかりたれば背みぞに溜まれる水、血まじりて紅を流せり。目も当てられぬありさまなり。

（岩波・日本古典文学大系『平治物語』）

この描写には現実に見た人でなければ分からぬようなリアリティがあるのだが、惨状で見たことをありのまま具体的に語りたい、伝えたい、という思いが語り手にはあったに違いない。戦場をめぐった人々が年老いたのち、昔語りの中で体験したことを語ろうとすればこのような惨状が生々しく語られることになるのだろうか。あるいは、誇張したり、美化したりしながら、語っていくこともあったに違いない。その中でさまざまの語りの型が出来上がっていったかと思われる。

戦の現実を知るには出来うる限り詳細、かつ生々しい表現が必要なこともあるが、その一方で、悲惨さを享受するのにそういう生々しさを必要としない意識もあった。

鎌倉初期に編纂された『古事談』に次のようなエピソードが載っている。前九年の役の合戦のあり様を、二、三十年の後、すでに老人となった後藤内則明が白河院に召し出されて戦語りをするというものである。

白河院の御時、後藤内則明、老衰の後召し出でて、合戦の物語せさせられければ、先づ申して云はく、「故正きみ（義家か）の朝臣、鎮守府を立ちて、あいたの城に付き侍りしに、薄雪の降り侍りしに、いくさの男共」と申す間、法皇仰せられて云はく、「今はさやうにて候へ。事の躰《てい》甚だ幽玄なり。残りの事等、此の一言にて足るべし」とて御衣を賜ひけり、と云々。（岩波・日本古典文学大系『古事談』巻第四―二二）

老武者の語りを途中でやめさせた法皇が見たものは何であったのだろうか。「薄雪の降り侍りしにいくさの男共」という語り、いくさ支度をした男たちが薄雪の降り積もっている上を歩いて行くという情景から、彼はその後に続く血の光景を透かし見たということだろうか。そしてそのエッセンスのみで、これを〈幽玄〉の美であるとした。法皇はあくまで自己を美の享受者であることに限定したのだった。

この老武者は長年の語りの習慣のうちに効果的に語る〈型〉を見つけ出していたのかもしれない。単なる享受者でいられたそれまでの貴族たちとは違い、彼はあくまで実行しなければならない人間だった。だからこそ、薄雪を透かして見える鎧や戦いの様子よりも戦そのものに心は向いていたはずである。老武者は戦いの生々しさは身を持って知っているのだが、語りというものを繰り返すうちにその生々しさが薄雪のようなベールをまとっていったのではないか。

和歌の世界でも、月そのものをリアルに詠むよりは雲間の月、霧の月を、何かを透かして見るように表現するという時代になっていった。月そのものに対する憧憬を形を変えて表現しようとするその心理の方に心が向いたためであろう。しかし月そのもののリアルな存在感は、和歌の芯となって詠み手の心を突き動かすのである。この芯とは魂のごときものと言えるかもしれない。

武者が体験した戦の生々しさ、そこに含まれる悲惨さ、それを芯として語りがなされる。その芯、つまり魂の深い思いがやがて薄雪のようなベールをまとっていくことになったのであろう。

やがては心の中のその魂がベールをまとってはいても揺れ動きだし、強烈に自己を主張し始める。その魂が動き出し勝手にすたすたと歩いて行くような情景が浮かんでくるのである。

たとえば南北朝時代の政治の立役者で、かつ歌人であった京極為兼につぎのような歌がある。

百首歌奉りし中に、夜の旅

とまるべき宿をば月にあくがれてあすの道ゆく夜半の旅人（玉葉和歌集巻第八旅歌）

ここには魂に突き動かされて歩き続けなければならない人間が詠まれていると思う。「夜半の旅人」とは作者自身のこととも読めるし、あるいは作者の心の中にある観念としての旅人のイメージとも取れる。旅人とは、魂に突き動かされて、あくがれてさすらう人のことであった。「あくがれ」とは現代の「あこがれ」に繋がる言葉で、何かに引き寄せられてさまよい出るという意味である。

この歌には、夜半の暗闇に対する不安、ためらいはなく、旅人は清冽なまでの明快さですたすたと歩いて行く、歩くほかないのだとその後ろ姿は語っているかのようだ。もはや旅人の身体があくがれる魂そのものなのである。

次にこのレポートの主役である世阿弥についてである。

この芯=魂を積極的に自覚し、演技者として舞台の上で実行していった人間として世阿弥を捉えてみたい。世阿弥の芯とはどのようなものであったのか。

世阿弥は、猿楽者、つまり芸能者である。それまでの文化の担い手たる貴族とはまったく別種の出自の人間であって、その猿楽者が、かの老武者の語りのようにおのれの芸を展開し始めたのである。老武者には無意識であったかもしれない〈型〉や〈効果〉が世阿弥には芸能の方法として意識上に昇ってくる。語るべきおのれの芯=魂をその身体で表現するのである。

彼の芯とは、その芸能者としての出自と立場から来るものとしてあったのではないかと考えてみたい。卑賤とされた出自の芸能者がその芸能の力によって大衆の人気を獲得し、さらに貴族の賞玩を得るに至って、ますます芸能者としての立場を自覚していくという過程があった。

当時、猿楽者同様にそのような過程を経て来た人々に庭師がある。室町時代に活躍した有名な庭師に善阿弥がいる。その孫である又四郎が次のように語っている。

それがし、一身に屠家《とけ》に生まれしことを悲しむ。故に物の命は誓うてこれを断たず。又財宝は心してこれを貪らず。『鹿苑日記』

当時、京の都には「千本の赤」と呼ばれた屠家《とけ》の群が数多く存在し、主に死屍・汚穢《おえ》の始末に従事していたというのだが、又四郎は、自分はその屠家と同じように卑賤の出自だと言う。彼にはその屠家の姿が常に見えていたであろうし、白分も同じなのだという自覚があったかと思える。実際には彼ら庭師は、いわば芸術家として将軍家からも優遇されており、決して屠家としての扱いは受けていないのだが、又四郎は屠家のケガレを払拭すべく（屍体・汚穢《おえ》の処理はケガレと見なされていた）物の命はとらない、財宝は貪らない、という戒律を自分に課していたものと思える。彼の芯とは、屠家の生まれであること、しかし芸術の力によって誇りを持って生きぬこうとする意志の力、として捉えられる。

又四郎のこの言葉から思い出されるのは、『花伝書』にある「好色・博奕・大酒、三重の戒、これ古人の掟なり」という言葉である。この「古人」とは直接には父の観阿弥を指している。猿楽者たちもいわば卑賤とされたがゆえに、おのれに対する戒律をこのように課していたのだろうか。卑賤の出自は致し方ないが、せめて身のあり様は卑賤であってはならない、芸の力というものがあってこそ卑賤からの脱却があるのだ、という思いであったろうか。その身を律する思いがあってこそそれをばねとして彼らは芸能者として生きていける。このような出自に対する自覚は、彼らがすでに中央貴族に対峙しうるだけの〈芸能〉の強靭さを自覚していたかからこそ生じるものであったのではないか。

世阿弥の強さと魅力は、王朝以来の透かしベールの美を教養として持っていること、芸能者としての実力、観客支持によって生きるという覚悟、である。

2

世阿弥の〈芸能者〉としての意識はどのようなものであったのか、この時代に〈芸〉によって立場を確立していった人々の心情を探ってみたいと思う。

世阿弥を含む観世座の人々は芸の力によって中央貴族の賞玩を獲得した最高級の芸能者だった。しかしもともとは賤民として蔑まれてきた存在であり、彼を頂点としてすそ野に広がっている多くの芸能者がいる。その多くの人々に共通する心情が世阿弥の思考にも反映しているはずである。

中世の芸能者たちの活動の場の多くは寺社であった。中世以来、寺社を舞台にさまざまの物語が形成された。聖なる地には穢れを身に帯びた人々が救いを求めて、あるいは食べ物を求めて参集し、また参詣の人々を目当てに多くの芸能集団や物売り達も集まってくる。そのような人々の歴史をつづるものが聖地というものであった。この聖地での芸能者、乞食などが描かれている物語として、説経の「さんせう太夫」「しんとく」、能の「弱法師《よろぼし》」があるのでそれを参考にしてみたい。

＊――〈聖地〉の語は、明治以前、日本語にはなく、キリスト教が入ってきた折、holy place の翻訳語として作られた言葉であるという。ここは〈霊場〉というべきところなのだが、聖なるトポスとして把えておきたい。

この三つの物語の聖地は大阪の天王寺（現在の四天王寺）である。現在の四天王寺にはそれほど神聖・厳粛の雰囲気はなく、雑多な都会の一画にどことなく殺風景に存在するお寺さん、という感じなのだが、夕方には西の鳥居の方向が夕陽に染まり、夕陽丘という地名にふさわしく西日が美しい。昔は鳥居のすぐ近くにまで海が迫っていたという。西方浄土への信仰からこの西の鳥居は浄土に通じると信じられてきた。実際にこの鳥居に立って西を見ると真正面に夕日が沈んでいくのが見える。昔なら海に沈む夕日がまざまざと見えたであろう。このためこの寺には浄土再生をめざす人々が集まってきたのである。

説経「さんせう太夫」は、それを原典として新たに近代的解釈を加えて書かれた森鷗外の「山椒太夫」によって大変有名なのだが、鷗外の合理精神によってきれいに省かれた部分がある。それは次のような〈再生〉の場面である。――主人公のづし王は山椒太夫の手から逃れ、京の朱雀権現へと辿り着くが、その時は足萎えの姿になっていた。彼は車に乗せられ、道行く人々の手から手へと渡されながら天王寺までやってくる。そこがづし王の再生の場であった。彼が鳥居に手をかけるや否や足が治ってしまうのである。卑賤であった姿からやがて高貴なものへと変身していく、そこが天王寺という再生の場の力なのだった。

説経「しんとく」、能の「弱法師《よろぼし》」の主人公はともにしんとく丸（俊徳丸とも）という少年である。彼もづし王と同じように天王寺の乞食の一人となり、鳥居近くに蹲っていた盲目の乞食であった。もともとは高貴な出自であった少年はいろいろな事情で賤へと身を落としていたのだが、さまよったあげくに天王寺で再生を果した。「弱法師」のしんとく丸も父に見つけ出されて元の世界へと戻っていくのである。

この〈再生〉という機能を聖地は持っており、寺社にむらがる乞食、病人、また芸能者たちの再生の夢と願望をこれらの物語は描いている。

「弱法師」は世阿弥の息子の元雅の作であるが、この弱法師、つまり「しんとく丸」は盲目の徒であると同時に遊芸の徒でもあった。乞食とは芸をする人でもあったと言える。この作品の中に「狂う」という言葉が出てくる。この言葉から芸能の表現意識というものを関連づけて考えてみたい。

しんとく丸は天王寺で日想観《じっそうかん》をしようと西日に向かう。盲目ではあるものの瀬戸内海の美しい風景が脳裏にありありと見えわたり「おう見るぞとよ、見るぞとよ」と歓喜のあまりよろめくように歩き回る。その姿は「よろよろとげにも真《まこと》の弱法師とて」というものであったから、周囲の人々は笑うのだった。それは嘲笑というべき笑いであったろうか。その笑いを耳にしたしんとく丸は一瞬のうちに歓喜から覚め、「恥ずかしやな今は狂ひ候はじ今より更に狂はじ」とその場に座り込んでしまうのである。

「狂う」とは理性を解き放ってしまうことであろうか。日想観のなかで彼はありありと西日が見えたのであるから、これは宗教的な昂揚感覚をもたらすものであったに違いない。この宗教的恍惚感はしんとく丸にとっては大きな救いであったはずなのだが、しかし現実にはその姿はよろめき歩く、いささか滑稽味を帯びた盲目の乞食でしかなかった。そこから人々のあざけるような笑いが聞こえてくる。その笑いにしんとく丸は「恥ずかしやな」と自分のこの現実の姿を思い知ることになった、その結果「今は狂ひ候はじ」と狂いを封じ込めてしまう。しんとく丸には救いはなかったのか、再生はありえたのか、という問題が残る。

また「狂う」には芸をするという意味合いもあった。同じく元雅作の「隅田川」ではこの「狂う」がより具体的に出てくる次のような場面がある。

シテ　なうなう、われをも舟に乗せてたまはり候へ
ワキ　おことはいづくよりいづ方へ下る人ぞ
シテ　これは都より人を尋ねて下る者にて候
ワキ　都の人といひ狂人といひ面白う狂ふて見せ候へ、狂はずはこの舟へ乗せまじいぞよ

ここでの「狂う」とは何らかの芸、例えば歌を歌う、舞をするなどの意味だが、「弱法師」の「狂う」の意味と合わせて考えてみると、芸の意識の底には理性を解き放って狂いの中に没入するという要素があることが分かる。

芸能者はもともとは下層ながら宗教者として出発としたとされる。そういう人々に、歩き巫女、聖《ひじり》、唱導師などがあるが、彼らがやがて芸や身を売るようになり、聖俗あわせ持つ芸能の民として放浪・漂泊し始める。もともと宗教者とは神と一体化しようとするものであり、そこから来る憑依の感覚もあったと思われる。そして人々を神仏の世界へいざなうための舞台効果として美や音楽が生まれ、そこから芸能化する人々が生まれた。芸能とはもともと宗教的歓喜、恍惚感、熱狂を孕んでいるものだったのである。

世阿弥の時代は芸能が熱狂から洗練された芸道へと確立された時代であったと思われる。日本史上、民衆が大熱狂するという事態がしばしば起こっているのだが、もっとも古いものとして大化改新の頃の記録があり、さらに平安時代にも貴賤の人々を巻き込んだ大騒動がいくつかあった。その最大規模のものとして発生したのは、永長元年（一〇九六年）田楽という芸能の形を取った大熱狂であったという。「一城の人、皆狂ふがごとし」（『洛陽田楽記』）という有様であったという。

ところがこれらの民衆の熱狂は近世に至るまでの五百年間、記録の上からは姿を消したという。人々の熱狂はどこへ潜んだのか。ちょうど戦乱の時期と一致するのだが、その時期は人々はより流動的であり、各地に芸能者集団が発達した時期でもあった。熱狂はその芸能者集団の中に潜み、芸能者たちが民衆の代理として熱狂、つまり狂いを引き受けたのであろうか。

ここに至って猿楽者は人々の前で狂うてみせることにたどり着いた。同じ狂うてみせるならばいかにして効果的に面白く狂って見せるか。そしてその方法と効果を求め出したのである。

「今は狂ひ候まじ」と弱法師はつぶやく。おなじく芸能者も「狂わないのだ」と狂いを拒否する。醒めた意識で「狂わない」と思いつつ、同時に「狂うて見せる」ことに意識を働かせていくことになる。そういう芸能者意識というものが生まれたのだと思う。

3

〈狂い〉とは何故引き起こるのだろうか、そこには狂いを引き起こすに至るやむにやまれぬ思いがあったはずである。その思いの蓄積がエネルギーとなって引き起こされたものが熱狂であったろう。そして、狂うならばいかにして面白く狂って見せるか、それを芸能として捉えて行った実践の結晶が世阿弥の書き残した伝書の数々であった。

〈思い〉の結晶の熱狂が芸能として意識化され展開していく中で、面白かれ、と待ち構えている観客の前に、ああか、こうか、と計算しながら狂いを再現していくことになる。観客の期待することや彼らの意識の流れ次第によって面白さを感じる瞬間は違う。そしてこちらにも面白さへの挑戦はある。その二つのしのぎ合いとなるのが現実の舞台というものであったろう。

「動十分心　動七分身」という言葉が伝書にある。心で表現内容を十分に動かし、身体で表現するときはそれを七分で動かせ、というのである。残りの三分に余情があるということになる。例えば野球の投手の場合を例にしてみたいのだが、投手は「投げる」という攻撃の要素とともに守備の一員でもある、というところから、「投げる」に十分のエネルギーを使う訳にはいかないのではないか。しかし、投手は当然ながら十の力で投げなければならない、とはいうものの、自分は守備の一員でもあるという意識——自覚も忘れてはならない、ということではなかろうか。

投手は十の力で投げる、同時に十の力で投げる自分を客観的に見ているもう一つの意識がなければならない。「投げる」という動作で攻撃する自分と、相手の「打つ」という動作から守ろうとする自分とを同時に意識する作用が必要なのだと思う。動きを七分で抑えよ、残りの三分とはその操作する自分を見ている意識であろうか。

十の力を出すとその時自己陶酔に陥りやすいのではないか。十の力を出そうとして五か六の力しか出せなくても陶酔しきると十二の力を出しているかのような錯覚に陥る。そうなると常時は過小評価しがちな自己でもその瞬間は能力が飛躍するかのように感じる。思い通りにならない自分の身体が思い通りになり、身体がそのまま心になったかのように思える。そのように心が身体になることは大事な瞬間なのであろうが、もう一歩進めて心は身体を操作しなければならないのである。身体とは心が表現するものを実行するための道具であって、それを自在に操作するためには、心は身体を凝視し続けなければならない。そのためには自己陶酔を避けることが必要なのである。そういう絶えず緊張した状態を維持することが必要なのであろう。

その緊張した状態を的確に表していると思える言葉に「離見の見」がある。

舞に目前心後といふことあり。目を前に見て、心を後に置けとなり。——中略——見所より見る所の風姿はわが離見なり。しかれば我眼の見る所は我見なり。離見の見にて見るところは即ち見所同心の見なり。その時は我姿を見得するなり。『花鏡』

この引用文の他にもこの言葉は処々の箇所に使われていて、その箇所によって微妙にニュアンスは異なっているのだが、およそは「見物の眼、受ける感動」のような意で用いられている。

感風、感とは慮らざる所に心目を驚かすなり。感風に即座、即心、即目あり。気を転ずるところ、更に離見の見感となる。『九位』

当芸にも堪能其物なんどの位に至らん時は、この「駒とめて」の歌の如くまさしく造作の一もなく風体心を求めず無感の感、離見の見に表はれて家名広聞ならんをや遊楽の妙風の達人と申すべき。「遊楽習道風見」

世阿弥のめざす演技の成功、すなわち演技が理想的な境地にまで至った時引き起こされるものが離見の見（見物人たちの感動）であったことが分かる。すばらしい演技をすればそれは必ず観客たちの感動を引き起こすはずだ——これは、もしかすると観客の鑑賞眼に対して極めて楽観的すぎないか、と言えそうなのだが、この点については『花伝書』では次のように述べられている。

およそ能の名望をうること品々多し。上手は目利かずの気に叶ふことかたし。下手は目利きの目に合ふことなし。下手にて目利きの目に叶はぬは不審あるべからず。上手の目利かずの心に会はぬこと、これき目利かずの目の及ばぬことなれども、得たる上手にて工夫あらん為手ならばまた目利かずの目にも面白しと見るやうに能をすべし。この工夫と達者とを極めたらん為手をば花を極めたるとや申すべき。『花伝書』

人々の鑑賞眼が高いか低いかにかかわらず、真に面白くすばらしいものならばいかなる程度の人々にも感じるところがあり、そうでなければ本物ではないとする、まさに観客あっての役者である。

以上から分かることは、観客の前に自分の身体をさらすことに対する意識のあり方である。自分の目で確認するのは我見である。それに対して、観客の目に自分がいかに見えているか、すなわち離見を自覚しながら動け、と言っているわけである。演技者として舞台に立つ以上は見物人に見られることを意識するのは当然ではあるのだが、世阿弥は常に身をさらすことの意識のもとにある。民衆の土着的な狂いというエネルギーを引き受けて、芸能者は人々の前で狂うて見せるのだという意識がある。かつては「さらされる」という意識であったのかもしれないが、ここでは積極的に「さらす」という方向へと進んでいる。この「さらすのだ」という意識、それに基づく方法、手段が自己陶酔を引き起こすまいとするブレーキとなっている。

弱法師《よろぼし》は日想観《じっそうかん》による歓喜のあまりに「おう、見るぞとよ」と狂いに至ったのだが、人々にその姿を見られ、笑われることによって「今はさらに狂い候まじ」とその狂いを封印しようとした。狂うとは人々に恥をさらすことでもあったのだ。

同じように世阿弥の意識の下では、芸能者もやはり狂ってはいけないのだった。十の力で舞いながら人々の狂いを引き受けて狂うてみせるとき、もう一つの心が「狂い候まじ」と意識していなければならない。この時彼は演技者であるが観客と場を共有する人間として、同時に見物人に対する観客にもなり得る。この意識のあり様を離見の見として捉えてみたい。

一つの演劇空間において一人の人間がいかに面白く美しく収まるか。収まる、とは観客の目にいかにも自然で美しく見えるということであろう。どのようなものが面白く収まるかは観客と演技者の相互のしのぎ合いで変わることであり、彼はそのしのぎ合いの中に立っていたのである。

4

世阿弥より四十歳ばかり年少の連歌師、心敬に「こほりばかり艶《えん》なるはなし」（『ひとりごと』）という文句がある。時代的に華麗なる美から禅味を帯びた冷え枯れた美へと移っていった時期でもあった。世阿弥の演技論にもあきらかにその傾向がみられる。

世阿弥は若年の時に父であり、師でもあった観阿弥を失い、年若い彼が観世座を率いて行かなければならなかった。少年時代より義満の愛顧を受け、都の文化・教養の中で生育した彼が当時の美のあり方に敏感でなかったはずがない。また彼はさまざまな先輩・同業の芸能者の舞台を範として取り入れている。京の観客の要望、時代が擁する美意識とを抱合させながら自分の芸能を考えていったのである。

たとえば、義満の次の将軍義持は、田楽の増阿弥をたいそう贔屓にした。その増阿弥について世阿弥は次のように評している。

立ち合いの東の方より西に立ち回りて扇の先許にてそとあしらいてとどめしを感涙も流るるばかりに覚ゆる。

『申楽談義』

「そとあしらいてとどめし」というところに演技者としての面白さがあったのだろうか、「感涙も流るるばかり」とその素晴らしさを述べ、またその芸風ついては「冷えに冷えたり」と評している。洗練された冷えた芸風というものが、心敬の「こほりばかり艶なるはなし」の美意識と同様、この時代の風潮であったと思える。世阿弥も目指すべきテーマであったろう。

座を維持するには、一般民衆の人気の他に、権力者である将軍家や貴人の賞玩を得る必要があった。

そのころ（義満の時代）は貴人上方さまのご批判にも是をのみ御覧じはやされて非をば御算段もなかりしを、当世（義持の時代）は御目も弥《いや》たけて少しきの非をも御算段に及ぶ間、玉を磨き花をつめる幽玄ならずは上方様の御意に叶ふことあるべからず。

『至花道』

義満時代は能を見るに際しても良いところだけ褒めそやされて非と思えるところはあれこれ言わなかった、ということらしい。その大らかな賞玩の頃とは違い、義持の時代に入るとなかなか厳しくなったという。厳しく洗練された美意識の持ち主たちの批評があったらしい。その美意識の目にさらされながら彼は、ああか、こうか、と演技演出に工夫を凝らしていたのである。

『花伝書』は世阿弥ほぼ四十歳頃の執筆である。父の死後二十年ほど経過していた。この頃は義満の時代であり、依然世阿弥贔屓の全盛の頃のことでもあり、世阿弥は自信を持って父の教えの演技論をまとめ上げている。

江州（近江）には幽玄のさかひを取りたてて、物真似（演技）を次にして、かかり（姿の美しさ）を本とす。和州（世阿弥の大和猿楽）にはまず物真似を取りたてて物数を尽くして、しかも幽玄ならんとなり。

『花伝書』

大和猿楽はもともと演技中心であり、舞がかった要素は少なかったというのである。しかし観阿弥が京へ進出し、将軍愛顧の足掛かりを作った原因の一つとして、観阿弥の演技の中に舞がかった幽玄の要素があったことが挙げられる。

亡父（観阿弥）の名を得し盛り、静が舞の能、嵯峨の大念仏の女物狂いの物真似、ことに得たりし風体なれば天下のほう美、名望を得し事、世もて隠れなし。これ幽玄無上の風体なり。

『中楽談義』

ここに言う「静の舞の能」とは観阿弥作とされる「吉野静」のことだろうか。静御前が吉野山中で神に捧げる舞を舞うところがある。「嵯峨の大念仏の女物狂い」とは「百万」のこと。女クセ舞の名手百万の舞いである。この二つはともに舞の美しさや面白さに焦点があるもので、大変人気があったものらしく、さらに幽玄無上の風体として世阿弥は評価している。

観阿弥が得意として人々の讃美を得た演技の一つがかなり舞いがかったものであったことは重要である。むしろ近江申楽の「かかりを本とする」方向を観阿弥が取り入れていたのではないかということである。

観阿弥の死後、世阿弥が近江申楽の名手といわれた犬王道阿弥を指標としたらしいのも時代の好みに近江申楽の舞いの風情の美しさが合っていたためであろう。また犬王の演技が年若い世阿弥にとって感覚に訴えるものであったようである。犬王は義満晩年に活躍しており、義満はかなり贔屓にしていたとのことである。金春禅竹の『歌舞髄脳記』によれば「ことにさざめきかけて物はかなくとぢめなく、大いににほひかげあるなりけり」というもので、俗気を含まぬ幽玄に徹する芸風であったものらしい。この犬王に関して世阿弥は後年『申楽談義』の中で次のように評している。

天女などもさらりさらりと飛鳥の風に従ふがごとく舞ひしなり。たぶたぶとかかりのみを本とせしなり。

「飛鳥の風に従ふがごとく」という舞姿、これは姿や雰囲気がいかにもゆったりとした美しい風情を指しているのであろう。この演技・舞いが京の人々の賞賛を得る、さらに義満の批評も耳に入るということになると、大和猿楽がいかに物真似（演技）中心であろうと幽玄尊重の上からも、犬王の方法も取り入れなければ、と世阿弥は考えたのだと思える。

世阿弥のもう一人のライバル、田楽の増阿弥の「冷えに冷えたり」という芸風もまた貴重なものであった。

冷えていること、「かかり」のあること、これが世阿弥の考えるべきテーマであったろうか。

義満晩年の犬王への贔屓、次代の義持の増阿弥贔屓があった。この間、特に世阿弥は冷遇されていたわけではない。――冷遇どころか弾圧を受けるのはもっと後の義教の時代に入ってからである。ただ、冷遇はされなくても常に厳しい状況であったのではないか。世阿弥全盛の頃の『花伝書』から次の『至花道』執筆までほぼ十年だが、この間も、そしてその後も世阿弥にとって決して安らかな恵まれた時代ではなかったのである。しかしその間に世阿弥の貴重な伝書が次々と執筆された。厳しさが何とか脱出口を見つけ出させ、思念を発達させる。座の存続を願って芸を子孫に残すために彼は執筆をつづけたのである。したがって伝書には自賛の言葉がほとんどない。またそれは必要ではなかったのだろう。自分を残そうとするのではなく、芸を残そうとしたのである。

5

大和猿楽の本来の物真似重視を根本に起きつつ、かつ姿の美しく幽玄であるための方法、これを幼少期からの訓練方法の中に見つけ出した。世阿弥の方法はひたすらの「稽古」である。

初期の『花伝書』には、物真似、つまり演技の基本形として、女、老人、直面《ひためん》、物狂、法師、修羅、神鬼、唐事の九種をあげ「およそ何事をも残さずよく似せむが本意なり」とある。ところが次の『至花道』『花鏡』ではこの九体を三体に絞っている。つまり、老体、女体、軍体である。そして、この三体を基本にすればあとの体はその応用でいけるのだと位置付けている。そしてこの三体の物真似を貫くものとして二曲――舞と歌

——の稽古を置く。

少年時代の稽古はこの二曲の舞と歌に絞られる。そして次に元服の後、面をつけて物真似の稽古を始めるに至ると、まず三体を「よくよく習い窮めるべし」と力説している。花伝書は父の観阿弥の教えを四十歳頃の世阿弥がまとめたものとされるが、その年齢に至るまでの自身の経験もまとめて納得して記していったと思われるが、花伝書には二曲三体の教えはまだ出て来ていない。これは世阿弥が訓練を積み重ね、芸を極めた後にたどり着いた訓練方法であったと思われる。

種々の物真似の方法をこの三体に絞り、その根本として二曲を置いたのは、舞と歌の訓練によって演技者の身体機能を組織化することであろう。いかなる動作であろうと自由自在に身体を操作できるだけの力を身体のなかに作り上げるのである。その方法を具体的に考えてみたい。

人が、例えば楽器の音色にふと惹かれた時、自分でともかくも弾いて見るかもしれない。これによって何かを表現しようとするわけでもなく、堂々巡りをしながらなんとか自分なりに弾けるように基礎の練習に没頭するようなことがあると思う。そしてふと気づいたとき、現在の自分にとって自分を支える不可欠の身体感覚、思考の型、あるいは生活のあり方になっている、というようなことがあるのではないか。その時点ではじめて楽器なら楽器、演技や詩歌、そういうものに自分の個性や表現力が存分に出てくるのではないか。

自分の身体の中の機能を、演技ならば演技にふさわしい機能に再構成するとはこういうものであると思う。何かを表現しようとするときに即座に身体がそれに応える。その応え方を心は無意識であっても身体がしっかり覚え込んでいる。

森有正の『パリ随想』に次のような言葉がある。

ベートーヴェンの何が奏ける、モーツァルトの何が奏ける、というようなことは水の上の泡のようにはかないことなのだ。自分の手の中に強靭な技術の網の目が組織されてそれを自分で支配するようになるのが眼目なのだ。

これを世阿弥の稽古論に置き換えてみると、〈女〉がやれる、〈修羅〉がやれるというのは問題ではない。〈すべてがやれる〉という可能性のテクニックを身体の機能に覚えさせ、それを自分で支配する、操作できる、というのが眼目なのだ、ということになる。身体の中に技術の網の目を張り巡らすための方法が世阿弥の「二曲三体」、とくに「二曲」の稽古、舞と歌であった。

演技者の素材としてはまず声と身体である。

人前で自分をさらして立つとき、身体は周囲の視線に耐え、かつ押し返すだけの気迫の伴ったものでなくてはならない。素人が舞台に上がった時、観客の目から見てどこか変だと感じることはよくあることだと思う。前後左右からの視線の中ですっくりと立ち、そのまま歩を運んでゆく、というそれだけでも舞いの訓練を要する。またリズムに乗って身体を自在に動かせるような筋肉の訓練、リズム感の修養、そういうものを若い間、とくに身体が柔軟さを保っている間に基礎練習として行う必要がある。音楽は幼児期から、とはよく言うが、どういう類いのものであれ、初期にこういう基礎練習を成したうえでこそ自らの工夫を自分の身体で行うことができる。

二曲から進んで次に三体の訓練だが、その中の「老体」についての世阿弥の考え方を見ていきたい。

ぜうに成らば老いたる形になれば腰を折り、足弱く、手も短々とさしひくべし。その形にまづなりて、舞をも舞い、立ち働きをも音曲をもその形よりすべし。――中略――その一切の物真似の人体まづそのものによく成るようを習ふべし。さて、その態をすべし。

『花鏡』

この引用文は、まず形から入れと述べる。そしてその後から態（わざ）をするのである。とにかく「心の表現」とか「風情」とか言う以前の問題として姿かたちがそれらしくなるよう自分の身体に覚え込ませる過程である。しかしそれはあくまで基本の問題であり、世阿弥はとくに写実論を述べているわけではない。老の役ならば老人が演じるのがいいのだろうが、意外にかえって老いらしく見えないことがあるのかも知れない。世阿弥は、演芸大会に出てくる一般の老人がわざわざ老人らしく踊ろうとするだろうか、その役をやっているに過ぎないのだから、という意味のことも述べている。その「演芸大会の老人」はどれだけ若者のつもりになって踊っていても、身体は老人である。しかし本人はそのようなことは意識していない。世阿弥は演技者としてその状態を舞台で再構成しなければいけない。演技者は若者のつもりで踊らなくてはならないのであるが、無意識のうちに身体が老人の動きになっていなくてはならない、というところまで訓練をしておくのである。

能においてはむしろリアルな演技を拒否している。老体の演技のポイントとして「閑心遠目」という言葉を使っているが、老人を表現しようとするとき彼は老人の外見に注目するとともに「老人というもの」の本質をまず探ろうとする。その本質とは一体何か、を考察した結果が「閑心遠目」――閑心は長閑《のどか》に落ち着いた心、遠目は遠く遥かを見るまなざし、である。それは老人というものの精神のあり方を捉えているようだ。

以上、ざっと二曲三体について述べてみたが、非常に親切、かつ根本的な説明を世阿弥はしているように思える。世阿弥は『花伝書』執筆以後のある時期、つまり四十歳以後、自分の身体を使って演じるとはどういう事なのか、ひらめくように悟った時期があったのかもしれない。

6

『花伝書』に次のような言葉がある。

貴所、山寺、田舎、遠国、諸社の祭礼に至るまで、おしなべてそしりを得ざらむを寿福達人の為手とは申すべきや。さればいかなる上手なりとも衆人愛敬欠けたるところあらむをば寿福増長の為手とは申しがたし。しかれば亡父（観阿弥）はいかなる山里、田舎の片辺にてもその心を受けて所の風儀を大事にかけて芸をせしなり。

奈良の天川村に天河弁才天がある。下市口からバスで長時間山道を走らなければならない所にこの弁才天は位置している。昭和四十九年（一九七四年）の夏、大学の短歌サークルの合宿で天川村にしばらく滞在したことがあるのだが、バスで一時間半ほどかかった。その間はずっと山道だった。能楽のことはよく知らぬまま天河弁才天が南北朝や能楽の歴史のなかで大変重要な位置を占めていること、世阿弥の息子の元雅がこの弁才天で能「唐船《とうせん》」を奉納した、云々を本で読んで、行ってみたくなり、サークルの仲間を誘って行ってみたのだった。

弁才天に行くと、若い宮司さんが宝物庫を開けて、中の物を一つ一つ丁寧に説明して下さった。その中の一つが、世阿弥の息子の元雅が奉納したと言われる能面だった。それは古色蒼然として、掌に乗りそうに小さな尉の面――阿古父尉《あこぶじょう》の面だった。

昔の人はどのコースをたどってここまで来たものか分からないが、当然世阿弥や元雅たちもあのような山道を延々と歩いてやって来たものらしい。彼らも本来は田舎猿楽の一座であった。やがて都の貴人の贔屓を受けるまでに観阿弥は評価されたのだが、そのきっかけになったのは応安七年（一三七四年）の今熊野における義満観能に於いてであったという。

しかし、観阿弥、世阿弥はこの流浪、放浪性を捨て去ったのではなかった。都での演能以外では彼らはやはり諸国の山寺や社寺をめぐっている。そしてそれらが彼らの生活の基盤として意識されている。

ところで、都の貴所においても評価が高く、その一方で田舎遠国においても受け入れられ、ほめそやさる、というような芸能が存在するのか、するとすればどのようなものなのか。ただ「真の芸術は万人に理解される」という一言で片づけてしまえないものがそこにはあるように思える。

能には、大衆性というものが非常に重要だったと言えるのではないか。むしろ芸能における大きな特徴としてこの大衆性が挙げられるのだと思える。

そもそも日本の芸能には、だれでもが割合に簡単に参加できるという良さがあるように思える。素人参加の面白さというものがあるのである。もちろん「下手は下手なりに」のレベルではあるのだが。例えば箏曲や三味線などでも、名曲の「黒髪」や「六段」などは習い始めて二・三か月でともかくも弾けるものであるし、お能でも初心者が「羽衣」の衣装を着けてシテをやることが、ともかくも出来るのである。

芸能の面白さや美しさに誰でもが参加できうること、誰でもがそれなりに楽しめること、そして見る方、聴く方においても分かりやすく面白いこと、これが世阿弥の頃の能に於いても言えることだったのではないか。しかし、このような素人芸能とは一線を画するものが世阿弥たち芸能者であったわけで、そのための工夫の数々が生まれたのだった。その工夫の数々が〈花〉であった。

世阿弥は〈花〉とはすなわち意外性であるとずばりと言っている。その例を様々に挙げているが、読むと「なんだ、そんなことか」と言いたくなるような簡単なことのように思えるのだが、実行するのは簡単ではないかもしれない。また実行したとしても成功するとは限らない。

たとえば、「あの人はいつもここはゆっくり舞うのだ」という観念が観客全体に行き渡ったころ、そしてそれが当然のこととしていささかマンネリ化し始めたころ、少し速度を増して舞って見せるのだという。すると見所の人々にとってはそれがいささか意外なこととして受けとめられる。「おやっ?」という感じになるということだろうか。それがさらに「面白さ」に繋がった時には「花があった」ということになる。

このようなことはあるいは簡単なことのように思えるかもしれないが、それが上手くいくには、見所が今何を感じているか、自分の舞台がどのように受け止められているか、に関して、日頃から分かっていなければならないだろうし、見所と自分に関するその瞬間々々における洞察力が必要に違いない。マンネリ打破のつもりの変化や意外性がどのような瞬間に面白さにつながるかはその時その時の見所との駆け引きのようなものであろう。大袈裟に言えば相手がどんな人間なのか、分かっていなければならないであろうから、それは即ち「人を知る」ということに通じていくものと思える。

何がどのような観客にうけるのか、に関しては、次のような話が参考になるかもしれない。

江戸の小咄が寄席芸として大衆の前に現われたのは、初代の三笑亭可楽の時からだという。初代の可楽は安永六年（一七七七年）の生まれ、職業落語家の始まりだとされているが、彼は始めの頃江戸市中ではさっぱり人気が出なかったという。そこで埼玉、千葉など地方の農村を回って修行を積み、成功を収めると、もう一度江戸に出た。すると今度は大成功だったというのである。可楽の芸風は江戸の粋を集めたような小粋なものであったらしいのだが、そのような文人趣味的なものは江戸の人々には珍しくもなかったらしい。却ってそのような江戸趣味に飢えていた地方の人々に面白がられたらしいのである。また地方の人々の鑑賞にも耐えられるような面白いものにしようと工夫を凝らしていくうちに、粋な話芸としての小咄を一度解体して、もう一度再構成することになった。その時の柱となったのが、大衆性・娯楽性という要素であったという。そのようにして始めて、江戸の人にも、地方の人にも通じる芸としての落語が完成することになった。

江戸の小咄としての〈花〉は、粋な機知であり、頓智であったろうか。世阿弥の言う花もあるいは機知に通じるかもしれない。『花伝書』にいう「いかなる田舎、山里の片辺にてもその心を受けて、所の風儀を大事にかけて芸をせしなり」とある「その心を受けて」とは、田舎の人には田舎風のものをという意味ではないだろう。田舎の人が珍しがり、面白いと思うであろうものを敏感に察し、ある時は優雅に、また大胆に舞ったものであろう。花とは、相手を知り、また自分をも知り、互いに語り合い、感じあい、さらにはしのぎを削り合うような関係の中から生まれるひらめきであったと思える。


（一九八二年、短歌誌『氷原』に連載）

Ⅶ

その後の世阿弥——もの狂いの果てにあるもの

世阿弥の時代——立ち顕れる死者たち

世阿弥の前半生というのは、あるいは大変恵まれた時代であったかもしれない。才気煥発の美少年であった鬼夜叉こと世阿弥を寵愛し、そして贔屓をした幕府将軍の足利義満の時代は、政情もようやく南北朝動乱の時代から、大きな戦乱のない、安定した時代へと変わり、北山文化の華やかな気風の時代だった。その時代に世阿弥は成長したのだった。

とは言うものの世阿弥が生まれた貞治二年（一三六三年）はまだ南北朝の分裂期であったから乱世に違いはないのだが、その南北朝も元中九年（明徳三年、一三九二年）に統一された。世阿弥が二十九歳の時である。

この頃は義満の将軍権力の強化もあって、政治の安定に加えて経済的にも社会的にもかなり安定した時代であったという。この時期、大きな飢饉は発生していない。都も、また田舎も豊かさがあったようなのである。そのなかで世阿弥が達成した能の世界は、華やかな豊かさを背景にしたがゆえの高度に貴族的な洗練されたものではなかったろうか。世阿弥の代表作とされる「井筒」の夢幻能の世界には、そのような世界から生み出された高い芸術性・精神性が感じ取れるのである。また『花伝書』が執筆された応永七年（一四〇〇年）ごろは、将軍の地位は次の義持に移ってはいたものの義満はまだ政治権力を握っており、世阿弥の能役者としての地位には揺らぎがなかった、つまり世阿弥の全盛期であったと言えよう。

しかし、応永十五年（一四〇八年）、義満が亡くなると次第に時代は大きく変化していった。天候不順の冷夏・長雨の年が続き、その結果およそ十年後の応永二十七年から二十八年（一四二〇〜一四二一年）にかけて大飢饉が発生した。地方から都へと大勢の難民たちが流れ込み、町には飢えた人々が、そして死体があふれ、さらに疫病が流行した。記録によれば、ある貴族の家は疫病のために一族滅亡になってしまったという。さらに応永三十五年（一四二八年）一月将軍義持が死去する。四月に義教が将軍になり、元号は正長に変る。その九月に正長の土一揆が起った。「日本開闢以来、土民の蜂起これ初め也」（奈良興福寺　大乗院日記）といわれるようにこの時の土一揆は貧しい庶民が初めて権力に立ち向かった史上最初の一揆だった。この時から全国的に土一揆がつぎつぎと起こってゆく。この土一揆は、いわゆる徳政を要求しての蜂起だったが、そこには数年来の飢饉による危機感から来る、生き残りをかけてのものがあった。つまり食料を求めての破壊的暴挙であった。人々は飢えて、町には餓死者があふれていたのである。

この正長の土一揆に至るまでの応永年間に世阿弥はつぎつぎと伝書を書き続けている。

応永二十五年から三十一年（一四一八〜一四二四年）にかけて彼が書いたのは、『花習』『音曲声出口伝』『至花道』『二曲三体人形図』『三道』『花鏡』である。およそ将軍義持の時代に多くの伝書を書いたことになる。政治的にはまだそれほどの動乱の時期ではないが、少なくとも飢饉の真っ最中に世阿弥は伝書を書き続けていたのである。

賤民の身の上とはいうものの芸能者の世阿弥は豊かな貴族文化のなかで生育した。そしてはなやかな貴族文化のなかで、芸術性ある洗練の極みをひたすら追求していったのだと思える。その彼が飢饉、そして政情不安定から来る動乱の時代に投げ込まれてしまった。何かが変わった、のではないか。

「世阿弥レポート」の冒頭で紹介した『平治物語』の一節が語る戦場の死の生々しさ、あるいは『古事談』の伝える老武者の語ろうとした戦場のありさま、そのようなものが京の都の現実として目の前にあった。死はけっして夢や幻ではなく、死が、死者たちが、リアルなものとして立ち上がってくる。また飢饉の他にも、後南朝の反幕勢力による動乱がつぎつぎと起こり始めた。飢えて死ぬかもわからない、また疫病で死ぬかもわからない、大勢の人々が次々に倒れていく。自分もいつ死ぬかわからない、まわりには死者があふれている、という状況があった。

世阿弥の後半生、彼は乱世と、その中から立ち上がってくる死者たちをまざまざと見たのだと思う。

永享二年（一四三〇年）十一月、世阿弥の息男元能《もとよし》は世阿弥聞き書き『申楽談義』を書き上げて、出家した。この時期何らかの切羽詰った悲劇的事情があったか。

永享二年というのは、正長土一揆の二年後である。その二年間に、世阿弥たちは将軍義教による迫害によって追い詰められていった。

永享元年（一四二九年）五月、後小松天皇が仙洞御所で世阿弥・元雅を呼んで演能をしようとしたところ、将軍義教がそれを禁じた。義教は、世阿弥の甥である元重（音阿弥）を寵愛していたのである。将軍義教による迫害はつづく。

永享二年（一四三〇年）、二月、興福寺薪能における観世座代表の位置が元雅から元重へと代わり、さらに四月、醍醐寺清滝宮楽頭職の位置が世阿弥からこれも元重へと代わった。いずれも義教によるものとされる。

元能の出家はその年の十一月だった。

元能の書き記した『世子六十以後申楽談義』（略称『申楽談義』）には元能による次のような奥書がある。

右、三十一ヶ条よも聞き違へたることあらじと存ずれども、もし聞き違へることもやあるべき、心中ばかりのなをざりならざりし所を見すべきに、これを記す。御一見の後、火に焼きて給うべき者なり。

たらちねの道の契りや七十路の老まで身をも移すなりけん

ははそ原かけ置く露のあはれにもなを残る世のかげぞ断ち憂き

棄恩入無為　真実報恩

たち返り法の御親の守りとも引くべき道ぞせきな留めそ

永享二年十一月十一日　　為残心　　奉元能書之

――父の世阿弥から聞いた話をまとめたこの三十一ヶ条は、まさか聞き間違えたようなことはない、とは思いますが、もしかすれば聞き間違えもあるかもしれません、私の心の中の思いが決してなおざりなものではなかったことをお見せするためにこれを記しました。御一見の後には火にくべて焼いてしまわれてもよろしいようなものですが。――

このように記されたこの奥書は父にそして母に当てた遺書のようなものであろうか。この〈遺書〉を残して彼は出家するのだが、最後の和歌にある「せきな留めそ」には「とめてくださいますな」という、父母を振り切って出家していくという元能の決意が表れているようである。

背景にどのような事情があったのか、彼は明確には書いていないが、将軍義教による迫害が彼を絶望の域に追いやったことは想像できるし、あるいはその義教による迫害には南朝の反幕府運動が絡んでいるのではないかという見方もある。

明徳二年（一三九二年）義満の和平提案により南北朝の合一は成立したのだが、その時の条件は、北朝・持明院統と南朝・大覚寺統から交互に天皇を出すというものであったはずなのに、その条件は無視されることになる。北朝の後小松天皇の次は応永十二年（一四〇五年）十月、北朝の称徳天皇が位に着き、その称徳天皇が亡くなると、正長元年（一四二八年）再び北朝の後花園天皇となった。南朝方の思いは完全に無視されたのである。その間、後南朝の勢力は皇位奪還をめざす動きはずっとあったのだが、正長元年の後花園天皇即位が引き金となり、その折の土一揆の暴動と重なるようにして乱が始まった。その反幕勢力の拠点となったのが大和の天川であったという。

世阿弥の父、観阿弥の母が南朝の楠一族の出身であるという。この説は、疑問視されてもいるのだが、現在は大変有力視されている説で、そこで、世阿弥たち観世座が南朝勢力と結びついていたこと、とくに元雅は反幕と関わっていたのではないか、と推論されることが多い。元雅は、この『申楽談義』奥書の記された永享二年（一四三〇年）十一月のまさに同じ時期に反幕の拠点、天河弁才天で能「唐船」を演じ、さらに阿古父尉の面を奉納している。この迫害・動乱が元雅・元能兄弟に及ぼしたものは大きい。

この元雅は二年後の永享四年（一四三二年）八月、伊勢の安濃津《あのつ》で急死した。この死に関していろいろ憶測されることが多いのだが、伊勢が南朝方の北畠の支配であることから、元雅が何らかの形で反幕に関わっていたのであろうかと推測されている。北朝の後花園天皇が即位したとき、南北朝合一の時の約束が違うではないか、と伊勢国司であった北畠満雅が南朝の後裔である小倉宮を奉じて反乱を起こしている。

世阿弥は齢六十歳を過ぎてこのような乱の時代を生きることになった。さらに義教の迫害は続き、永享六年（一四三四年）五月、ついに世阿弥は佐渡ヶ島へと配流されることになった。

この配流の原因が、観世座の問題であったのか、それとも南朝方の乱に関わることであったのかは明確ではない。そもそも将軍義教は、いわゆる恐怖政治を行った人で、ごく些細な問題で多くの人を処刑・流罪に処したという。記録によれば、将軍就任後この永享六年までの数年間に所領没収・遠流・死罪に処せられた人は、公家・神官・僧侶・女房など総数約八十人に及んだという。世阿弥もその中の一人だったということになる。

このような危機的な状況が進んでいるさなかに執筆されたものが『世子六十以後申楽談義』であるとすれば、元能による聞き書きであるとは言え、なおさら世阿弥の危機的な思いがそこに込められているとすべきであろうか。

能「砧《きぬた》」

その頃の世阿弥の思いが『申楽談義』の中に語られているのではないか、という視点から、世阿弥晩年の頃の作品『砧』を取り上げて考えてみたい。

「砧」については、『申楽談義』の序の部分でこのように語られている。

静成し夜、砧の能の節を聞しに、かやうの味はひは、末の世に知人あるまじければ、書き置くも物くさき由、物語せられし也。しかれば無上無味のみなる所は、味はふべきことならず。又、書き載せんとすれ共、位上らば自然に悟るべき事とうけ給はれば、聞書にも及ばず。

静かな夜、砧の謡を聞いたときに、世阿弥は「このような味わいは、末の世には分かる人もあるまい、だから書き残しておくのも億劫なことだ」と話をされた。「この無上無味の境地は味わうことができるものではない」、また、この境地について私元能が書き記そうとしたのですが、「芸の位が上がれば自然に分かってくるはず」と、父はこのように言っていると承ったので、聞き書きにも及ばなかった。

名作「砧」について世阿弥が自ら語った箇所であるので、取り上げられることが多い。「末の世に知る人あるまじければ」＝「分かる人もあるまいが」の箇所に世阿弥のよほどの思いがこもっているのであろうかと、では、どこが「分かってもらえないところ」なのか、さまざまに論じられている。

「末の世に知る人あるまじければ」の箇所については、「後の時代には分かる人もあるまいが」と解釈するのが通説になっていたのだが、表章氏が「末の世に」は仏法で言う「末世」ではないかという説を出されている（日本思想大系『世阿弥・禅竹』頭注）。それならば「この末世の今の時代に分かる人はあるまい」という解釈になる。

また『申楽談義』の十四条には、再びこの「砧」が取り上げられていて、そこには、「砧の能、後の世に知る人あるまじ。もの憂き也と、云々」とあるのだが、表章氏はこの「後の世」も「後世《ごせ》」、すなわち死後の世界だとされている。

分かってくれる人はいない、という世阿弥の思いは共通するのだが、「今の世の人には分からないだろう、末世の世だから」なのか、「後の時代の人には分からないだろう」なのか、では「砧」という作品の意味が大きく変わってしまうのではないかと思える。

ここは通説どおり「後の時代の人には分かってもらえないだろう」と解釈したいのだが、根拠は「書き置く」という言葉である。「〇〇おく」というのは「あらかじめ〇〇をする」「前もって〇〇する」というものだが、「書き置く」で「後々のために書き残しておく」というような意味になるので、ここはやはり後の時代の人を念頭に置いての言葉ではないかと解釈したいところである。

またこの聞き書きの後半部分では、この能の「無上無味の味わい」は芸の力が上がってくれば自然に分かるもの、と語られている。芸の鍛練の果てにようやく行き着く境地、それが「砧」の能なのだ、ということだろう。

「後の人々には分かってもらえないだろうが」という言葉からは、では、今の時代の人ならば分かるのか、という疑問が起ってくるのだが、それよりも何か非常に大きな思いを世阿弥は抱いていると思わせるものがある。世阿弥の今・現在の逆境、不遇もふくめて、地獄のような世の中が目の前にあった。その時代を生きる人間ならではの思いが込められていると言えるのではないか。「分からないであろう」という言葉には、どのように言葉を尽くして語ってもおそらく通じないのではないか、という伝達不能の思いがそこにあったのだと思わせるものがある。それでも書き残しておきたい、という思いがあったのだと捉えるべきだろう。

私事のことになるが、私の父は大正十一年生まれ、戦争中は中国大陸を転戦し、敗戦後はアメリカ軍の捕虜収容所生活を送って、舞鶴に復員した、という典型的な戦争体験をした人間だが、七十四歳で亡くなる前に病室で、傍らにいる私に〈問わず語り〉的に戦争を語り続けたことがあった。

それは「俺の銃弾に当たって死んだ奴もいるだろう」「なぜか自分には銃弾が当たらなかった」というような死と向き合った体験であったり、またそれ以外に戦場を体験した人間にしかわからぬような日本軍、中国軍、さらにアメリカ軍との攻防によるさまざまの出来事、それは不条理としか言いようのないような出来事だったのだが、時折ふっと「今の人に分かってもらえることではないのだろうが」と言うのだった。父には父の、大きな思いがあったのだと思える。

しかし、世阿弥の抱える大きな思いがこのような戦乱の世の思いだと捉えるのはあまりに短絡的すぎるのだが、あまりにも大きな思いを抱く人間が、どこか伝達不能の思いに至る点では共通するものがあるのかもしれない。世阿弥の抱える思いとは、切実な芸の世界を突き詰めていった先にあるものなのだろうが、そのあまりの大きさに人に伝えることの難しさを感じたのではないか。あまりにも大きすぎる思いは、伝達不能に至る。

「砧」の世界は、人の世の、あるいは人間の本質・根源に関わるものであったのであり、さらには今・現在の乱世の過酷さが生み出したもの、という思いがあったのではあるまいか。だから、この時代を知らない、あるいはこの〈思い〉のない人々に分かってもらえるのだろうかと思ったのかもしれない。

ただ、「砧」という能のいったいどこが伝達不能の思いであったのかは、私には到底分かることではないのだが、世阿弥作と推測される他の作品と比べて、大変特異だと思われる点が二つほどあるので、その二点について考えてみたい。

夫（ワキ）が訴訟のために京の都に行ったきりもう三年帰らない。妻（シテ）は九州芦屋で家と領地を守っている。そこに夫とともに京に滞在していた侍女の夕霧（ツレ）が「年の暮れには帰る」という夫の伝言を持って妻のもとへ帰郷した。そこで長く帰らない夫を思って、妻は砧を打つ。妻は夕霧とともに砧を打ちつつ七月・八月から九月へと過ごしたのだが、夫から「今年の暮れも帰れそうにない」という便りが届き、妻は絶望のあまり死に至った。その後、帰京した夫は妻の哀悼のために梓の弓にかけて妻の霊を呼び出す。すると邪淫の業により地獄に落ちていた妻が死霊となって顕われ、夫への怨みを述べるが、夫の供養によって往生した。

このようなあらすじの物語なのだが、大変特異だと思う点の一つは、世阿弥の作品にしては珍しくシャーマニズムの要素が見られる点である。死霊は「梓の弓」の音に引かれてこの世に姿を顕わしてくる。とはいうものの例えば能「葵上」のように梓の巫女が舞台に姿を見せるわけではないのだが、夫は巫女に依頼して招魂儀礼を行ったのであろう。それによって、能「葵上」で六条御息所の生霊が姿を顕わしたようにここでは妻の死霊が地獄から顕われることになった。死者であるから鬼なのである。「葵上」は世阿弥の作ではなく近江猿楽に古くから伝わるという巫女の招魂儀礼を取り入れての能だが、世阿弥は六十代に至ってこの「砧」で、夢幻の世界の亡霊ではなくこのような地獄にいる女の鬼を蘇らせたということになる。

世阿弥はかつてはこのようなシャーマニズムを忌避していたのではないかと思えるのだが、だからこそそれまでの作品では巫女を介在させることなく死者たちはワキ僧の夢の中に顕われた。

それがここでは、巫女のシャーマニズムが復活して、直接死者が姿を見せることになった。死者が死者として立ち顕れてくる。死者の実体はないにしても確かに現実にそこに実在するのだという、どこかシュルレアリスムを思わせるものが出現している。


また、この能の特異な点として、この妻が「思いがどうしても伝わらない」という伝達不能の思いから絶望し、そして死に至る、というプロセスをあげたい。

この「砧」のシテの女は、もの思いの女ではあるのだが、そこから起こるもの狂いのさすらいをしない。もの思いのあまりに夫を訪ねて都へのさすらいの旅に出るという展開があってもいいのだが、この妻にはそれがない。というよりはしたくともできなかったというべきで、領主の妻として夫不在の間は領地を守らなければならなかったか、ひたすら待つことしかできなかった。自分が夫の傍らにいられないその間、妻の代わりを務めたのがツレの夕霧だったのだと思う。夕霧は妻の配下の女、つまり分身だったのではないか。夕霧は妻の身代わりとしての愛人の立場にあったのかもしれない。その分身の夕霧さえ三年もの間、便りも寄越さない、帰っても来ない、という孤独が続いていた。

その夕霧がこの年の暮れには帰るという夫の伝言を持って戻ってくる。

いかに夕霧珍しながら怨めしや。風の行方の便りにも、などや音信なかりけるぞ。

この夕霧への言葉に、夫の愛人かもしれない女に対する嫉妬があるのではないか、と論じられていることが多いのだが、ここは嫉妬ではないのだと思う。そもそも皇族・貴族の世界では女主人の配下の女房を夫が愛人にしている例がごく普通に多く、『源氏物語』にしても葵上や紫上の配下の若い女房を光源氏が愛人にしている例がいくつか見られる。たとえば紫上の死後、その女房を光源氏は紫上の形見として傍らに置き、紫上を偲んでいる。若き女房は紫上の分身であったのだ。女主人は分身に対しては親愛感はあっても嫉妬はしない。「砧」の妻にしても、貴顕の女らしく嫉妬などはしないのだが、配下の女、自分の分身の女に対して「おまえまでもが私を忘れたのか」という怨みと、そこから来る孤独があったのではないか。この孤独の中で、この妻にはどうしようもないもの思いの時間があったのだ（能に於いて、ツレは、ワキツレにしてもシテツレにしても、ワキやシテと対立するものではなく一体化したものとみなすことができるように思う）。

二人が語り合ううちに、ふっと妻の耳に近隣の里人の打つ砧の音が聞こえてくる。

そこで、砧を打って想いを夫に届けようということになった。二人は砧を打ち続ける。その期間は七月・八月・九月と続く。妻の想いを届けようとするならば妻が一人で砧を打てばいいはずなのだが、ここは夕霧も一緒である。分身である夕霧は妻の思いに同化しているのである。

ところで、砧を打ってその音に遠くにいる夫に思いを託す、というのは、中国の蘇武と妻の打った砧の音という説話がもとになっているものだが、蘇武の話が載っている『漢書』蘇武伝には砧を打つ話はない。日本古典文学大系の注釈では、この砧の話の典拠として大江匡房の次の漢詩をあげている。

賓雁繫書飛上林之霜　忠臣何在　寡妾打衣泣南楼之月　良人未帰

この砧を打つ時の妻は唐織の肩脱ぎ姿である。この肩脱ぎとは能ではもの狂いの女の姿であった。この妻は砧を打つことによって〈もの狂い〉の状況に至ったのだった。〈もの狂いの旅〉に代わるものがここでは「砧を打つ」という行為、つまりさすらいに代わる魂の飛翔があったのだと言えよう。

しかし、この砧の音は夫には届かず、やがて夫から今年も帰れない云々の便りが届く。妻の思いは、そして魂は夫には届かなかった、そのことで妻は思い余って病から死に至ってしまう。

この妻の、もの思いからもの狂いへ、そして魂のさすらいというプロセスは、『源氏物語』の六条御息所と同じで、世阿弥が『源氏物語』を念頭に置いて作ったものかどうかは分からないが同じ思考がここにはあるように思える。

六条御息所ももの思いの女であった。もの思いのあまりに鬱々とするようなもの狂い状態となり、そして彼女の魂は怨みの相手に憑依するという現象が起こった。一度目は生霊として葵上に、二度目は死霊として紫上に、さらに三度目、死霊として女三宮に憑りついた。

中世の女ならば、さまよう魂と一緒に身体ごとさまよって、それがさすらいの旅ということになるのだろうが、六条御息所はそれが出来ない、魂のさすらいであった。それが憑依現象としてあらわれている——このプロセスは「砧」の妻と共通するものがあるように思える。

ところで、御息所の霊が紫上に憑依したときのこと、彼女が本当に憑りつきたかったのは紫上ではなく光源氏の方であったらしい。それが光源氏には神仏のオーラが周囲を守護していてどうしてもそばに近寄れない。だから傍らの紫上に「とくに怨みがあるわけではないけれど」憑りついたというものだった。もし、御息所の魂が光源氏に憑依したとすれば、それは夢として顕われたのではないかと思える。光源氏が夢の中で御息所を見る、そして御息所の言葉を聞く、という現象になったのではないかと思えるのだが、それは叶わなかった。

光源氏の夢に顕われることが可能な人物とは、『源氏物語』のなかでは、光源氏が心の底から愛した人だけである。そして光源氏の方からその魂を求めていた、と言える人物、つまり亡き藤壺、亡き父桐壺帝、亡き夕顔、そして紫上、この四人だけだった。それに対して六条御息所の魂は、光源氏の夢の中に入って想いを伝えることは叶わなかったのだ。愛されてはいない、という哀しみが六条御息所にはあった。さらに私の思いはあなたには分かってもらえなかったという怨みがあったのだと思う。

この「愛されてはいなかった」という哀しみが、あるいは思い込みに過ぎなかったとしても「砧」の女にはあったのであろう。砧の音に託して伝えた私の思い、それは彼女の魂であったのだが、その音は夫には聞こえなかった。さらには夢の中にも届かなかった、というのである。

梓の弓の音に引かれて地獄から顕われた妻は、次のように怨み言を言う。

うつし人とも誰か言ふ。草木も時を知り。鳥、獣も心あるや。げにまこと例へつる蘇武は旅雁に文を附け、万里の南国に到りしも。契りの深き志、浅からざりし故ぞかし。君いかなれば旅枕夜寒の衣うつつとも、夢ともせめてなど思ひ知らずや、怨めしや。

砧を打ち、風に託した私の心を旅寝の枕の夢にでも思い知ってはくれなかったのか、それが怨めしい、という妻の思いは、〈私のことを思ってはくれなかったのか〉という愛の不信につながる。もし思っていれば、私の夢を見るはずではないか、という思いである。――この愛の不信は、あるいはすべて妻の思い込みに過ぎない、妄想なのだ、と言うことはできるのだが、何としても思いが届かないという伝達不能の思いはこのような〈もの狂い〉へと妻を追いこんでいった。「百万」や「班女」のようなもの狂いの女たちは、思いを叶えることができたし、それによってもの狂い状態から脱することができたのだが、この砧の妻はそれが出来なかった。すべてが不毛に終わってしまったという妻の思い込み、どうしても思いが伝わらない、という絶望が彼女を死に至らしめた。つまりはもの狂いのまま死んでしまったのだった。その女が往生できるはずもなく地獄の鬼となってしまった。

伝達不能の哀しみ、それが妻を地獄の鬼とした。死者とは、〈思い〉を形にしたもの、実体はないにしてもたしかに実在するものとして死者が姿を見せてその〈思い〉を訴えてくる。

ところでこの妻は大の法華経読誦によって成仏への道が開けたという。平安朝におけるもののけ鎮魂儀礼においては、もののけ退散には加持祈禱を行うが、もののけの心をやすめるものが法華経読誦であったという。

法華読誦の力にて、法華読誦の力にて、成仏の道明らかになりにけり。これも仮初に打ちし砧の声の中、開くる法之花心、菩提の種となりにけり。菩提の種となりにけり。

この結末は何やらあっけないという感じがする。そのせいか、多くの論文や評論でも「妻は成仏など出来ていないのではないか」と論じているものが多いのだが、謡では「成仏の道明らかになりにけり」「菩提の種となりにけり」とあるだけで成仏したとは言っていない、ここでは「成仏への道が開けたのだ」と言っているだけである。法華経に関しては『栄華物語』『源氏物語』など平安朝文学においても取り上げられることが多く、特に女性たちによる法華八講がしばしば催されているのだが、法華経の読誦および書写供養などをする者は忉利天、もしくは兜率天に往生（転生）できるとされた（『栄花物語』「もとのしづく」による）。

法華経読誦の力によって仏の世界に往生したとしてもそれは即ち成仏を意味するものではない。成仏とはいわば最終目標であって、さらなる修行の末に到達するものであった。ただ仏の世界に掬い取られれば将来の成仏＝救済が可能性として約束されることになる。世阿弥の謡の文句はその点を正確に述べている。ただ怨みと悲しみが凝縮したかのような妻の亡霊が、そのままふっと仏の世界へと連れ去られたような腑に落ちなさが残るのだが、あるいは怨みと悲しみのそのままを仏が掬い取ってしまったのだと解釈することもできる。

＊——念仏による往生が即ち成仏であり、それは救済を意味するとしたのは親鸞上人だった。それによって、往生＝成仏という考え方が次第に普遍化していったとされる。しかし、それはずっと後の時代のことである。

この腑に落ちなさは、名作といわれる文学作品に折々みられるのだが、たとえばアンデルセンの童話『人魚姫』の最後など、どうしても腑に落ちないものがあった。小学生の頃、『人魚姫』を繰り返し読んだのだが、それは物語が面白かったからでもあるのだが、どうしても納得のいかないものがあったからだ。物語の最後、人魚姫は海の藻屑となってしまうところを神に召されて昇天するというのが結末である。昇天するというのはいいのだが、彼女の哀しみはどうなったのか、王子に思いを伝えられなかった、王子への思いは報われなかったではないか、という思いがどうしても残ってしまうのだった。ある時、友人とこの結末について話をしている時、その友人は――彼女はキリスト教の信者だった――「あれはあれでいいのだ」と言う。「神様に召された、ああよかった、という納得があるからあれでいい」と言う。

ところで人魚姫の哀しみ・苦しみも「砧」の妻と同様、思いが伝えられないことにある。人間の王子に恋をした彼女は魔女と取引をして、人間の足を得る代わりに声を失ってしまった。言葉で思いを伝えることができないという伝達不能の苦しみが彼女にはあった。人魚姫の思いは伝わらぬまま、王子は他の女性――プリンセス――と結婚してしまう。人魚姫の恋はそもそもが身分違いの恋でもあり、究極の片思いに過ぎなかったのだが、その思いが叶わないと分かった時、彼女には怨みと悲しみがあったはずである。王子をナイフで刺し殺そうとする時の彼女は（結局思いとどまるのだが）たしかにもの狂いの女だった。しかし神様はそのままの彼女を昇天させた。昇天することがそれほどお目出度いことなのか、彼女の思いはどうなるのか、怨みと悲しみは癒されてはいないではないか、と思ってしまうのだが、そのままでいいのだ、というのがこの物語の、いわば神様のおぼしめしであったのかもしれない。

「砧」の妻もこの人魚姫と同じであったかもしれないと思う。死者の妄執をそのまま、怨みも悲しみもひっくるめて受け止めること、それがこの「砧」の眼目であったのではないか。だからこそ死者はその妄執の姿を見せて、思いを存分に語る。死者の姿が立ち顕れてくるのである。

その妄執が成仏の道へと導いてくれる種なのだ、とすれば、このような妄執を持たざるを得ない過酷なこの世を生きる人間にとってはそれが救いとなるのではあるまいか。砧を打ち続けた日々の彼女は確かにもの狂いの女だった。そのもの狂いの心、つまり煩悩がそのまま成仏に繋がるという、煩悩即菩提の思考がここにみられるのである。妻の魂が本当に浄化（救済）されるのはまだまだ先のことかもしれないのだが。

この妻の怨みと悲しみ、それが形となって顕われたのが地獄の鬼＝死者の姿だった。夢や幻ではなく本当に存在するものとしてあらわしたいという思いが晩年の世阿弥にはあったのではあるまいか。この「砧」に巫女のシャーマニズムの要素が見られるのもその為であったのかもしれない。世阿弥はかつては鬼の能や憑き物系を忌避していたのではないかと思える。だから〈女もの狂い〉の能においては憑き物によるもの狂いではなくあくまで人間の心の問題として〈もの狂い〉を表現していった。しかしこの「砧」では巫女の招魂儀礼を復活させせて死者を呼び寄せたのだった。死者の声を聴くために、その思いを語らせるために、である。

しかし、この「砧」の舞台を実際に見ると、大変申し訳ないことに私はいささか退屈するのである。とにかくシテがあまり動いてくれない。舞が少しはあるもののじっと坐って砧を打っているだけなのだ。この物語は、謡にじっと耳を傾けることが肝心なのだろうと思う。妻のもの思いの声をじっと耳を凝らして聞くこと、そして後ジテの亡者の声に耳を傾けること、そしてその思いの結晶として顕われ出た死者＝シテの姿に目を凝らすこと、それが「砧」という能なのではないかと思う。

このテーマに関連するものとして、世阿弥の作ではないのだが、元雅の作品「隅田川」の死者の問題を次に取り上げたい。

能「隅田川」

「隅田川」は次のようなあらすじである。

都から、人にさらわれた子ども（梅若丸）を探し求めて一人のもの狂いの女が隅田川のほとりまでやって来た。渡し船の中で一年前の我が子の死を女は知る。その日はたまたま我が子の命日であり、川のほとりで大念仏の供養が催された。その念仏供養の中で、母は我が子＝死者の声と姿をまざまざと聞き、そして見るのだった。しかし夜が明けてみると我が子の幻に見えたのは塚の上の草だった。

ここには〈女もの狂い〉の常套として、愛する者から引き裂かれた女がもの狂いとなってさすらっていくという型があるのだが、他の作品とは違ってこのもの狂いの女には生きている我が子との再会がない。あるのは死者との再会だった。死後の再会という点では「砧」の夫と妻の関係もそうだったと言えるだろうが、再会は確かにあるのだがそれが死者とのものだったというところが眼目なのだと思える。

「隅田川」はよく知られているように『申楽談義』第三条に次のように取り上げられている。

隅田川の能に「内にて子もなくて殊更面白かるべし。この能は、あらはれたる子にてはなし。亡者なり。ことさらその本意を便りにてすべし」と世子申されけるに、元雅は、えすまじき由を申さる。かやうのことはして見てよきにつくべし。せずは善悪定めがたし。

隅田川の能について「『この塚の内にてありげに候よ』とあるが、子方はいない方が殊更に面白いだろう。この子は現実に存在するものではない。亡き者なのだ。その趣旨を重んじてするべきだ」と世阿弥が申されたとき、元雅は、「そのようにすることは出来ない」由を申された。このようなことは、実際に舞台でやってみて、良い方をすればいいだろう。やってみなければいいか悪いかはきめられない（と世阿弥は申された）。

世阿弥と元雅の間の意見の違いとしてよく問題になる所だが、問題は死者の姿を舞台に実際に出すか出さないか、である。この二人の間に対立があったというものではなく、世阿弥は、子方を出すのもいいけど、出さないのも面白いかもしれない、くらいに思っていたのではないか。むしろ子方を出さない場合の魅力を考えていたに違いない。現在の能では、子方を出す演出が普通なので元雅の主張通りとなっている。

ところで、子方を出さない、を通していたのが歌舞伎の故六世中村歌右衛門（一九一七〜二〇〇一年）だった。歌舞伎の舞踊劇「隅田川」は中村歌右衛門が大変得意とした演目で、彼は世界各国でこの「隅田川」を公演した。その海外公演の様子を昔テレビで見たことがあるのだが、子どもを亡くした母の思いというのは世界共通のもので、客席で泣いている女性たちがかなりいた。

歌右衛門の「隅田川」の舞台を一度だけ見たことがあるのだが、歌右衛門演じる母親（名前は「班女の前」）の姿には哀切極まりないものがあった。印象に残っている場面がある。子どもの幻を追いかけながら、両手を前に出して「あれ、あのように、これ、このように」と子どもの姿を手でなぞるようにするのだが、このように子供の姿がそこにあるのだ、と言っているのだ。つまり歌右衛門はこの場面を完全に母親の幻覚症状にしてしまっていた。大変近代的合理的解釈によるものだと思う。世阿弥もこの歌右衛門と同じように考えたのではないか。子どもの死を知って錯乱状態になった母親が子どもの幻を見る。そこにあるのはあくまで母の心の問題なのだった。母の心の問題として幻が見える。ただその場合、焦点は〈母の哀しみ〉に絞られることになるのだが、世阿弥はそこに魅力を感じたのかもしれない。

それに対して元雅は「子方は出さなければいけない」と思っていたのである。つまり「死者はちゃんと出せ」ということであろう。

個人的意見としては、また見所で見ている方としては、子方は＝死者はちゃんと出てきてほしいと思ってしまうのだがどうだろうか。死者の梅若丸にしても母に逢いたかったであろうから、実体のない死者の身であってもお母さんと再会させてあげたいと思う。

梅若丸は十二歳とあるから決して幼子ではない。子どもと大人のはざまにあるその年齢特有の思いがあるのだと思う。中世の語り物の世界では主人公はだいたい十二歳から十五歳に設定されていて、説経『さんせう大夫』でも姉の安寿は十四歳、弟の厨子王は十二歳となっているように、物語の主人公はおよそ大人になる直前の少年・少女であることが多かった（中世はだいたい十五・六歳で成人とした）。そしてその主人公に課せられた受難の物語が中世の語り物の世界だった。梅若丸に関しても同じである。彼の受難のいきさつ、そして死のあり様は、ワキの渡し守によって語られる。

――去年の三月に人買い商人に連れられていた十二・三歳の子どもがこの地で亡くなったこと、子どもが亡くなる前に近隣の人々が世話をしたこと、そして彼が亡くなった後には塚を造り、供養をしたこと、など子どもの死にゆくさまがリアルに語られるのである。彼の死にゆくさまは次のようなものであった。

我は都、北白河に吉田の何某と申しし人のただ一人子にて候が、父には後れ、母ばかりに添ひ参らせ候ひしを、人商人にかどわされて、かやうになり行き候。都の人の足手影も懐かしう候へば、この路の傍に築き籠めて、標に柳を植ゑて賜はれ、とおとなしやかに申し、念仏四五辺唱え、終に事終わって候。

都の北白川のおそらくは由緒ある家の子が、このような辺境の地までさすらったあげくに死ななければならなかった思いがここにはある。彼は怨みを言う訳ではなく、ただ都の人が恋しいと言う。そしてこの隅田川のほとりに私を埋めてくれ、とだけ言う。梅若丸には、都に、つまり故郷に帰りたいという望郷の思いと、母が恋しいという思いがあったはずである。だからこそ梅若丸はその姿を見せてその思いをちゃんと示すべきなのである。

死者は夢や幻想の中にいるのではない、リアルに存在する現実なのだ、というのが元雅の主張だったのではないか。まだ大念仏会における念仏合唱のさなか、大勢の唱える念仏のその中から子どもの念仏の声が聞こえてくる、という場面があるのだが、これは幻聴ではなく本当に聞こえるものとしている。

シテ　正しく我が子の声の聞こえ候。この塚の内にてありげに候よ。
ワキ　我等もさように聞こえて候。所詮此方の念仏をば止め候べし。母御一人御申し候へ。

つまり子どもの念仏の声は大念仏の群衆の人々が共に聞いたもの、大念仏の念仏大合唱の中から人々の祈りの結晶として出現した声なのだと言えようか。

ある能楽師の方が、子方に「外にいるお母さんにちゃんと聞こえるように念仏を唱えるのだよ」と教えていると何かで読んだことがあるのだが、たしかにここは子どもが「私はここにいるよ」と母に懸命に知らせるところなのだった。

またワキのセリフに注目すれば、ワキはこのもの狂いだった女をここで「母」と呼んでいる。それまでは「女物狂い」「狂人」「狂女」と呼んでいたのをここで「母」と改めている。シテはもはやもの狂いの女ではなく、正気に戻っているのだ。とすれば正気に戻った女が死者の声を聴き、そして姿を見たのだということになり、ここは〈もの狂い〉の幻覚ではない。死者の姿はまざまざと実在するかのように出現したのだと思える。しかし、まぼろしはやはり幻なのだった。母と子は手を取り交わそうとするのだが、子はふっと消えてしまう。

子方　南無阿弥陀仏と
地謡　声の中より幻に見えければ
シテ　あれは我が子か
子方　母にてましますかと
地謡　互に手に手を取り交はせば、また消え消えとなり行けば、いよいよ思ひは真澄鏡《ますかがみ》、面影も幻も見えつ隠れつする程に東雲《しののめ》もほのぼのと明け行けば跡絶えて、我が子と見えしは塚の上の草、茫々としてただ標ばかりの浅茅ヶ原となるこそ哀れなりけれ、なるこそ哀れなりけれ。

この場面は、子は母の幻覚に過ぎなかったようにも読めるし、また実際に死者が顕われたものの、それは実体のない存在であるから互いに抱き合うことは出来ない、とも読める。しかし、ここは母が子の幻を一方的に追いかけるというものではなく、子どもの方からも「母にてましますか」と手を差し出して母に抱きつこうとする。死者の意志が明確に見えてくるのである。しかし、死者をこの手で抱くことは出来ない。朝になれば光のなかでは死者の姿は見えなくなってしまう。この姿はまぼろしだったのか、実在したのか。親子再会はあったのか、なかったのか、朧なままではあるが、死者の思いは子どもの姿からはっきりと伝わってくるものがあるように思う。死者を出すことで伝わる死者の思いというもの、それを作者は表したかったのではないか。

この物語の舞台となっている大念仏会《だいねんぶつえ》とは、死者供養のために大勢の人々が集まり「南無阿弥陀仏」の念仏を唱えるという念仏合唱のようなものである。

五来重氏の研究によれば、かなり古くからあったものだが鎌倉時代から南北朝・室町期にかけて全国的に流行したものだという。この大流行の背景には、戦乱や、飢饉・疫病による多くの死者たちの存在があった。

鎌倉時代、嵯峨清涼寺で行われた大念仏供養を舞台としているのが能「百万」であり、そして「隅田川」はそれからおよそ百年後の大念仏会での物語である。戦乱や飢饉、さらには人身売買による親子の生き別れが多かったことがうかがわれる。

また、巷には餓死者があふれているという時代であったのだから、その対策として窮民救済のための施行も多かった。その施行の場を舞台としたものが元雅作の「弱法師《よろぼし》」だった。「弱法師」の俊徳丸も天王寺の鳥居の傍らに蹲るようにして坐る無数の乞食の一人だったのだ。

元雅の作品は「隅田川」であれ「弱法師」であれ当時の社会的弱者の現状をリアルに取り上げており、現実の〈救いのなさ〉から目をそむけていない。はたして救いがあったのか、なかったのかは朧なのだが、「隅田川」の母や子どもの生きての再会はままならなかったが、その祈りの声は聞こえてくるし、また弱法師も父との再会はあった。そして「おお、見るぞとよ、見るぞとよ」の祈りの声、歓喜の声は聞こえてくる。とは言うものの、胸の中では何やら腑に落ちないもやもやとするもの——本当に救いはあるのか、という思いが残ってしまうのだが、それは物語が語りかけてくる〈思い〉の残照かもしれない。

また元雅作とされる「歌占《うたうら》」はまさにシャーマニズムそのものであって、シテは、度会《わたらい》何某という「男覡《おとこみこ》」として登場する（度会氏は伊勢神宮の神職の家の名で、この話は伊勢神道の問題が関わっているとされる）。つまり男性シャーマンがシテである。このシテは地獄めぐりの実体験を語り、さらには舞のさなか神が憑依してしまう。ここは〈もの狂い〉ではなく、神が憑くという本当の憑依による狂いが表現されている。

元雅はシャーマニズムによる〈憑き物〉つまり憑霊現象をこの世の中に現実にありうる現象として捉えていたのではないか。シャーマンによる巫覡《ふげき》活動は古来民俗社会の基底にあるものとして、時には政府による弾圧・取締りを受けながら、現代ですらさまざまに形を変えて存続しているものだが、室町時代はこのような巫覡活動が民間において大変盛んだったのである。さらには数々の怨霊事件も発生している。

巫女に神が憑依して人々にご神託を伝えるというのがその形なのだが、そもそも神とは何を言い出すか分からない制御不能の存在なのだ。その神託に乗じて時にはそれが体制批判となり、反体制の民衆運動へと結びつくこともある。怨霊事件、憑霊現象は現実の社会問題だった。

大念仏会、施行、巫者による招魂、憑き物、あるいは地獄、死者というものは当時の生々しい現実として立ち顕れて来るものだった。それは現実であって現実ではないもの、現実を超えるものだったのではないかと思えるのだが、その超現実性＝〈現実を超越した現実〉を元雅は舞台という演劇空間にあらわしていったのである。

元雅の作品はいわゆる夢幻能の世界と比べるとシュールである。つまりこのような「現実を超越した現実」があらわれているように思える。「隅田川の」の死者、梅若丸も「現実を超越した現実」だったと言えようか。また大念仏の合唱の中から聞こえる梅若丸の声も、幻聴ではなく土俗の民間信仰から生まれてくるなまなましい現実の声だったのだ。

夢幻能の世界もシュールと言えるのかもしれないが、むしろ〈非現実〉で幻想的と言うべきもので、ワキ僧の見た夢・幻であったという枠組みがあるのだが、元雅はその枠組を外してしまったのだ。そのために元雅の作品には自在な演劇空間が生まれているように思える。その世界は、前衛演劇や、あるいはかつてのアングラ演劇を思い起こさせる。それまでは低俗とされてきた土俗の要素を盛り込んだ唐十郎や寺山修司の演劇空間にも繋がっていくものがあるように思う。

このような作品を書く元雅に対して世阿弥は自分を乗り越えていく才能を見たのではないか。夢幻能の世界を否定するのではないが、夢幻の世界の果てにあるものとして、現実の死者の姿を見、そして声を聴いたのではないか。

元雅だけではなく世阿弥も「砧」において、ワキ僧の夢・幻という夢幻能の枠組を外してしまっているのである。

「砧」と「隅田川」はどちらが先に書かれたものかは分からないが、シュールだという点においてこの二作には共通するものがある。ワキ僧の仏教の力ではなく、土俗的な民間信仰――巫女による招魂や民衆の大念仏会の力によって死者の姿を蘇らせること、さらには夢や幻としてではなく死者の姿を現実のもの、実体はないものの存在するものとして顕わして、その死者の思いを語ること、などである。元雅の作品から大いに感じるものがあって影響を受けたのかもしれないし、この二人だからこそ共有できる思いがあったのかもしれない。もの狂いの果てのその先にあるものを世阿弥は見ていたのだと思う。

その元雅を失った悲しみを世阿弥は次のように記している。

さても去《いんぬる》八月一日の日、息男善春（元雅）、勢州安濃《あの》の津にて身まかりぬ。……中略……さるにても善春、子ながらも類なき達人とて、昔亡父此道の家名を受けしより、至翁（世阿弥、道号）又私なく当道を相続していま七秩に至れり。善春又祖父にも超えたる堪能と見えしほどに……。（『夢跡一紙』永享四年（一四三二年）九月）

これば永享四年八月一日に亡くなった元雅への世阿弥による追悼文の一部だが、元雅の死を悼みつつ、その才能を祖父にも超えるものと称賛する。ここにある「善春、子ながらも類なき達人」「祖父にも超えたる堪能」という言葉には、観阿弥・世阿弥を乗り越えていこうとする元雅の才能に対するリスペクトがあるように思う。

世阿弥は晩年に至って、妄執の鬼の能をあらたに見直してみようと思ったのかもしれない。彼の幼名は「鬼夜叉」である。また大和猿楽は鬼の子孫でもあったのだから。

あとがき――古代的なるものを探して

大学生の頃、勉強のテーマに選んだのは万葉集だった。古代への漠然とした憧れのようなものがあって、とくに初期の歌や柿本人麻呂の歌などが好きだった。演習のとき精一杯調べて考えて発表をするのだが先生は「あなたの考えは近代的すぎますね。古代には古代の感覚があります」と仰る。では古代的なものとは何か、と聞いても先生は「万葉集を繰り返しお読みなさい。そうすれば分かります」と仰るだけだった。古代的なるものは何か、が分からなかったので図書館の書庫で古代に関する本――民俗学や歴史学や宗教関係の本などを読んだりしたのだがさっぱり分からない。分からないので、大学院に進んでさらに古代的なるものを探そうと思っていたのだが、その頃、父が大病を患って入院した。父は覚悟を決めたのか「お父さんにもしものことがあったら、お母さんをよろしく頼む」と言う。こうなると「古代的なるもの」どころではない、きちんとお給料の取れる仕事に就かねば、というわけで、大阪府立高校の教員採用試験を受けて、教員になった（父はその後幸いなことに病は完治して、元気いっぱいになって戻ってきた）。

今はどうなっているのか分からないが、その頃大阪では同和教育に力を入れていて各学校ごとに同和推進委員会（略して同推委）が設置されていた。新任の私は学校の指示でその委員会に入ると、主に授業のための資料作成の仕事をするようになった。この仕事をするうちに腑に落ちないことや分からないことが次々に現われてくる。そもそもなぜ差別が発生するのか、その根源は何なのか、ということが分からない。それで沖浦和光氏や網野義彦氏、山折哲雄氏の著書を読んだり、そこから派生して芸能史や仏教の本を読んだりしていたのだが、ほんの少しだが「古代的なるもの」が見えてきたような気がした。

その後、結婚をして栃木県に住むことになったのだが、栃木県でも教員をやりたかった。そこで採用試験を受ける準備をしているうちに地元の宇都宮大学の教育学部に大学院が新設されたので、教員に復帰する前にもう少し力量をつけたいという思いがあったので、受験して入学した。この時専攻として源氏物語を選んだ。源氏物語のような〈大いなるもの〉を勉強すれば何か見えるものがあるのではないか、という思いからだった。修士課程修了後は中学か高校の教師として復職するつもりだったのだが、「研究を続けなさい。もっと勉強するように」と勧めて下さる先生や夫の後押しもあったりしたので、博士課程から受験できる大学院、ということで学習院の博士課程に入った。

当時はちょうどバブルの時代でもあったせいか、国文学の学界もかなりの活況を呈していて、今思い出すだけでも、物語論、語り論、王権論、中心と周縁論、境界論、さらにはフェミニズム論などさまざまのブームがあった。とくに源氏物語の研究に関してはすばらしい成果が次々に出されていて、私はいい時代に勉強できたと思う。そのうち何となくではあるが「古代的なるもの」が私にも分かるような気がしてきた。

古代的なるもの、はべつに特別な場所にあるものではない。私たちの日々の暮らしの中に、身の回りに、そして心の中を掘り起こしていけば、そこにあるものだ、とようやく気づいたのだった。山の向こうに、川を越えた向うに何があるのか、それを見ようとする思い、人は死んだらどこへ行くのか、そのような分からないこと、理解できないこと、目には見えないものを見ようとする、また何とか理解しようとするその心の働きの中に「古代的なるもの」があることに気づいたのである。
人と別れるときに「さようなら」と言って手を振る。この「手を振る」という動作も、いわば「魂振り」という古代の呪術ということになるのだが、元気でいてね、という祈りの心の表れなのだった。
このようなことはとくに勉強しなくても分かる人には始めから分かるものなのだろうが、私は鈍くてなかなか分からなかった。物語の面白さ、主人公たちの思い、特にもの思いのこころがそれを教えてくれたような気がする。

この本に載せたのは、ここ数年の間に書き溜めたものだが、「世阿弥ノート」は二十代の教員時代に短歌誌『氷原』に連載したものである。これは六回まで書いて中断している。このころ結婚して生活が激変したので「落ち着いたら続きを書こう」と思っているうちに四十年が経ってしまった。そこでその「続き」として今回「その後の世阿弥」というものを書いたのだが、結果的には「続き」とは言えないような内容になってしまった。『源氏物語』のその続きの世界が能の、とくに世阿弥や元雅、そして禅竹の世界にあるように思う。〈物語〉のドラマ性が世阿弥の世界に凝縮されている。もの思いの果てに何があるのか、それを教えてくれているように思う。その〈思い〉を書いてみた。

宇都宮の大学院時代にお世話になった佐藤和喜先生のお亡くなりになった年齢をはるかに過ぎてしまった。また学習院時代の恩師、木村正中先生、吉岡曠先生のご逝去の年齢に近づきつつある今、先生たちと過ごせた研究会の日々が恋しい。また、「研究を続けなさい」と言って博士課程への進学を勧めて下った亡き秋山虔先生に感謝と哀悼の心をささげたい。秋山先生は昭和六十二年の秋、宇都宮大学に三日間の集中講義にいらっしゃった折、ついでに私の修論指導もして下さったという御縁である。「学習院に行きなさい」と言う先生に「宇都宮から通うのですか」とびっくりしてお聞きすると「そんなこと、どうってことない」とこともなげに仰る。たしかに、どうってことはなかったが（でもお金はかかった）、「古代的なるもの」を探して勉強を続けることができたことは大変幸せだった。

本書の刊行にあたりまして、花鳥社の橋本孝氏のお世話になりました。橋本氏には私の最初の著書『さすらい姫考』以来、一貫してお世話いたゞいています。心からお礼申し上げます。

二〇二一年三月三日

小林とし子

【著者紹介】

小林とし子（こばやし　としこ）

昭和29年（1954）3月　大阪市に生まれる。

大阪府立北野高等学校、京都女子大学文学部国文学科卒業後、大阪府立高校の教員になる。

昭和59年（1984）、栃木県宇都宮市に住む。

昭和63年（1988）宇都宮大学教育学部大学院修士課程修了。

平成6年（1994）学習院大学大学院人文科学研究科国文学専攻博士後期課程満期退学。


現在、作新学院大学で非常勤講師。

日本文学協会会員。


【著書・論文】

歌集『漂泊姫』2000年　砂子屋書房
『扉を開く女たち―ジェンダーからみた短歌史』阿木津英・内野光子との共著　2001年　砂子屋書房
「性を売る女の出現―平安・鎌倉時代の遊女」（『買売春と日本文学』所収　2002年　東京堂出版）
『さすらい姫考―日本古典からたどる女の漂泊』2006年　笠間書院（2006年度　女性文化賞受賞）
『女神の末裔―日本古典文学から辿る〈さすらい〉の生』2009年　笠間書院
『翁《おきな》と嫗《おうな》の源氏物語』2011年　笠間書院
『ひめぎみ考―王朝文学から見たレズ・ソーシャル』2015年　笠間書院
歌集『曙町夢譚』2016年　薫風社

◆カバー画：国芳
古典聚英９『浮世繪 擬百人一首　豊国・国芳・広重画』吉田幸一著　古典文庫刊より
94番歌　参議雅経
「みよしのゝ山の秋風さよふけてふるさとさむく衣うつなり」の見立絵。飯塚友一郎著『歌舞伎細見』、『義経記』「女夫狐」の条に国芳の本図を掲げて、「見立」の由来を解明している。

もの狂いの人々
——古典文学に見る異形のヒロイン

二〇二一年七月十五日　初版第一刷発行

著者……小林とし子
装幀……佐藤香織
発行者……橋本 孝
発行所……株式会社花鳥社
https://kachosha.com/
〒一五三-〇〇六四 東京都目黒区下目黒四-十一-十八-四一〇
電話 〇三-六三〇三-二五〇五
ファクス〇三-三七九二-二三二三
ISBN978-4-909832-44-3
組版……キャップス
印刷・製本……モリモト印刷